LES ROIS
PHILOSOPHES

SAINT-DENIS. — TYPOGRAPHIE DE DROUARD.

LES ROIS

PHILOSOPHES

PAR

EUGÈNE PELLETAN

PARIS

PAGNERRE, LIBRAIRE-ÉDITEUR

RUE DE SEINE, 18

—

1858

Droits de traduction et de reproduction réservés.

A LAURENT PICHAT

DÉDICACE

Voici, mon cher ami, un roi philosophe quelque peu vagabond qui vient frapper à votre porte; ouvrez-lui, je vous prie, et faites-lui accueil.

Jusqu'à présent l'histoire officielle avait l'habitude, en parlant de Frédéric, de cacher l'homme sous le costume de l'acteur. J'ai cru devoir, au contraire, écarter le rôle et montrer l'homme à l'occasion en déshabillé du matin.

Dans cette chronique intime du palais de Potsdam j'ai rencontré plus d'une fois Voltaire sur mon chemin, mais on ne fait pas parler Voltaire, on le laisse parler.

Je vous en avertis d'avance, mon ami, vous et la galerie, de peur qu'un esprit chagrin ne prenne texte de mon silence, et n'aille crier dans la rue que j'ai plumé le paon pour mettre une plume à mon chapeau.

Si maintenant vous demandez : Ce livre est-il un roman ? est-il une histoire ? j'aurai, je l'avoue, quelque peine à vous répondre.

Seulement je puis vous assurer qu'il ne contient pas un fait, pas un épisode, qui ne soit vrai, mais vrai, entendez-vous bien, de la plus entière vérité.

C'est pour cette raison que, toute réflexion faite, je vous prie de l'appeler un roman.

LES ROIS PHILOSOPHES

I

L'HOTEL DU SAINT-ESPRIT.

Ce fut le 15 août 1740, si l'histoire a bonne mémoire, que deux berlines antédiluviennes, attelées chacune de six chevaux de poste et cantonnées de deux pages à franc étrier, entrèrent à la brune dans la ville de Strasbourg et allèrent pesamment échouer, d'un dernier coup de collier, à la porte de l'hôtel du *Saint-Esprit*.

Lorsque le convoi eut fait halte et le carrosse d'avant-garde repris son aplomb sur la courroie des soupentes, après un mouvement prolongé de balançoire, un petit homme, vêtu de drap cannelle, descendit d'abord de cette immense rotonde, puis un second voyageur un peu plus relevé de toilette, et enfin un troisième suffisamment galonné sur la poitrine pour jouer sans trop de supercherie le personnage d'un prince allemand, à la tête d'un village décoré du nom de margraviat et d'un vingtième de vote pour la couronne de l'empire. Les deux derniers débarqués mirent le chapeau à la main au sortir de la voiture, tandis que le premier gardait majestueusement le décorum de sa tête, ce qui semblait le constituer à l'état de supériorité marquée sur ses deux compagnons de route, malgré la modestie de son costume.

Quant à la seconde voiture, aucun être vivant ne devait y avoir fait élection de domicile. Sombre, muette, percée par le haut d'une lucarne grillée, elle semblait renfermer quelque mystère d'Etat. On eût dit une prison roulante ou peut-être bien encore la caisse nomade d'un banquier de Francfort à la poursuite d'une opération de change sur la Suisse ou sur la Hollande.

Une espèce de marmiton, garçon d'honneur de l'établissement, vint recevoir les trois voyageurs, en livrée de cérémonie, le tablier relevé à la ceinture et le bonnet retombé sur l'oreille.

— Où est le maître de l'auberge? demanda brusquement l'homme à l'habit de drap cannelle avec un ton, d'ailleurs, irréprochablement français.

— De l'auberge? reprit le garçon en traînant sur chaque syllabe, il n'y a jamais eu ici qu'un hôtel.

— Nous avons, en France, à ce qu'il paraît, le patriotisme du fourneau. Eh bien! où est le maître de l'hôtel?

— Il est mort, Monsieur.

— L'alibi est valable. La maîtresse alors?

Le garçon rentra dans la coulisse, et un instant après, l'hôtesse du *Saint-Esprit* arriva lentement, posément, avec la majesté imperturbable d'une matrone alsacienne, d'une circonférence à autoriser son mari à dire, le jour du mariage, que si jamais il voulait faire le tour de cette mappemonde, il en aurait pour six mois de ce voyage. Il mourut en route, hélas! l'infortuné; mais il laissait du moins, après lui, dans sa veuve, un certificat vivant de l'excellence du régime de l'hôtel.

— Comment vous nommez-vous? reprit l'homme à l'habit de drap cannelle.

Cette façon de justicier d'entrer en matière aurait blessé toute autre personne que la patronne du *Saint-Esprit*; mais de temps immémorial elle avait réponse à toute velléité d'impertinence de la part de sa clientèle; et cette réponse, elle l'écrivait religieusement au bas de la dépense. Si un nouvel Hamilton avait tué au dessert quelque garçon de service dans un excès de gaieté, et lui avait dit le lendemain : Mettez-le sur la carte; elle l'aurait mis, en effet, au bas de l'addition sans le moindre scrupule, comme elle y mettait d'ailleurs toute parole désagréable à son amour-propre.

L'hôtesse du *Saint-Esprit* fit donc la révérence à la compagnie avec la même grâce que si l'homme à l'habit de drap cannelle lui avait adressé en réalité un compliment.

— Je me nomme madame veuve Rœderer de Mulhausen.

— Veuve Rœderer de Mulhausen, mes amis et moi nous apportons ici un appétit authentique d'Allemands ; veuillez donner vos ordres en conséquence et mettre douze couverts.

— Douze couverts? reprit la maîtresse de l'hôtel, indignée de perdre pour la première fois son titre nobiliaire de madame, vous comptez donc manger chacun comme quatre à votre souper.

— Douze pour trois dérangent en effet les principes connus d'arithmétique, mais vous devez avoir ici des régiments en garnison !

— Nous en avons deux pour la minute, le régiment de Beauce, colonel Fabert, et le Royal-Cravate, colonel Bréhant.

— Allez inviter de ma part le colonel Bréhant et le colonel Fabert, ainsi que leurs majors, à venir faire sans cérémonie le siége d'une croûte de pâté.

— De la part de qui? demanda l'hôtesse.

L'étranger réfléchit un instant, tira de sa poche une tabatière d'or et aspira longuement une première prise de tabac.

— De la part de qui? murmura-t-il en lui-même.

Il tira de sa poche une autre tabatière de laque, comptant sans doute qu'une seconde prise lui rendrait la mémoire.

— Ma foi, je n'en sais rien. Césarion, ajouta-t-il en interpellant un de ses compagnons de voyage, cherche mon nom sur le passeport, car, Dieu me pardonne, je crois que je l'ai oublié.

Césarion lui glissa un mot à l'oreille.

— De la part du comte Dufour, seigneur allemand, reprit-il, et de ses deux amis Césarion et Algarotti.

— Ces messieurs connaissent sans doute les officiers supérieurs de la garnison.

— Nous n'en connaissons aucun, mais nous avons pensé que vous pourriez nous suppléer avec avantage.

— Je les connais en effet, puisqu'ils me font chaque jour l'honneur de souper à l'hôtel.

— Alors vous n'aurez que la peine de les prier de passer dans la salle à côté.

— Et que leur dirai-je pour justifier ma demande?

— Madame, quand on porte l'enseigne du *Saint-Esprit* on n'a pas besoin d'inspiration.

Et la congédiant d'un geste d'autorité :

— Allez, faites ma commission, et appuyez-la d'un menu de contrôleur et d'un vin de première noblesse, de l'année au moins de quelque comète. Le proverbe dit que pour boire la plus mauvaise piquette de l'Europe, il faut aller en France; or, je tiens à démentir le proverbe pour l'honneur de votre nation.

II

UNE INVITATION PAR PROCUREUR.

La maîtresse de l'hôtel ne vit dans l'ambassade dont elle était chargée qu'une occasion de provoquer à son bénéfice un excédant de dépense, et résolut de déployer, pour mener la négociation à terme, toute la science de la diplomatie. Lorsque la cloche eut sonné le souper, elle entra d'un air souriant dans la salle de l'état-major.

— Messieurs, dit-elle, j'ai à vous communiquer une singulière proposition, et je vous prie de me la pardonner en raison même de sa singularité. Un gentilhomme allemand, débarqué à la minute du carrosse de sa grand'mère, vous invite à vouloir bien lui faire raison d'un verre de vin de Champagne.

— Et pourquoi ce gentilhomme, répliqua fièrement le colonel Bréhant, n'est-il pas venu lui-même nous présenter sa requête? Nous lui aurions appris que, sur le territoire français, c'est à nous à donner l'hospitalité.

— J'aurais dû lui faire cette réponse, je l'avoue; mais il parlait avec tant d'amabilité...

— Vous a-t-il dit, du moins, ce qu'il était et ce qu'il venait faire à Strasbourg ?

— Il m'a dit qu'il était le comte Dufour, seigneur allemand, mais je le crois quelque chose de mieux, car il a un faux air de prince, en reniflant sa prise de tabac.

— Dufour? dites-vous; jamais seigneur allemand, margrave, landgrave ou palatin, n'a porté un nom tourné de cette façon. Ce Dufour doit être assurément un espion, un chevalier d'industrie, un charlatan évadé de la foire de Francfort, un racoleur du roi de Prusse, qui vient chasser sur nos terres et nous enlever les plus beaux grenadiers de nos régiments. Je veux, pour en avoir la conscience dégagée, l'interroger d'office, et pour peu qu'il batte l'estrade, je vous promets de vous servir avant une minute une paire d'oreilles à l'allemande, aussi sûrement que je commande le Royal-Cravate.

— Colonel, prenez garde de vous tromper dans votre calcul; car, pour faire le compte exact, vous aurez encore à rapporter deux autres paires d'oreilles attendu que votre recruteur est accompagné de deux recruteurs en second.

— Un Français contre trois Prussiens, c'est la proportion ; qu'en dis-tu, Fabert?

Et le colonel, reprenant son sabre déposé sur un

fauteuil, allait sortir, lorsque Fabert, l'arrêtant par le bras, lui dit tranquillement :

— Avant de faire une esclandre sur un simple soupçon, tenons d'abord conseil. Nous aurons toujours le temps de commettre une folie. Laisse-moi continuer l'interrogatoire.

— Donc, vous dites, madame Rœderer, que le comte Dufour voyage en compagnie de deux amis?

— Oui, reprit l'hôtesse, l'un brun, l'autre blond, l'un figure d'Italien et l'autre de Saxon.

— Son signalement?

— Petit homme, âge satisfaisant, la trentaine au plus, le sourcil haut, l'œil ouvert, la narine large, le cou tors, la tête de côté, le buste magnifique, le train médiocre, somme toute, une physionomie à commandement.

— Son costume?

— Un habit cannelle sans décoration, gilet de même drap sans broderie, avec une pacotille de tabatières dans chaque poche; car, à chaque parole, il en tire je ne sais combien d'espèces différentes : en or, en argent, en laque, en porcelaine.

— L'équipage?

— Un premier carrosse du temps de la reine de Navarre, traîné par six chevaux et accompagné de deux heiduques montés sur de méchants bidets, de poste à la vérité.

— Ensuite?

Un second véhicule, de format encore plus ancien,

traîné aussi par six chevaux et fermé de toutes parts comme un fourgon. J'ignore à quoi cela peut servir ; mais j'ai remarqué qu'à peine ce dernier carrosse était remisé dans la cour de l'hôtel, le comte a dit à un de ses garçons : Veille à la *chatouille!* La *chatouille* doit être une chose bien précieuse pour donner prétexte à une sentinelle.

— De tout ceci, je conclus, reprit Fabert, que le chevalier Bréhant pourrait avoir calomnié notre amphitryon. Les racoleurs et les aventuriers de profession ne voyagent pas en bande, sous escorte, avec un pareil luxe de carrosses et de *chatouilles*, d'amis et de tabatières. Nous avons sûrement affaire en ce moment à un personnage. En refusant son offre, nous pourrions peut-être manquer une bonne occasion. Pour nous inviter de cette façon, sur le pouce, en quelque sorte, le comte doit être un homme spirituel ou un parfait imbécile. Dans le premier cas, nous tâcherons de soutenir l'honneur du nom français ; dans le second cas, nous ferons la guerre à ses dépens.

— Tu as parlé comme tu montes à l'assaut, reprit le chevalier Bréhant. Ma foi ! à la guerre comme à la guerre, puisque l'ennemi vient nous défier sur notre territoire, il ne sera pas dit que la fleur de l'armée française aura battu en retraite. Et vous, madame Rœderer, envoyez chercher la musique du régiment de Beauce pour jouer une aubade pendant le repas. Tu me prêtes ta musique, n'est-ce pas, Fabert?

Fabert fit un signe d'adhésion.

II

LE CHEVAL NORMAND.

Les officiers, parfaitement résolus à soutenir la gageure contre l'étranger, passèrent dans la salle voisine et trouvèrent le mystérieux comte allemand planté devant une table magnifiquement servie, et occupé sur le moment à essuyer avec son parement d'habit la poussière d'une flûte d'ébène enchâssée dans un étui de velours.

A la vue de l'instrument de musique, le chevalier Bréhant poussa le coude de Fabert et lui dit à voix basse :

— Je commence à croire que j'avais raison. Voici un petit musicien qui pourrait bien faire, avant la fin de la soirée, un voyage par la fenêtre.

Le petit musicien posa l'étui de velours sur la cheminée et salua les officiers avec une expression de dignité à la fois et de courtoisie.

— Messieurs, dit-il, en mettant le pied sur le sol français, j'éprouve le besoin d'honorer en votre personne la bravoure de la nation. Pour un pareil motif, on peut, entre gens d'esprit, passer par-dessus les formalités de l'étiquette et abréger les échanges de cartel. Je vous présente mon ami le comte Algarotti et mon autre ami le baron Césarion. Veuillez prendre place, je vais vous donner l'exemple; colonel Fabert, mettez-vous à ma droite, et vous en face, colonel Bréhant. Comme je n'ai pas de chapelain, chacun dira le *Benedicite* à sa convenance.

A peine était-il assis, qu'un jeune garçon de bonne mine vint monter la garde, l'épée au côté, derrière le dossier du fauteuil.

Après le potage, le seigneur allemand prit un verre de vin de Hongrie.

— Messieurs, dit-il, à la santé du premier monarque de l'Europe!

Puis, faisant du regard le tour de la table :

— Et de sa brillante noblesse!

Le chevalier Bréhant remplit aussitôt son verre d'un jet mousseux de Sillery :

— Coup pour coup, comme sur le champ de bataille. A votre souverain!

— Mon souverain, répondit le comte, je n'en ai pas, Dieu merci.

— Dieu merci! monsieur le comte, ce mot flaire la potence. Seriez-vous républicain par hasard?

— Pas précisément. Mais à l'exception de votre

maître, je ne vois pas un seul monarque en Europe dont je voulusse porter la cocarde.

— Et à l'exception du roi d'Espagne, reprit le chevalier Bréhant, car lorsqu'on a conquis son trône comme lui à la pointe de l'épée, on a encore le droit de compter.

— Un jour, répliqua l'inconnu, le fou de Jacques Ier s'assit sur le trône d'Angleterre. — Que fais-tu là, coquin? — Je règne, dit-il, fièrement. Philippe V règne comme ce bouffon. Il ne demande au ciel, pour faire convenablement sa partie de droit divin, qu'une femme et un prie-Dieu : une femme pour la battre et un prie-Dieu pour demander pardon au Seigneur de l'avoir battue. Le chanteur Farinelli gouverne l'Espagne et Philippe signe : *yo el Rey*, la volonté de son castrat.

— Eh bien! puisque nous ne pouvons vous rendre votre politesse, sur la tête d'aucun souverain vivant, buvons à quelque souverain mort digne de vous avoir eu à son service : à Charles XII, par exemple, au héros de Bender, au premier homme de guerre du dix-huitième siècle!

— Attendez d'abord que le siècle ait brûlé sa dernière cartouche. Je reconnais sans doute à Charles XII le talent nécessaire pour faire un excellent officier d'avant-garde; mais, pour faire un grand capitaine, doucement, Messieurs, il faut le diable au corps, c'est-à-dire du génie. Or, le successeur de Gustave, véritable Don Quichotte en moustache rousse, n'avait pas une étincelle de feu sacré. Il guerroyait au hasard, par coups de boutoir, comme il gouvernait en envoyant sa botte au Sénat. Conquérant sans idée de conquête, vainqueur sans tirer parti de sa victoire, souverain toujours en campagne uniquement pour mettre un peu plus d'intervalle entre son armée et son royaume; jusqu'à ce qu'enfin, de bataille en bataille, il allât engloutir sa gloire dans un marais de l'Ukraine, et disparût, comme il avait paru, à la façon d'un météore, d'un pétard, un peu de bruit et de fumée.

— Passons à un autre, reprit le colonel. A la santé de Pierre le Grand, le triomphateur de la Suède et le civilisateur de la Russie!

— Civilisateur, monsieur le colonel, oui, sans doute, mais sous bénéfice d'inventaire. Car ce Tartare à moitié décrassé de sa barbarie entendait encore singulièrement la civilisation. Lorsqu'il visita pour la première fois le roi de Prusse à Berlin, voici le discours qu'il tint au débotté : — Mon frère, je voyage pour mon instruction, et comme j'ai à rattraper le temps perdu, je vais vite en besogne; je vous prie donc de me montrer aujourd'hui même comment on exécute ici certaine opération toujours accomplie de travers dans mon royaume. — Parlez, Sire, vous faites trop d'honneur à la Prusse en pensant qu'elle puisse avoir quelque chose à vous apprendre. Pierre le Grand ouvrit la fenêtre du palais, et montrant du doigt la place couverte par la multitude : — Faites-moi le plaisir de planter là une potence. — Une potence, volontiers; mais pourquoi une potence?

Est-ce pour embellir la perspective? Le Tsar haussa l'épaule. — Pour pendre le premier garnement venu. — Sire, je vais d'abord demander à mon chancelier si, par hasard, ma cour de justice a condamné à mort quelque coureur de grand chemin. — Comment, mon frère, vous avez besoin d'une semblable formalité pour accrocher par le cou à un morceau de bois un honnête sujet prussien! Permettez-moi alors de vous prêter un de mes moujicks pour cette expérience. En voilà une collection assez complète. Choisissez, prenez celui-ci ou celui-là; mon barbier, si vous voulez; mon secrétaire, n'importe; je vous en fais cadeau. — Sire, la loi protége l'étranger aussi bien que le citoyen sur le territoire de Brandebourg. — Allons, mon frère, je vois avec peine que vous manquez au premier devoir de la royauté; vous gâtez le métier.

Le soir même, Pierre le Grand partit de Berlin, l'âme pleine de mépris pour un monarque destitué par la loi du droit sacré de pendre à volonté.

— Eh bien! alors, reprit le colonel Bréhant, à défaut de héros, je trinque au défunt roi de Pologne, comme au meilleur buveur de la chrétienté.

— Le meilleur, non; vous oubliez l'ambassadeur Grumkow. Écoutez plutôt ce récit : Le roi Auguste avait notablement perfectionné la science de la diplomatie. En toute chose il partait de ce principe : *in vino veritas*. Il avait une tête à l'épreuve et il abusait de sa supériorité. Lorsqu'il craignait quelque botte secrète de la part d'un royaume voisin, il invitait à souper l'ambassadeur de l'État suspect, et il le forçait de trinquer, jusqu'à ce que de rasade en rasade il lui eût arraché son secret. L'ambassadeur de Prusse, baron Grumkow, connaissait la tactique du roi de Pologne, et pour la retourner contre le tacticien, il aguerrit tellement, à force d'exercice, sa cervelle poméranienne à la vapeur du vin du Rhin, qu'il aurait vidé la tonne d'Heidelberg sans perdre le fil de la parole. La Prusse armait en ce moment ; depuis longtemps la Pologne avait armé. La Prusse voulait savoir pourquoi la Pologne avait armé, et la Pologne de son côté voulait savoir pourquoi la Prusse garnissait sa frontière. Voilà le problème que le roi Auguste et l'ambassadeur Grumkow avaient à décider en tête-à-tête, un soir, à souper. L'artillerie du palais tirait de cinq en cinq minutes. A chaque volée, le roi de Pologne vidait son verre, grand comme une pinte, au dire de l'histoire, et l'ambassadeur devait lui faire raison de la même quantité. Au dixième coup de canon Auguste examina Grumkow et Grumkow étudia Auguste ; et Auguste pas plus que Grumkow, et Grumkow pas plus qu'Auguste ne trahissaient la moindre émotion. Le canon tonnait toujours et la Prusse n'avait encore fait aucune confidence à la Pologne ; mais, à la vingtième volée, Auguste poussa un soupir et roula sous la nappe. Son rival vida religieusement son dernier verre pour rester dans la lettre du traité et tomba à son tour sur le parquet. Le roi de Pologne était mort et Grumkow mourant. Il est vrai que le premier pouvait passer dans l'autre monde sans trop de regret, car il laissait après lui quatre cents enfants de je ne sais combien de mères pour proclamer la fécondité de son génie.

— Que diable ! reprit le chevalier Bréhant d'un ton impatient, à force de faire le tour de l'Europe je finirai peut-être par vous rembourser votre santé, dussé-je aller jusqu'au Grand-Turc. Je bois donc au salut de l'âme de Guillaume de Prusse, ce roi caporal qui menait son royaume haut la main, et envoyait son fils à la potence. Heureusement la corde a cassé et son fils règne aujourd'hui. On le dit homme d'esprit, de trop d'esprit même, car il passe sa vie à lire et à écrire. Roi philosophe, roi paresseux. La prusse dormira sous ce règne-là et laissera dormir le voisin. Qu'en dites-vous, monsieur le comte Dufour?

Le comte regardait fixement le chevalier comme s'il cherchait à lire au fond de sa pensée. Puis, tournant la tête d'un air dédaigneux, il prit une tabatière au fond de sa poche d'habit, huma à grand bruit avec un mouvement d'humeur une poignée de tabac d'Espagne, et passa la tabatière à son voisin.

— Le roi Guillaume était un grand homme, dit-il avec fermeté, et quant à son fils il aura toujours le premier en Europe le pied à l'étrier.

— Vous êtes Prussien ! cria le colonel Bréhant.

— Eh ! quand cela serait, colonel, trouveriez-vous que j'en mériterais moins votre estime? Mais, dites-moi, vous commandez, je crois, le régiment de Royal-

Cravate, êtes-vous content de vos chevaux de Normandie?

— Enchanté, monsieur le comte; lorsqu'on sait les choisir, ce sont les meilleurs chevaux de l'Europe pour la cavalerie.

— Cependant ils m'ont paru avoir un singulier défaut dans votre dernière campagne contre le prince Eugène.

— Quel défaut, je vous prie? répondit vivement le colonel, piqué dans son amour-propre de connaisseur.

— C'est qu'ils n'ont jamais voulu avancer en Allemagne.

— Monsieur, j'ai toujours monté un cheval normand pendant la dernière campagne contre le prince Eugène, et je puis vous assurer que je n'ai vu cheval allemand qui ne tournât bride à mon approche.

— Je ne crois pas plus à la garantie du cheval normand que du cheval gascon, répondit froidement l'inconnu.

— Je suis prêt à renouveler l'épreuve quand vous voudrez. Si vous avez l'oreille militaire, vous devez me comprendre.

Le chevalier étendait déjà la main vers un candélabre pour appuyer au besoin son défi d'une démonstration de fait, lorsqu'il crut voir que le colonel Fabert mettait le doigt sur sa bouche pour lui imposer silence. A ce moment la musique du régiment de Beauce envoyait au vent une joyeuse fanfare sous les fenêtres de l'hôtel. Le seigneur allemand fronça le sourcil et prit un air rêveur.

— Qui a commandé cette aubade?

— Moi, répondit le chevalier Bréhant.

— A la bonne heure.

Le comte prêta l'oreille.

— Colonel, vous avez un trombonne qui joue faux, envoyez-le-moi demain. Je lui referai son embouchure. Maintenant, veuillez agréer mes excuses. J'ai voulu simplement faire dresser la crête du coq, pour voir si le vieux sang gaulois avait dégénéré, comme on a l'impertinence de le dire en Allemagne. Désormais, je pourrai rendre justice en pleine connaissance de cause à la bravoure du cheval normand.

L'inconnu regarda le colonel Bréhant.

— Et de son cavalier, ajouta-t-il.

Le souper dura toute la nuit, grâce à une discussion de stratégie sur le système de guerre à suivre avec une armée inférieure à l'ennemi. Le comte Dufour soutenait la guerre offensive, et le colonel Bréhant la guerre défensive. Déjà le jour commençait à paraître. Le comte salua la compagnie.

— Je vous donne rendez-vous à l'année prochaine, de l'autre côté du Rhin, pour décider la question.

Le jeune garçon, toujours debout derrière le fauteuil, prit un flambeau pour accompagner son maître.

Et prenant congé de son voisin de droite, le comte lui dit d'un ton marqué de déférence :

— Vous serez exact au rendez-vous, n'est-ce pas, colonel ?

— Je l'espère, Sire, répondit Fabert, en accompagnant le mot d'une profonde inclination.

A ce mot de sire, le comte étranger lança au colonel un de ces regards dont certains hommes ont seuls le secret de père en fils, et sortit de la salle avec une expression de visible mécontentement.

Un homme avait osé trahir devant lui le secret de l'incognito.

IV

LE ROI GUILLAUME.

— Pourquoi diable! dit le chevalier Bréhant au colonel Fabert, après le départ de l'étranger, as-tu levé le doigt tout à l'heure d'une façon si tragique, que malgré ma colère j'ai failli partir d'un éclat de rire en voyant ton expression de terreur?

— Parce que je sentais au calme diabolique dont tu retroussais ta moustache, que tu allais manquer de respect à un homme que nous autres tous, qui portons l'épée au côté, nous devons respecter ici-bas, ne fût-ce que pour son titre, plus qu'aucun être vivant.

— Quel homme? voyons; explique-toi, car véritablement je commence par trouver la mystification légèrement prolongée, et par avoir la tête fatiguée de jouer depuis ce soir à Colin-Maillard, sans pouvoir mettre la main sur cette espèce de mystère en habit de drap cannelle, joueur de flûte avant souper, et Turenne en expectative entre la poire et le fromage.

— Tu as remarqué sans doute ce beau jeune homme posté de faction derrière le fauteuil du comte, une serviette à la main, et sur la foi de cette serviette tu l'as pris, n'est-ce pas, pour un garçon de service?

— Eh bien, après?

— J'ai partagé cette illusion comme toi, mon cher chevalier, et ce jeune homme ayant versé d'un certain vin de Hongrie au comte Dufour, j'ai cru pouvoir lui tendre mon verre par la même occasion. Le drôle a tourné la tête, et, appelant un garçon, il lui a remis la bouteille et lui a dit : Servez monsieur.

— Que veux-tu conclure de cette impertinence?

— Que le jeune homme devait être un page de bonne famille, premier symptôme d'un maître de haute lignée.

— Passe au second symptôme.

— Tu dois te rappeler qu'au moment où tu faisais librement l'oraison funèbre du défunt roi Guillaume, le comte Dufour a inondé son nez de tabac avec un mouvement d'humeur, et m'a ensuite passé sa tabatière, une magnifique pièce de bijouterie, par parenthèse, ornée d'une guirlande de brillants. Eh bien, sur le couvercle de cette tabatière, il y avait un aigle, et sous cet aigle il y avait un F majuscule; commences-tu à comprendre, maintenant?

— Comment, j'aurais soupé, à t'entendre, avec le roi de Prusse?

— Pas encore. Attends la fin de la démonstration. Cet aigle, cet F majuscule, tout cela sans doute éclairait singulièrement la question, mais comme je cherchais le moyen d'arriver à la certitude complète, recommandée par la philosophie de Descartes, je songeai que le premier trombonne de mon régiment avait débuté dans l'infanterie prussienne et déserté à la suite d'une bâtonnade trop copieuse pour un bémol estropié. Or, pendant que vous discutiez sur la guerre offensive et sur la guerre défensive, je l'allai chercher dans la cour de l'hôtel, où il faisait consciencieusement sa partie en l'honneur du comte Dufour, et, le plaçant derrière une porte vitrée, je lui dis :

— Regarde bien ce monsieur au milieu de la table, en face de toi, et dis-moi si tu le connais.

Il jeta un coup d'œil dans la salle, et, me serrant le bras avec force :

— C'est le roi de Prusse, dit-il.

— Tu en es certain?

— Comme de moi-même, car chaque fois qu'il passait le régiment en revue, il ne manquait jamais de me dire :

— Trombonne, tu joues faux comme un jeton. Car il sait la musique, le gaillard. On disait dans le temps qu'il tenait ce talent d'une certaine demoiselle...

— Fabert, reprit avec émotion le colonel Bréhant, j'ai envie de t'embrasser; tu viens de m'empêcher de commettre un régicide, car, sans ta clairvoyance, ce candélabre volait à la tête de ce comte apocryphe, et

Dieu sait ensuite ce qui serait arrivé. Mais, où avais-je donc l'esprit tout à l'heure? car, de fait, en y réfléchissant mieux, un homme qui nous invite à brûle-pourpoint à souper, qui prend place le premier à table, qui nous persiffle sans façon dès le potage, qui nous plante là au dessert, nous souhaite le bonsoir et va dormir sans crier gare ! doit sûrement porter la tête d'un cran plus haut que le reste de l'humanité, sous peine de jouer à ce métier de mystificateur une partie trop dangereuse, surtout dans une ville de garnison.

Et, en effet, le mystérieux amphitryon de l'hôtel du *Saint-Esprit* était réellement le nouveau roi de Prusse, qui devait prendre plus tard dans l'histoire le nom de Frédéric le Grand, et qui, en attendant son titre de gloire, encore relégué dans le futur contingent, courait chercher incognito Voltaire à la frontière du Rhin, pour inviter la philosophie à régner de moitié avec lui dans son palais de Potsdam. Il venait de monter sur le trône, et il portait encore le deuil de son père, le roi Guillaume, le fou le plus lugubre et le piétiste le plus outré qui ait jamais tenu en main cette queue de poêle appelée monarchie, et chevroté après souper un psaume de David.

Le roi Guillaume a régné pour amasser un trésor et pour organiser, à l'aide de ce trésor, la meilleure infanterie de l'Europe, sans nourrir d'ailleurs au fond de son cœur aucune ambition de poudre à canon, ni aucune idée de conquête, uniquement pour avoir une grosse épargne à mettre en tonne au fond de sa cave, et une grosse armée à passer en revue une fois par semaine. Guerrier platonique, il aimait simplement à faire de la poussière sur un champ de manœuvres. Il y a des princes qui n'ont pas le sens de leurs actions. Ils semblent obéir à un mot d'ordre inconnu. La Providence, pendant leur vie, ne daigne pas les mettre dans la confidence de leurs destinées. Ils préparent, à leur insu, les matériaux du règne suivant. Le roi Guillaume était un de ces hommes ajournés, qui n'ont de raison d'existence qu'après coup, dans la personne de leur successeur. Il brassa d'avance la grosse besogne de son fils, et à la mort de ce trésorier donné par la nature, Frédéric n'eut plus qu'à être un grand homme.

Jamais monarque ou fripier juif, de mémoire d'avare, ne poussa plus loin que le roi Guillaume la férocité de l'économie, sur sa personne et autour de sa personne. Louis XIV, cette caricature solennelle de la grandeur montée sur talon rouge, avait fait de la perruque royale une véritable crinière ruisselante de cascade en cascade jusqu'au milieu des épaules; son voisin Guillaume trouva cette profusion de chevelure une hérésie financière pour un Etat bien administré, et, de réduction en réduction, amena la perruque désordonnée de Versailles à couvrir uniquement le sommet de la tête comme la calotte d'un docteur en Sorbonne. Pour épargner ensuite sur la frisure, il rassembla les cheveux par derrière et les enroula d'un ruban. Il eut ainsi l'honneur d'inventer le cadogan, par raison d'économie, et de restituer en sa personne la queue du singe à l'humanité.

Il portait invariablement, du premier au dernier jour de l'année, le même habit de drap bleu garni d'une rangée de boutons de cuivre pour toute broderie. Lorsque le vestiaire royal, après le nombre requis d'années, avait droit à la retraite, Guillaume ordonnait la confection d'un remplaçant, toujours de drap couleur indigo. Après quoi, il détachait la garniture de boutons de l'habit vétéran, dont le service était expiré, pour la porter religieusement au nouveau venu, appelé à entrer séance tenante en exercice. C'est ainsi que de migration en migration, la même garniture a fourni toute la durée du règne sans varier d'un bouton.

Le premier dans le monde, il a inventé l'habit, cette chose monstrueuse, cette espèce de vice ostensible qui ne fut et qui ne pouvait être à l'origine qu'un trait de génie d'avarice. Le justaucorps de la fin du dix-septième siècle avait à peu près, à en juger par la gravure du temps, la coupe plus ou moins ample d'une redingote. Seulement à l'armée, pour faciliter la marche du fantassin, l'ordonnance repliait sur la cuisse chaque pan du justaucorps en forme de parement. Le roi Guillaume, toujours porté au retranchement par caractère, trouva dans ce pan retroussé une occasion merveilleuse d'économiser sur la matière première. Et taillant en plein drap sans pitié, il supprima le parement; l'Europe passa ainsi, d'un coup de ciseau, du justaucorps à l'habit, et à l'heure qu'il est, elle traîne encore par derrière, comme une sorte d'anathème, la basque étriquée du roi Guillaume.

Et cependant ce monarque si ladre, si sobre, si lent à dénouer la bourse, si âpre à tondre sur ceci, à rogner sur cela, avait, lui aussi, tant la faiblesse humaine prend toujours sa revanche par quelque côté, son luxe, son Versailles, son Marly, son tentateur, son démon de dépense : c'était le goût des beaux grenadiers ; il aimait les beaux grenadiers ; il les recherchait dans toute l'Europe, il en ramassait de toute main, il en faisait collection, comme s'il eût tenu uniquement à réaliser, pour l'illustration de son règne, la plus haute ascension connue du plumet. Sitôt qu'il flairait quelque part un homme à vendre, un homme de taille, un homme de futaie, il l'achetait, coûte que coûte, argent comptant, n'importe comment, n'importe à quelle condition. — Mon royaume pour un cheval, disait Richard. Guillaume eût dit volontiers : Mon royaume pour un tambour-major. Il paya ainsi 30,000 francs un Irlandais pur sang appelé Jacques Kirkland, et 20,000 francs, sans compter la commission, un moine italien surnommé le grand Joseph.

Quand il ne pouvait pas acquérir à l'amiable un de ces magnifiques baliveaux de race humaine poussé dans l'Etat voisin, il le volait sous main ou de vive force, sans plus tenir compte de Puffendorf que de Grotius. Il entretenait pour cela une armée de limiers, de pourvoyeurs, de racoleurs, de courtiers, de flibustiers, gens de sac et de corde, qui battaient nuit et jour la campagne, de frontière en frontière, et braconnaient sans cesse pour le roi de Prusse le gibier de grande espèce.

Malheur à qui avait six pieds dans le monde, à partir du talon jusqu'à la racine de la perruque! Quel qu'il fût, quel que fût son pays, son nom, son état, il était perdu d'avance, c'est-à-dire grenadier d'élite à la caserne de Potsdam. Du jour où l'élévation de sa taille l'avait désigné dans l'espace à l'œil d'oiseau de proie du roi Guillaume, il était l'homme du roi Guillaume, la chose du roi Guillaume; le roi Guillaume le voyait, le roi Guillaume le regardait, le couvait, le fascinait, le suivait pas à pas, à table, à l'église, au foyer, au cabaret, au jardin. Quand le malheureux avait une fois sa porte marquée à la craie par un sergent de passage, demeurât-il au fond d'un désert, au bout de l'Europe, au sommet de la montagne, au centre d'une forêt, il ne pouvait plus dormir en paix, aller, venir, faucher son pré, vendanger sa vigne, sans avoir partout autour de lui un piége creusé sous son pied, un filet tendu sur sa route, une main posée sur son épaule, un spectre rôdant derrière lui, jusqu'à ce qu'enfin, un soir, en revenant de la moisson ou d'une fête de village, il disparût tout à coup, tout entier, comme si quelque tremblement de terre l'avait englouti ou quelque sorcier escamoté dans l'espace.

A quelque temps de là, on voyait arriver la nuit au palais de Potsdam une voiture équivoque sur le modèle de la chatouille, verrouillée et cadenassée comme la poterne d'une bastille. On ouvrait à la lueur d'un flambeau cette espèce de cage de ménagerie hermétiquement fermée, et on en tirait avec mystère un paquet informe enveloppé de chiffons et lié de tous les côtés. A mesure qu'on détachait la corde, le ballot remuait, gémissait, gagnait en longueur, allongeait un appendice, puis un autre, et prenait à peu près, dans l'ombre, la forme d'un être humain. C'était l'objet volé, c'était le menuisier d'un village de Lorraine, c'était le gentilhomme d'une baronnie de Bohême, c'était le moine d'un couvent de Lombardie, c'était *Andréa Capra*; car le roi Guillaume levait la dîme pour sa garde jusque sur la tonsure. Il enleva au Seigneur l'abbé Bastiani au moment même où l'infortuné disait la messe dans une chapelle du Tyrol. On le jeta au fond d'une voiture, l'hostie sur la lèvre, et fouette cocher.

Cette course à l'homme, passé un certain niveau, avait fini à la longue par pénétrer tellement dans la pratique à l'état de loi courante, de chose reçue, logique, naturelle, encouragée, patentée, que chacun, petit ou grand, soldat ou bourgeois, faisait la chasse spontanément en amateur pour le compte de Sa Majesté, et arrêtait, de son autorité privée, quiconque avait l'audace de croître d'un pouce de trop sur le territoire prussien.

Un homme de bonne mine entre en chaise de poste à Berlin. Il croit sans doute que la dignité de son titre le dispense de l'obligation d'un passeport. A la porte de la ville, la sentinelle arrête la voiture; elle voit dans l'intérieur un étranger de dimension à faire l'ornement de Potsdam. Elle jette son fusil et appelle la garde. La garde accourt, saisit le voyageur, l'emmène à la caserne, lui passe une capote, lui met un mousquet à la main, et, tête droite, tête gauche, voilà l'homme à la chaise de poste grenadier à perpétuité et prenant sa leçon d'exercice. Il a beau protester, crier, gémir, invoquer le droit de l'empire et dire : J'appartiens à l'empereur; autant en emporte le vent. Que parles-tu d'appartenir à l'empereur? Tu as six pieds, mon garçon, tu appartiens au roi Guillaume.

Cependant, le grenadier improvisé était en réalité un ambassadeur extraordinaire que l'empereur d'Autriche envoyait à la cour de Berlin. Cette fois le roi de Prusse dut restituer l'objet volé. Il le regretta cependant, car M. l'ambassadeur extraordinaire était un morceau de roi, un admirable échantillon de race hongroise croisée de Bohême.

V

LE VAUDEVILLE D'UN DESPOTE.

Le roi Guillaume songeait à l'avenir. Il avait à sa façon le goût de la postérité. Lorsqu'il eut écrémé l'Europe de ses plus beaux hommes et réuni un haras de grenadiers monstres les plus allongés que jamais imagination royale ait pu rêver à ses moments d'enthousiasme, il désira naturellement reproduire de graine ce premier choix de l'humanité et donner à la terre une nouvelle édition de la race des Patagons. Les peuples comptent par rang de taille, pensait-il en lui-même. Il avait d'ailleurs de la piété, il lisait l'Écriture. Or, si l'Écriture dit : croissez; elle dit aussi : multipliez.

Mais pour multiplier convenablement, les colosses du roi de Prusse devaient épouser des femmes plus ou moins équarries sur leur patron. Après avoir pratiqué la traite des hommes, le roi Guillaume opéra la traite des femmes pour résoudre ce problème d'ethnologie, et il ordonna dans les diverses provinces de son royaume un enlèvement général de toutes les Sabines capables de faire la symétrie de ses grenadiers.

A mesure que ses officiers de remonte lui amenaient une fille de dimension requise, il la mariait par numéro d'ordre à sa première compagnie d'élite. Il avait ainsi marié à tour de rôle le numéro premier, second, troisième, et ainsi de suite, jusqu'au numéro treize inclusivement. Le numéro quatorze attendait sa Clorinde inconnue, lorsqu'un jour, en donnant le mot d'ordre au factionnaire, le roi Guillaume vit passer une jeune paysanne de première venue, fièrement campée, jambe de ci, jambe de là, sur une jument mecklembourgeoise. L'amazone rustique trottait grand train, la tête haute, en vraie Jeanne d'Arc, grand modèle, qui a conscience de sa vigueur, et déplaçait autour d'elle une telle colonne d'air par son volume, qu'on eût dit, au bruit de sa robe répandue au vent, qu'une trombe passait en ce moment devant le palais.

En toute autre circonstance, le roi Guillaume aurait fait justice de cette incartade à sa porte et rappelé cette fille d'Ève à la modestie ; mais cette fois-ci, au contraire, il essaya de sourire, et l'interpellant avec un ton moitié farouche, moitié railleur :

— Où vas-tu ainsi sur cette haquenée digne d'une princesse de Mecklembourg ?

— A Dresde, Sire, pour vous servir.

— Je te prends au mot, ma belle enfant. Dis-moi, es-tu mariée ?

Pas encore, Sire ; mais à la Saint-Michel j'espère bien épouser mon cousin Fritz, fermier du comte Kayserling.

— Attends-moi une minute. Potsdam est sur ton chemin. Je vais écrire une lettre au gouverneur, le colonel Bredow ; tu la lui remettras en passant.

Le roi rentra au palais après avoir préalablement consigné la jeune paysanne à la sentinelle. Il revint un instant après avec un pli scellé aux armes de la maison de Brandebourg.

— Tiens, dit-il à sa messagère de rencontre en lui glissant un florin dans la main, voilà pour la commission. Le colonel Bredow te donnera encore un écu. Aie bien soin de le lui rappeler, car l'écu est écrit là-dedans, là-dedans, entends-tu bien? et monsieur le colonel pourrait l'oublier.

La jeune Saxonne prit la lettre, partit au galop, comme une estafette qui sent qu'elle porte une parole de roi dans sa poche et qu'elle a le droit d'écraser le passant.

Debout sur la dernière marche du péristyle, et le menton appuyé sur la pomme de sa canne, le roi Guillaume suivait du regard la fougueuse apparition emportée dans un tourbillon de poussière.

— Vraiment, le roi de Saxe m'a fait là un précieux cadeau ; cette virago pourrait charger, au besoin, à la tête d'un régiment de cavalerie.

La messagère avait traversé Berlin avec la rapidité de l'éclair, et suivait ingénument la route de Potsdam. Mais, après avoir apaisé l'allure de sa jument et rafraîchi sa pensée au grand air de la campagne, elle réfléchit à l'étrange missive dont le vieux monarque venait de la charger au passage, elle inconnue, elle étrangère au marquisat de Brandebourg. Sans savoir pourquoi, sans savoir comment, par une sorte d'inspiration d'en haut ou de prescience du danger, elle éprouvait jusqu'au fond du cœur un inexprimable malaise de ce message impromptu. Elle pensait à son cousin, le fermier du comte Kayserling, et en y pensant, elle sentait le pli royal brûler la poche de son tablier.

Le jour commençait à baisser. La jeune fille regardait son ombre grandir devant elle et à l'immensité de cette ombre, elle sentait croître son inquiétude. bientôt elle aperçut Potsdam à travers les ormeaux du chemin. Le château flamboyait au soleil couchant. Cette lueur rouge, comme une flamme envolée d'un lieu maudit, semblait dire à la jeune fille : N'entre pas ici. Elle arrêta sa monture pour tenir conseil. Or, pendant qu'elle délibérait avec elle-même, une vieille mendiante vint à passer à côté d'elle, la besace sur l'épaule.

— Je suis sauvée, dit-elle, voilà ma Providence !

— Ma bonne mère, veux-tu gagner d'abord un florin, et ensuite un petit écu ?

La vieille Bohémienne releva la tête avec cette expression à double entente d'une femme qui a passé par une longue expérience.

3

— Autrefois, Sarah Gotter aurait pu gagner encore mieux, sans vanité.

— Va porter cette lettre au gouverneur du château. Voici un à-compte pour ta commission. Le colonel Bredow fera l'appoint : cela est écrit là-dedans, entends-tu bien, là-dedans, de la propre main de Sa Majesté.

Elle jeta le pli royal à Sarah Gotter et donna de l'éperon.

La vieille mendiante porta religieusement la missive du roi Guillaume au gouverneur de Potsdam. Le colonel Bredow lut la dépêche avec le recueillement d'un fonctionnaire public placé en face de la signature de son souverain.

— Quel âge avez-vous, ma bonne femme? dit-il après la lecture.

— Soixante ans passés.

— Vous n'avez plus, sans doute, la prétention d'avoir des enfants?

— Vous pouvez plaisanter, monsieur le gouverneur. Autrefois, cependant, si Sarah Gotter avait voulu écouter tous les beaux garçons du pays...

Elle prit son bâton et rechargea sa besace.

— Doucement, ma commère, la cérémonie n'est pas encore terminée.

Le colonel agita la sonnette de son bureau; le sergent de service accourut à l'appel.

— Sergent, dit-il, va chercher le numéro Quatorze.

Le sergent amena au gouverneur un magnifique

grenadier pris à l'affût dans un village de Moravie.

— Va chercher maintenant le chapelain du régiment, et recommande-lui d'apporter sa robe et son rabat.

Un instant après, le pasteur Müller entrait dans la chambre du gouverneur, la bible sous le bras, en costume d'officiant.

A l'arrivée du chapelain, le colonel Bredow dit au grenadier :

— Regarde bien cette mendiante.

Le grenadier fit demi-tour à gauche comme à la parade.

— C'est fait, mon colonel.

Et il porta la main à son bonnet de police.

— Eh bien! cette mendiante est ta femme désormais.

— Pardon, mon commandant, je n'ai pas compris.

— Tu vas l'épouser.

— C'est bien, mon colonel.

Le grenadier fit de nouveau le salut militaire.

— En petite tenue? reprit-il.

— En petite tenue, mon garçon, pour ne pas dépareiller madame. Maintenant, monsieur le chapelain, vous allez célébrer le mariage du grenadier que voici avec la femme que voilà. Le sergent et moi nous signerons comme témoins au contrat.

A ce mot : Vous allez célébrer le mariage, le sujet épousé crut devoir protester en conscience contre cette surprise.

— Taisez-vous, femme, dit brusquement le gouverneur ; vous n'avez pas ici à donner votre avis.

Le pasteur bénit l'union de Sarah Gotter avec le numéro Quatorze. Le nouveau marié jura fidélité sur l'Évangile à cette moitié imprévue, ramassée sur la grande route, avec le sentiment religieux de discipline militaire et d'obéissance passive rafraîchi de temps à autre dans sa tête par un tour de bâtonnade.

Après la bénédiction du pasteur, le jeune époux aborda respectueusement le colonel Bredow :

— Pardon, mon colonel, une question. Pourquoi est-ce que j'épouse cette vieille sorcière ?

— Tu l'épouses par ordre de Sa Majesté.

Et prenant la dépêche royale déployée sur son bureau :

Écoute plutôt :

« Monsieur le colonel Bredow, au reçu de la pré-
» sente, vous appellerez devant vous le numéro Qua-
» torze de la première compagnie d'élite, et vous le
» marierez incontinent à la personne chargée de vous
» porter ce message. Sur ce, monsieur le colonel, je
» prie Dieu qu'il vous ait en sa sainte et digne garde. »

La lettre ne faisait d'ailleurs aucune mention du petit écu. Le roi avait tiré une fausse lettre de change sur le gouverneur. Il avait pensé qu'un grenadier de taille était un pour-boire suffisant pour acquitter la commission.

— La personne chargée de vous porter ce message,

interrompit vivement la vieille mendiante, galope en ce moment sur la route de Dresde, et au train dont elle va, elle doit avoir fait bien du chemin. Allons, mon brave homme, ajouta-t-elle en interpellant le grenadier, on vous a changé votre billet de logement. Vous m'avez appelé vieille sorcière, embrassez-moi pour votre punition. Je vous rends votre liberté.

Lorsque le roi Guillaume apprit plus tard le vaudeville qu'il avait composé à son insu, il éprouva un instant la velléité de déclarer la guerre à la Saxe et de reprendre l'Amazone fugitive à la tête d'une armée. Mais, toute réflexion faite, il aima mieux dissimuler sa déconvenue, et pour en effacer la trace, il délia le numéro Quatorze de son serment de fidélité à Sarah Gotter.

VI

LE CAPORAL SCHLAGUE.

Le roi Guillaume menait son armée à la baguette et la Prusse comme son armée. Lorsqu'il voyait un soldat broncher à la manœuvre, il lui jetait aussitôt sa canne à toute volée. Le soldat ramassait la canne et la rapportait respectueusement à Sa Majesté; puis mettant un genou en terre, il recevait la correction comme elle tombait, ici ou là, sur la tête ou sur l'épaule. L'opération terminée, il essuyait son genou et reprenait le fusil.

Une fois, dans un mouvement de distraction ou par entraînement de main, le roi jeta le bâton à un major. Le major rapporta au roi l'instrument de discipline, mais, au lieu de plier le genou, il tira de sa ceinture un premier pistolet chargé, et visant par-dessus la tête de Guillaume :

— Pour vous, Sire, dit-il ; et il fit feu dans l'espace.

Il prit aussitôt un second pistolet à sa ceinture et le posa sur son front avec une froide expression de dignité :

— Pour moi, maintenant.

Le coup partit ; le major roula dans la poussière.

— Emporte-moi cela, dit paisiblement Guillaume à son aide de camp.

Sa Majesté prussienne disait volontiers à la parade que le bâton faisait le manche d'un héros et entrait au moins pour moitié dans le gain d'une bataille. L'Europe crut à ce genre d'héroïsme jusqu'à la fin du siècle dernier. Un ministre du nom de Saint-Germain tenta sérieusement de l'introduire en France pour ramener la victoire sous le drapeau. Quoi qu'il en soit, le roi d'Angleterre appelait Guillaume, mon frère le caporal. Le mot courut avec cette légère variante : le caporal Schlague. Guillaume portait son titre en conscience. Il pratiquait religieusement l'égalité devant le rotin. Il aurait pu sans doute en réserver le monopole au militaire, mais il voulut, par sentiment de justice distributive, en étendre le bénéfice au civil.

Il avait fait défense à une moitié de Berlin, précisément la belle moitié, de paraître dans la rue tout autre jour que le dimanche, et pour autre motif que le prône à l'église. Quand par hasard, dans le courant de la semaine, il rencontrait sur le pavé un jupon en rupture de ban, il courait sur le délit la canne levée.

— Rentre chez toi, coquine, une honnête femme doit garder le ménage.

Et le plus souvent il frappait. Il appelait cela appuyer la leçon. Mais, pour peu que le délit eût l'âge de minorité, il y mettait plus de rigueur.

Un jour de printemps, à la fin du mois de mai, le lilas avait fleuri, l'aubépine allait fleurir, une jeune fille de quinze ans, fraîche comme son âge, gaie comme la nature, sortit de sa cage, à l'invitation du bon Dieu, sur la foi d'un rayon de soleil, alla au hasard devant elle, parce qu'il fallait bien aller quelque part, trouva sur sa route la grille d'un parc ouverte au passant, et franchit la porte dorée avec l'audace de la candeur. La journée était magnifique, et la pauvre enfant, l'âme épanouie, en casaquin de basin, le jupon court, le chapeau de paille au vent, circulait au caprice de l'inspiration, d'allée en allée, et de plate-bande en plate-bande, cueillait une fleur ici, la jetait plus loin, en cueillait une autre, chantait avec la fauvette, voltigeait avec le papillon, et, tout à coup, ralentissait le pas pour effeuiller une marguerite et interroger l'oracle.

Mais pendant ce temps, là-bas, au loin, à la fenêtre du palais, un œil plaqué à la vitre suivait attentivement toutes les circonvolutions du chapeau de paille émancipé à travers les boulingrins et les massifs de verdure. C'était le roi Guillaume, qui, du haut de son aire, couvait sa victime. Quand il crut avoir suffisamment amassé de colère pour proportionner la peine au crime, il appela le grenadier de faction à la porte de son antichambre et il lui remit un ordre par écrit. A la suite de cet ordre la jeune fille disparut de Berlin, sans que père ou mère depuis lors en entendît parler. La malheureuse expiait au fond d'une citadelle le crime d'Etat d'avoir fait une promenade, un jour de la semaine, dans le parc du palais.

Le roi Guillaume avait repris, comme on peut voir, le sceptre à son étymologie, et en usait à la façon d'un héros d'Homère. Toujours armé du terrible jonc d'Amérique, il régnait sur sa famille comme sur le reste du Brandebourg. Il détestait particulièrement Frédéric, d'abord parce qu'il était son fils aîné, c'est-à-dire son successeur, et ensuite parce qu'il parlait français et qu'il lisait Leibnitz. Ce garçon a de l'esprit, disait-il, il perdra mon royaume. Or, pour neutraliser en lui autant que possible la mauvaise influence de la lecture, il le soumettait de temps à autre à son moyen universel de gouvernement.

Comme il faisait gloire en toute occasion de vivre selon Dieu et de songer au salut du prochain, il assaisonnait volontiers le coup de bâton paternel d'un prône sur le mérite du Sauveur. Le soir, après dîner un valet de chambre entonnait un psaume à pleine poitrine. La marmaille royale tombait à genoux en rang d'oignons. Le roi Guillaume tirait gravement une bible de sa poche, et faisait à sa famille un sermon de circonstance.

Frédéric, bâtonné comme un grenadier et sermonné par-dessus le marché, apprit à jouer de la flûte traversière pour trouver à qui parler et raconter au moins sa plainte à l'écho. Il fit dès lors de la flûte la compagne de sa vie et il l'appela sa *principessa*. Il avait adopté pour maître de musique un honnête virtuose intitulé Bufardin, enfoui dans une petite maison du faubourg. Ce modeste maestro de banlieue avait une fille appelée Charlotte, mystérieuse fleur de beauté éclose à l'ombre de la solitude. Pâle et frêle, l'œil bleu et vague, Charlotte portait en elle toute la langueur et toute la poésie d'une élégie. Chaque soir, apèrs l'heure de la retraite, Frédéric sortait en secret du palais et allait frapper à la porte de la petite maison. Charlotte l'attendait au clavecin. Le jeune prince tirait la *principessa* de son reliquaire ; le père donnait le signal en frappant dans sa main, et les deux jeunes gens entamaient un oratorio de Hændel. Ce que l'un eût voulu et n'osait avouer à l'autre, la flûte le disait au piano et le piano le redisait à la flûte, dans la langue la plus poétique du cœur humain.

Charlotte aimait Frédéric parce qu'elle le voyait souffrir, Frédéric aimait Charlotte parce qu'il avait besoin de placer sa tristesse. Après la leçon de musique, il lui serrait mélancoliquement la main, et elle le reconduisait en silence jusqu'au seuil de la maison. Elle lui montrait parfois une étoile dans le ciel et lui disait :

— Un jour peut-être, là-haut…

Une larme roulait au bord de sa paupière, Frédéric la cueillait au passage et reprenait courage à l'existence.

Mais le roi Guillaume comptait chaque pas de son

fils de la première à la dernière minute de la pendule. Il surprit bientôt le mystère de ce roman renouvelé de Daphnis et de Chloé. Il vit dans ce rendez-vous après le soleil couché un complot en musique contre la sûreté de l'État. Il laissa tomber son front sur la pomme de sa canne, et il médita une vengeance exemplaire digne de passer à la postérité.

A quelque temps de là, le bourreau traînait à travers la ville de Berlin, de carrefour en carrefour, une jeune fille en chemise, pieds nus, les cheveux rasés. A chaque station, un héraut sonnait de la trompe pour assembler la foule, et l'exécuteur, courbant à terre la tête de la victime, lui donnait le fouet, lentement, en mesure. Au dernier coup, la malheureuse tombait à genoux et demandait pardon au peuple de Berlin, pour avoir montré une étoile dans le ciel à l'héritier de la couronne.

Toutefois, le roi Guillaume n'avait livré à la verge du bourreau que la moitié de la conspiration. Il prit l'autre moitié à forfait. Il entra un matin dans la chambre de son fils, et, lui passant à l'improviste autour du cou un cordon de rideau, il serra le nœud pour l'étrangler, sans plus de formalités qu'un muet expédiait un pacha. Le lacet cassa. Le roi retourna au moyen courant.

A mesure que la canne tombait en cadence sur l'épaule du prince, il lui disait avec une froide ironie :

— Si mon père m'avait traité comme je vous traite,

j'aurais fui mille fois ; mais pour fuir il faut du cœur, et vous aimez mieux rester.

Il paraît que la fuite peut être aussi à l'occasion une preuve de courage. Frédéric du moins le pensait ainsi. Puisque son père l'accusait de lâcheté et le mettait au défi, il prit le défi au vol, et il résolut de courir l'Europe pour mettre sa tête hors de portée de ce roi forcené qui menait la Prusse à la houzarde et traitait l'amour en fourrageur. Il médita un plan d'évasion avec le lieutenant Keitt, son aide de camp, et le lieutenant Katt, son camarade de ruelle. Il emprunta d'un juif hollandais une somme d'argent hypothéquée sur son règne futur; il emballa la *principessa* dans un étui d'ébène à l'épreuve du voyage. Il avait rimé quelques satires contre Ragotin, — Ragotin, c'était le roi Guillaume. — Il réunit ses poésies, ses correspondances plus ou moins suspectes d'hérésie; il fit du tout un paquet, et l'enferma sous double serrure au fond d'une cassette.

Une nuit, deux hommes masqués portèrent le coffre mystérieux à la princesse Wilhelmine. La princesse aimait son frère, elle accepta le dépôt.

Mais le vent parle en pays de despotisme. Le roi Guillaume apprit bientôt le projet de fuite et le dépôt de la cassette. Il conduisit adroitement son fils à Wesel, pour l'exposer à la tentation par le voisinage de la frontière et le prendre au traquenard au moment de l'évasion.

Frédéric succomba en effet à l'attraction de l'espace ;

il loua un cheval, fit sa valise; Katt devait le rejoindre à Leipsick, et Keitt en Angleterre. Mais à peine avait-il mis le pied à l'étrier qu'un exempt l'arrêta par ordre de Sa Majesté. Le jour suivant, un autre exempt arrêtait Katt au moment où il allait franchir le pont de Wesel. Keitt avait eu l'habileté de gagner la Hollande.

Frédéric comparut sous escorte devant le roi Guillaume. A la vue du prisonnier, Sa Majesté bondit sur lui le poing fermé, et lui arrachant l'épée du fourreau lui en asséna un coup sur le visage.

Le sang jaillit.

Sa Majesté frappa encore.

La lame vola en éclats.

Sa Majesté frappait toujours avec le tronçon.

Pendant ce temps, Frédéric, pâle et calme, la main dans la poitrine, murmurait sourdement :

— A-t-on jamais traité ainsi un prince de la maison de Brandebourg?

Après avoir écoulé sur la tête de son fils son premier mouvement de fureur, le roi Guillaume crut devoir procéder à l'interrogatoire.

— Pourquoi avez-vous déserté?

— Parce que vous me traitiez en esclave.

— Où vouliez-vous aller?

— A Alger.

Le mot était sanglant.

— Vous êtes donc un soldat sans honneur?

— Je n'ai fait que suivre votre conseil.

A cette réponse le roi Guillaume tira son épée.

Le général Mosel lui saisit le bras.

— Prenez garde, Sire; on dira que vous avez pris la place du bourreau.

Le roi rentra en lui-même et remit l'épée au fourreau.

VII

FIAT JUSTITIA, PEREAT MUNDUS.

Guillaume repartit aussitôt à franc étrier pour Berlin. Il monta tout botté à l'appartement de la reine, et poussa la porte en criant :

— Où est la cassette ?

Et apercevant la reine assise dans son fauteuil :

— Madame, dit-il, ce drôle est mort.

— Vous avez tué votre fils? reprit la reine.

— Ce n'était plus mon fils ; mais où est la cassette?

La reine jeta un cri d'horreur.

A ce cri, la princesse Wilhelmine accourt; le roi la regarde un instant la bouche couverte d'écume, comme pour recueillir sa fureur.

— Tu oses paraître devant moi, sœur de bandit ?

Il la renverse d'un coup de poing sur le parquet, et, lui posant le pied sur la poitrine, il inscrit profondément son talon de botte sur le sein de la victime. Il la traîne ensuite par les cheveux jusqu'à la fenêtre du balcon et ouvre l'espagnolette.

Déjà il la soulevait au-dessus de la balustrade pour la lancer dans l'espace, lorsque la reine éperdue retient sa fille par la robe et appelle au secours.

Les femmes de service et les petits enfants entrent dans la chambre de la reine à cet appel de désespoir, et les mains jointes, à genoux, ils prient le roi d'épargner la princesse Wilhelmine.

Le roi les regarde d'un air effaré. Il lâche sa victime. Il va précipitamment d'un bout de la chambre à l'autre en criant toujours :

— Où est la cassette ?

Il ouvre et il referme bruyamment la porte de chaque armoire, tire et repousse chaque tiroir. Il finit par retrouver le corps du délit au fond d'un secrétaire. Il l'emporte sous son bras avec une expression de triomphe.

— Je tiens enfin, dit-il, la tête de ce misérable.

Puis, jetant un dernier coup d'œil sur ses enfants en prière, et leur montrant du doigt la reine à moitié évanouie dans l'embrasure de la fenêtre :

— Vous devriez maudire votre mère, dit-il.

Et sa fureur tombant tout à coup, comme après un accès de monomanie, il prit l'air posé d'un pédagogue.

— Relevez-vous, ajouta-t-il, et écoutez-moi avec attention.

J'avais un précepteur qui était un honnête homme,

et je me rappelle une histoire qu'il m'a contée dans sa jeunesse. Il y avait un scélérat, à Carthage, condamné au supplice pour avoir commis autant de crimes qu'un païen en pouvait commettre avec l'aide de ses divinités. Il demanda la grâce de voir sa mère avant de mourir. On la fait venir ; il penche la tête vers elle comme pour lui parler bas, et d'un coup de dent il lui emporte l'oreille.

— Je vous traite ainsi, lui dit-il, pour servir d'exemple à toute femme qui oublie d'élever son enfant dans la pratique de la vertu.

Voilà l'histoire de mon précepteur. Faites-en, vous autres, l'application.

Après cet apologue Guillaume sortit.

Peu de temps après, il envoya Frédéric dans une cellule de la citadelle de Custrim, le lieutenant Katt dans une autre cellule, et il chargea une commission militaire, sous la présidence du maréchal d'Anhalt, de juger sommairement les deux prisonniers pour crime de désertion compliqué de trahison.

Le lieutenant Katt avait reçu la confidence de Frédéric; il avouait son amitié pour le prince : sa condamnation coulait de source après une semblable confession. Le tribunal le condamna d'une voix à la peine du festungbau, c'est-à-dire du boulet.

La peine du boulet consistait à rouler la brouette à perpétuité dans la forteresse de Spandau. La punition pouvait passer pour sévère. Le roi écrivit en marge de l'arrêt :

« En frappant le lieutenant Katt de la peine du
» *festung-bau*, le conseil de guerre a manqué à la fidé-
» lité qu'il doit à son souverain. Le lieutenant est
» atteint et convaincu de son propre aveu, *confessus*
» et *convictus*, d'avoir commis le crime de lèse-ma-
» jesté. J'ai appris le latin, moi aussi, et je connais le
» proverbe *fiat justicia et pereat mundus*. Dans cette
» circonstance, et pour la sûreté de l'État, je crois
» devoir prononcer moi-même la sentence. Je pour-
» rais sans doute, en bonne justice, condamner le
» coupable à être tenaillé avec des tenailles ardentes
» et ensuite pendu ; mais, par considération pour sa
» famille, je veux bien mitiger la peine, et consentir
» à ce qu'il soit seulement décapité. Fait à Berlin, le
» deux novembre mil sept cent trente, à deux heures
» de relevée. »

Le conseil de guerre avait jugé Katt sans le moindre embarras de conscience. Mais pour procéder contre Frédéric, il éprouvait un léger scrupule. Frédéric devait succéder à Guillaume, en vertu du droit d'aînesse. Or, le Code prussien proclamait l'inviolabilité de l'héritier présomptif de la couronne. Le maréchal d'Anhalt soumit le cas à Sa Majesté.

— Qu'à cela ne tienne, répondit le roi, le prince héréditaire est inviolable, le fait est certain. La loi le dit expressément, et j'entends respecter la loi de la première à la dernière virgule. Ainsi, pas un cheveu du prince ne doit tomber et ne tombera en cette qualité. Mais le drôle n'est pas seulement héritier présomptif de mes États, il est encore colonel de dragons, et à ce titre, justiciable du Code militaire, conséquemment passible de la peine de désertion. Vous acquitterez le prince, cela est de toute justice, mais vous condamnerez le colonel, et, pour que personne n'en ignore, vous aurez soin d'établir la distinction dans l'arrêt.

Ainsi le prince avait la vie sauve dans le premier considérant, et dans le second le colonel portait la tête sur le billot.

Le tribunal allait admettre cette heureuse interprétation et cette hypostase d'une nouvelle espèce, lorsque le maréchal d'Anhalt, tirant son sabre et le plaçant à côté de lui sur le bureau, dit à haute et intelligible voix :

— Je coupe la figure au premier qui osera signer l'arrêt.

Sur cet échantillon d'éloquence, le tribunal prononça l'acquittement de Frédéric.

Mais Guillaume cassa le jugement et renvoya son fils devant une autre commission composée des généraux Denhoff et Linger, des colonels Dersch et Panewitz, des majors Schenk et Weier, sabreurs consommés dans l'art de l'interprétation. Les nouveaux juges invoquèrent pieusement l'Esprit-Saint, votèrent chacun en récitant un verset de la Bible, adoptèrent d'un commun accord le principe des deux substances, et, par un libellé savamment motivé, condamnèrent Frédéric à avoir la tête tranchée le même jour que Katt et sur le même échafaud.

L'ambassadeur d'Autriche protesta contre les motifs de la sentence, en vertu des capitulations de l'empire. Si l'empereur, dit Guillaume, persiste dans son opposition, j'ai à Kœnisberg, Dieu merci, un coin de terre en dehors du cercle impérial, j'y conduirai moi-même mon fils en croupe, et je l'y attacherai de ma main à la potence.

Pendant que la Prusse et l'Autriche négociaient la tête d'un prince, le prince en litige lisait Sénèque et faisait son testament. Il portait déjà l'habit de patient condamné à mort, et en attendant son heure il habitait une prison au premier étage dans la citadelle de Custrim. Cette prison, appelée la chambre ardente, ouvrait sur le glacis par une fenêtre à fleur de parquet. Le jour de l'exécution, au lever de l'aube, le bourreau dressait la potence sur le rempart et jetait un pont volant de l'échafaud à la fenêtre de la prison. Grâce à cette attention de politesse, le criminel pouvait aller de plain-pied de son lit au supplice; seulement chaque soir, après le coup de la retraite, le geôlier avait soin de fermer le volet intérieur de la croisée pour ménager au prisonnier en temps voulu la satisfaction de la surprise.

Un matin que Frédéric dormait encore d'un profond sommeil, un caporal, suivi de quatre fusiliers, entra dans la prison et posant sa lanterne au chevet du prisonnier :

— Prince, levez-vous, dit-il.

Frédéric bondit sur son séant.

— Pour aller reprendre mon sommeil là, dit-il, en montrant la croisée?

Le caporal garda le silence.

Frédéric fit du regard le tour de la chambre, comme pour lire son arrêt dans la physionomie de l'escorte, et au jet divergent de lumière que la lanterne envoyait au plafond, il entrevit derrière la porte une espèce de fantôme en robe noire, qui tenait un livre à la main et semblait murmurer une prière.

Il crut reconnaître le chapelain de Potsdam, le pasteur Muller.

— Monsieur le pasteur, dit-il, vous faites là, n'est-ce pas, le paquet de quelqu'un?

Le pasteur tourna légèrement la tête.

— Monseigneur, repentez-vous, c'est tout ce que je puis vous dire en ce moment.

Il reprit sa lecture.

— Le roi Guillaume, pensa le prince, leur a défendu d'entrer en explication.

Et sautant à bas du lit, il procéda paisiblement à sa toilette. Pendant qu'il mettait son habit, il entendit au dehors un bruit de marteau. Il frémit involontairement, mais il reprit bientôt sa tranquillité d'esprit. Sénèque le regardait.

— Après tout, dit-il, dormir pour dormir, qu'importe le grabat? Le meilleur est encore celui qui n'a pas de réveil.

— Quand il eut terminé sa toilette, un soldat le prit par le bras droit, un autre par le bras gauche, et tous deux l'entraînèrent à la fenêtre. Un roulement de tambour retentit au dehors. A ce signal, un troisième soldat ouvrit le volet. Un flot de lumière entra dans la prison.

— Levez la tête, prince, dit le caporal.

Et, saisissant le prince par derrière, il lui tint la tête droite, fixée sur le glacis.

C'était au mois de novembre, la neige tombait lentement, tristement, et à travers ce linceul lugubre déroulé du ciel, Frédéric voyait monter à son regard comme une plate-forme mystérieusement dressée pendant la nuit à la hauteur de sa prison. Une échelle plongeait à pic dans le fossé de l'autre côté de l'échafaudage. Frédéric en pouvait apercevoir le dernier échelon au-dessus de la balustrade. Tout à coup un spectre surgit à ce dernier échelon. Il portait le costume de lieutenant. Le bourreau le suivait à l'échelle. Le glas tintait au clocher de Custrim. Frédéric sentit une ombre passer devant son regard. Il venait de reconnaître son ami. Il fit un mouvement en arrière. Le caporal le maintint à son poste, la face tournée vers l'échafaud.

Katt reconnut à son tour Frédéric, et le saluant de la main :

— Adieu, mon jeune maître ; je meurs pour vous, je meurs content.

Le bourreau voulut lui mettre le bandeau ; il le repoussa doucement, jeta un dernier adieu à Frédéric et posa la tête sur le billot.

— Je remets mon âme, dit-il, dans la main du Seigneur.

Le tambour battit de nouveau. Il y eut après cela un moment de silence. L'échafaud éprouva une secousse, et la neige, un instant rougie, fondit au milieu de la plate-forme.

Frédéric, au bruit de la hache sur le billot, jeta un cri terrible et tomba évanoui entre les bras de ses soldats.

Le cadavre demeura exposé sur l'estrade, par ordre du roi jusqu'à la fin du jour; et jusqu'à la fin du jour, Frédéric, assis à la fenêtre, la tête dans sa main, contempla cette chose informe recouverte d'un drap noir. Pour la première fois, il comprit la destinée. Ce qu'il pensa dans cette muette entrevue avec ce corps supplicié, Dieu seul a pu le savoir. Mais, à partir de ce moment, l'homme mourut en lui, et, à la place de l'homme, il n'y eut plus désormais que cet être de raison appelé un prince.

La nuit vint. Le fossoyeur emporta le cadavre, le bourreau démolit l'échafaud. Frédéric restait toujours immobile à la fenêtre, la tête brûlante, la lèvre serrée. Le jour le surprit à la même place, dans la même attitude, contemplant encore la scène vide où la veille il y avait une échelle, et sur cette échelle un homme vivant.

Au milieu de sa méditation funèbre sur le sens pratique de cette tragédie, il entendit comme le bruit d'un pas sur le parquet; il retourna involontairement la tête et reconnut le pasteur Muller.

— Monseigneur, je viens vous parler de Dieu, lui dit l'homme de l'Évangile.

Frédéric regarda d'un air nonchalant.

— Faites, monsieur le pasteur.

Il laissa retomber son front dans sa main, et il reprit sa rêverie.

VIII

SAUVE QUI PEUT.

— Oui, Monseigneur, reprit tranquillement le pasteur, je viens vous parler de Dieu, et comme vous paraissez mal interpréter ma pensée, j'ajoute du Dieu de miséricorde.

— Du Dieu de miséricorde, répéta Frédéric avec un sourire d'ironie, vous vous trompez de porte, reportez votre sermon à l'homme qui vous a envoyé ici.

— L'homme qui m'a envoyé ici m'a chargé précisément de vous annoncer qu'il voulait bien encore vous retirer de l'abîme, à condition toutefois que vous commenciez par rentrer en grâce avec le Sauveur.

— Mais, avant de faire mon examen de conscience, j'aurai d'abord besoin, monsieur le pasteur, de savoir de votre bouche comment j'ai pu offenser le Seigneur.

— En empruntant de l'argent,..

— Est-ce que le catéchisme défend d'emprunter?

— Votre père a vu là un péché. Or, quand le roi a parlé, vous devez accepter son opinion. Car tout pouvoir vient de Dieu, dit l'Apôtre.

— Passons sur cet article.

— En essayant de courir l'Europe...

— Est-ce que l'Évangile défend de voyager?

— Votre père a vu là encore une infraction au commandement de l'Église, et vous devez incliner la tête devant son autorité.

— Passons de nouveau sur ce chapitre.

— En séduisant sous prétexte de musique...

— Silence! interrompit vivement Frédéric; Dieu vous écoute, monsieur le pasteur, et vous allez répéter une calomnie.

— Passons, dirai-je à mon tour, puisque vous le voulez, et tournons le feuillet. Finalement, en croyant à la prédestination.

— Nous reprendrons plus tard cette dernière question. Est-ce là le bilan complet de mes offenses au Seigneur?

— Attendez un instant.

Le pasteur tira de sa poche une feuille de papier, et comptant du doigt chaque alinéa :

— Un, deux, trois, quatre; c'est tout, Monseigneur.

— Eh bien! monsieur le pasteur, quand même j'appellerais péché, pour vous complaire, une dette de jeune homme, et que, pour vous complaire encore, je couvrirais ma tête de cendre et frapperais en ce moment ma poitrine, quel bénéfice pourrais-je tirer de cet acte de contrition ou plutôt de complaisance?

— Le bénéfice d'abord d'apaiser là-haut votre juge éternel et ici-bas votre juge naturel, qui peut bien vous pardonner vos crimes envers lui, mais qui ne peut, en qualité de roi chrétien, vous pardonner vos fautes envers Dieu qu'autant que vous les aurez rachetées par un aveu sincère et expiées par un sincère repentir.

— Je comprends, Monsieur, que le roi mon père nomme mes torts envers lui des torts envers Dieu, pour avoir le droit d'associer la divinité à sa vengeance. Quand on affiche la dévotion, on ne dit pas : Je me venge moi-même, le mot sonnerait peut-être mal avec l'Évangile, mais on dit : Je venge Dieu, et on frappe sans remords. Ne me parlez pas de pardon, monsieur le pasteur, cela ressemble trop à une raillerie. Mon père a juré ma mort, il tiendra parole. Je quitterai la terre sans regret, et peut-être sera-ce un bien pour le monde, car si jamais je viens à régner... Mais le sang d'un prince royal, j'en appelle à l'histoire, retombera sur la tête du bourreau, comme le sang de Carlos est retombé sur la tête de Philippe.

— Votre Altesse porte en ce moment un jugement téméraire, car je commets peut-être une indiscrétion ; mais je puis affirmer solennellement, comme on affirmait autrefois, sur le pain et le sel, que votre père vous a déjà fait grâce au fond de sa pensée.

— L'hypothèse, sans doute, est pleine de séduction.

Quelle garantie pourriez-vous en donner?

— L'exécution d'hier.

Frédéric regarda le pasteur.

— Oui, Monseigneur, l'exécution de votre complice.

— Ah! je comprends. Je crois comprendre, du moins. C'est par bonté pour moi que le roi a tué mon ami, m'a forcé d'assister à la tragédie, et m'a tenu la tête comme au carcan dans la main d'un caporal, pour que je ne perdisse pas une goutte de sang de la victime. Ah! la précaution était inutile; je l'aurais regardé mourir d'un œil pieux, comme on regarde mourir un martyr, cet homme que j'aimais entre tous, et qui m'aima comme je l'aimais.

— Oui, encore une fois, quoi que vous en disiez, c'est par bonté pour vous que le roi l'a frappé, là, sous votre regard. Il a pensé que le contre-coup du supplice ouvrirait sûrement votre âme au repentir.

— Je lui sais gré, en vérité, d'un pareil effort de tendresse; mais, dites-moi, l'ombre du pauvre Katt, si elle erre encore quelque part, doit-elle aussi lui en marquer sa reconnaissance? Sa Majesté a tué l'un pour sauver l'autre, à vous entendre. Le procédé est trop ingénieux pour mériter confiance. Cette douceur paternelle ressemble terriblement, monsieur Muller, à certaine aventure de Jacobin Polonais. L'histoire pourrait vous égayer. Voulez-vous que je vous la raconte? Je suis en fonds de gaieté.

— Monseigneur, vous me disiez tout à l'heure : Dieu vous écoute ; permettez-moi de vous retourner votre parole. Quelle que soit la sévérité de votre père à votre égard, prenez garde de le calomnier, car si véritablement il avait la pensée que vous lui prêtez en ce moment, que viendrais-je faire ici?

— Préparer le complice de Katt au supplice, car je connais votre maître, Monsieur. Le jour où il m'enverra à l'échafaud, il voudra sauver mon âme, et, pour la sauver authentiquement, la mettre dans la main d'un pasteur. C'est de la compassion à sa portée cela, ou du moins cela peut passer pour de la compassion. Toutes les vieilles dévotes le prendront ainsi, et toutes les chaires du royaume béniront la magnanimité d'un monarque assez clément pour ouvrir au pécheur la porte du repentir et l'envoyer en robe d'innocence devant l'Éternel.

— Puisque Votre Altesse Royale doute de mon témoignage, je veux bien, par respect pour votre situation, mettre sous votre regard un certificat que vous prendrez peut-être en considération lorsque vous aurez lu la signature. Voici le dernier paragraphe de ma commission.

Il déploya de nouveau le morceau de papier qu'il avait remis dans sa poche d'habit.

« Révérend amé et féal, que le Seigneur tout-
» puissant nous donne sa bénédiction! et comme il
» emploie souvent des moyens extraordinaires et des
» voies de douleur pour ramener les hommes dans le
» royaume de Jésus-Christ, puisse ce divin Sauveur
» nous aider à rappeler ce fils égaré au nombre de ses

» serviteurs ! Puisse-t-il briser et attendrir ce cœur
» endurci et l'arracher des griffes de Satan ! Puisse
» Dieu le Père tout-puissant nous accorder cette grâce
» au nom du Seigneur Jésus-Christ et de sa passion et
» de sa mort ! Amen. »

Ceci est daté de Vousterhausen et signé Guillaume. Lisez le passage, relisez-le à tête reposée. Eh bien ! là, en conscience, est-ce que votre père lèverait la main vers le ciel avec tant de ferveur s'il vous avait à tout jamais chassé de son affection ? Le désespoir conseille mal, écartez de vous le sombre tentateur. Croyez-moi, mon jeune prince, les mauvais jours passeront ; aidez-nous seulement à les traverser. Il y a encore des parfums dans Galaad. Pourquoi êtes-vous né si haut et moi si bas ? ah ! sans cela je pourrais peut-être trouver le chemin de votre cœur, vous parler en ami.

— En ami, dit tristement Frédéric. Hier encore j'avais un ami. On me l'a ôté ; on m'a ôté par un supplice encore plus cruel cette pauvre enfant qui pleurait sur moi aux heures d'abandon. C'est bien. J'accepte l'avertissement. Si je vis encore, les hommes peuvent passer désormais à côté de moi, les hommes ! et les femmes aussi. Nous jouerons notre jeu, et nous verrons, en fin de compte, qui gagnera la partie. Mais je dis peut-être plus que je ne devrais dire. J'ai la fièvre, ma tête brûle, j'ai tant vécu depuis hier. Chaque heure d'horloge sonnait un siècle. Je vous demande pardon. Je sens votre parole entrer. J'ai encore un reste d'illusion. Je vous l'offre, donnez-moi la main, et dites-moi, en honnête homme, si je puis encore espérer un jour remonter à mon rang dans ce royaume?

— Oui, un jour, pas encore, sans doute, votre père veut auparavant vous éprouver. Vous voyez que je trahis le complot. Faites-en votre profit. Il vous donnera, d'abord, la ville de Custrim pour prison, et il vous placera, en qualité de surnuméraire, à la chambre des guerres et des domaines, et, lorsqu'à force de soumission et de travail, vous aurez reconquis le droit de porter l'épée, il vous la rendra et vous pourrez rentrer la tête haute au palais. Tout cela est encore écrit dans l'instruction que j'ai eu l'honneur de communiquer à Votre Altesse.

Frédéric gardait le silence. Il sembla remarquer alors pour la première fois que le pasteur lui parlait debout. Il se leva et lui tendit sa chaise.

— Asseyez-vous, monsieur Muller.

Il allait et venait lentement, la tête penchée, de la fenêtre à la porte et de la porte à la fenêtre de la prison. A l'expression convulsive et concentrée de sa physionomie, le pasteur vit bien que le prince livrait en ce moment un combat intérieur et prenait en lui-même une de ces résolutions suprêmes qui sont comme une crise décisive et une date nouvelle de l'existence.

— Puisque mon père veut bien m'élever, dans sa commisération, au grade de commis, et vous charger de négocier à ce prix ma réhabilitation, dites-moi quelles conditions il attache à cette faveur. Je les accepte toutes d'avance sans hésiter, sans marchander, pourvu toutefois qu'elles soient compatibles avec l'honneur et mon droit à la couronne. Parlez, que dois-je faire? Je le ferai, je vous en prends à témoin ; vous me servirez de caution.

— Une seule chose, mon prince ; mettre votre âme en règle avec le Seigneur en toute humilité, en toute contrition ; et, pour donner à Sa Majesté une marque de votre bonne volonté, de votre état de grâce, prêtez sur l'Evangile le serment suivant, dont je vais vous lire le formulaire article par article.

— Voyons ce formulaire.

— Article premier. Vous jurez de ne plus lire aucun livre de poésie.

Le pasteur ouvrit la Bible et l'approcha de Frédéric.

— Jusqu'à nouvel ordre, probablement?

— Bien entendu.

Frédéric étendit la main sur l'Évangile.

— Je jure de ne plus lire aucun livre de poésie.

— Article second. Vous promettez par le sang du Christ de ne jamais parler la langue française à personne.

— Tant que le roi vivra.

— C'est encore entendu.

— Je le promets.

— Article troisième. Vous faites serment de ne pas rechercher un jour le tribunal qui vous a condamné à l'échafaud.

— Puisque je sollicite moi-même mon pardon, je dois payer d'exemple. Je pardonne donc de grand cœur à quiconque aura voté ma mort, et quoi qu'il arrive, il pourra dormir en paix à la porte même de Frédéric.

— Article quatrième. Vous renoncez, devant Dieu, à porter l'uniforme prussien.

— Jamais, monsieur le pasteur.

— A porter provisoirement.

— Provisoirement ou autrement; je ne fais pas de distinction. Que mon père me retire l'uniforme, je peux à la rigueur passer condamnation; car j'espère bien un jour montrer au monde comment je sais faire honneur à une épaulette. Mais me forcer à proclamer moi-même mon indignité! Vous pouvez relever l'échafaud de Katt, je ne donnerai pas cette parole.

— Article à revoir, alors, dit le pasteur..

— Est-ce le dernier?

— Non, il y en a encore un autre, le plus facile à la vérité : vous prenez l'engagement, n'est-ce pas, de ne plus croire à la prédestination?

— Comment, monsieur le pasteur, puis-je prendre un pareil engagement, et comment, avec votre expérience des choses de la pensée, pouvez-vous l'exiger? Que mon père dise à un homme : Crois ceci ou crois cela, je le conçois, il règne, et à ce titre il prétend commander à la conscience comme à une compagnie de grenadiers; mais vous, homme de foi, homme d'intelligence, pouvez-vous admettre que nous avons le choix de notre conviction, que nous pouvons croire ou ne pas croire à volonté, et congédier d'un signe cette maîtresse souveraine appelée vérité, avec la même aisance que le roi de Pologne évacue au réveil, dans quelque couvent du voisinage, la dernière favorite de la semaine? Savez-vous ce que vous réclamez en réalité? Vous réclamez que je désavoue de la lèvre une doctrine que j'avoue au fond du cœur; autrement, que je commette un acte d'hypocrisie; mieux que cela, un parjure! Mais d'abord, qu'entendez-vous par prédestination?

— Sans doute, Monseigneur, je reconnais avec vous que l'homme n'a pas la liberté de sa conviction ; que lorsqu'il entrevoit quelque part la vérité, il plie le genou, il lui rend pour la vie, la main dans la main, foi et hommage. Mais l'esprit, depuis le jour où le serpent a parlé, pèche par infirmité ou par ignorance, et dans sa nuit, dans sa présomption, il prend souvent l'erreur pour la vérité. L'homme sincère avec lui-même doit donc toujours chercher à vérifier sa croyance et l'éprouver en toute modestie au contrôle sévère de la contradiction, et si, à l'épreuve, il la voit convaincue de fausseté, la secouer au vent comme la poussière de sa chaussure. C'est là, permettez-moi de le dire, le fait de Votre Altesse. Vous m'interrogez sur la prédestination; je vous réponds : C'est le nom chrétien de la fatalité, c'est le dogme qui consiste à croire que tout ce que l'homme fait ici-bas de bien ou de mal, il le fait par une sorte de décret, et que, si un coup de canon vient par hasard à tuer M. de Turenne, Dieu avait fondu ce boulet-là de toute éternité.

— Ainsi, à vous entendre, l'homme agit comme il veut agir et dort comme il fait son lit, pour répéter le proverbe. Si je suis en prison aujourd'hui, c'est que je l'ai voulu, et si, hier, mon pauvre ami a monté à l'échelle, c'est qu'il la voulu encore. Allons, monsieur le pasteur, mettons-y plus de franchise. Parlons sérieusement. Nous sommes tous plus ou moins des marionnettes dans la main de la Providence. Seulement la Providence nous a coulés dans des moules différents. Elle a fabriqué les uns pantins de grande espèce et les autres de petite dimension. Elle a dit aux premiers : Tuez et prenez, c'est votre droit, votre droit divin. Et aux autres : Mourez et payez, c'est votre devoir, car tout droit suppose un devoir en regard. Place! j'ai lancé mon cheval au galop! Partout où je passe la terre tremble, l'herbe brûle. Je me nomme le pantin César, le pantin Attila. Le meurtre est mon champ. Je cueille de la gloire. Il est juste, en définitive, qu'un peuple pourrisse sur mon passage pour engraisser la moisson. Et vous voudriez, monsieur le prédicant, que Dieu demandât compte un jour à tous ces glorieux ou modestes polichinelles de l'humanité du résultat de leurs actions ou du vent de leurs paroles? Mais Dieu les avait organisés ainsi, et ils ont vécu, et ils ont parlé dans le sens de leur mécanisme; l'ouvrier de la première heure leur avait attaché la ficelle ici, la ficelle là, et ils ont obéi à la main cachée là-haut comme la sonnette obéit au coup de cordon. Il nous a sauvés ou condamnés d'avance dès notre berceau. Tels il nous a créés, tels ils nous retrouve au jugement dernier. En nous donnant nos penchants, il nous inspire du même coup toutes les actions bonnes ou mauvaises, implicitement renfermées à l'état inédit au fond de ces instincts. Est-ce qu'après avoir confié au rouage de l'horloge l'aiguille à manœuvrer, l'horloger peut faire ensuite un crime à cette aiguille de marquer l'heure sur le cadran?

— L'horloge n'a ni liberté ni intelligence pour porter la peine ou le mérite de son mouvement, tandis que l'homme, au contraire, a intelligence et liberté à la fois pour illuminer sa marche et pour choisir le bon ou le mauvais chemin. Puisque vous aimez à raisonner par métaphore, eh bien! comparaison pour comparaison. Je vous dirai, à mon tour, nous flottons tous sur l'abîme. Dieu nous tend la perche pour nous sauver; mais pour nous sauver, de notre côté, nous devons avoir la volonté de la saisir. Aide-toi, le ciel t'aidera; voilà la loi et les prophètes. Dieu prend une part, mais il nous en laisse une dans l'œuvre de notre sanctification. Si la doctrine de la grâce pouvait dire autre chose, elle dirait une hérésie. Bien plus, elle confondrait toute notion du bien et du mal, et reviendrait par un chemin de détour à la confusion du manichéisme.

— Et moi aussi, puisque j'ai fait naufrage, je saisis

votre perche à tout événement; il en sera ce qu'il pourra. S'il n'y a jamais entre mon père et moi, entre vous et moi, d'autre difficulté qu'une question de théologie comme la prédestination, j'espère bientôt faire ma paix avec l'Église. J'ai trop d'intérêt à rentrer dans le giron de l'orthodoxie pour prendre plaisir à tourner la clef dans la porte et à brouiller la serrure. Mais j'ai aujourd'hui l'esprit en mauvais état. Je vous demande le temps de la réflexion.

Frédéric passa familièrement la main sur l'épaule du pasteur, et prenant avec lui l'expression ouverte de la confiance :

— Comptez sur ma reconnaissance; mais, en revanche, je compte, n'est-ce pas, sur votre promesse?

— Le jour où j'aurai rendu à la Prusse un prince digne d'elle, j'aurai assez vécu, et je dirai comme Siméon : Seigneur, renvoie ton serviteur.

Et voyant à cette parole la figure du prince rayonner d'espoir :

— J'aime à vous voir ainsi, Monseigneur; mais, avant de nous quitter racontez-moi, je vous prie, l'histoire du moine polonais; car vous avez eu, je crois, en ce moment, une mauvaise pensée, et je voudrais pouvoir la tirer de votre esprit.

— Un jacobin polonais, dit Frédéric en souriant, de taille à figurer honorablement à la porte du palais et de force à écraser un taureau, allait à Rome en pèlerinage. Deux brigands l'arrêtèrent, l'escopette sur la gorge, au bas de la montagne de Viterbe.

— Ta bourse, frère, et ensuite ta bénédiction.

— Veuillez d'abord, mes amis, me donner le temps de m'asseoir et de me déchausser.

— Te déchausser?

— Oui, car mes sequins sont cousus là, dans la semelle de mes bas, par mesure de précaution. Aidez-moi un peu, signori.

Un brigand prit la chausse de ce côté-ci, l'autre brigand la chausse de ce côté-là; mais pendant qu'ils tiraient sur chaque jambe, le moine saisit leurs têtes par les cheveux et les tinta l'une contre l'autre jusqu'à complète effraction. Le pape apprit le fait par la rumeur et en voulut avoir le récit de la bouche même du héros.

— Comment as-tu fait, mon fils? demanda Sa Sainteté.

Le pèlerin exécuta, en présence du saint homme, la pantomime de son action.

— Et tu leur as écrasé la cervelle? reprit le pape avec un sentiment d'effroi.

— En douceur, saint père, en douceur, *dulciter, dulciter*; mais pendant ce temps-là je leur donnais ma bénédiction *in articulo mortis*.

— Mon père me traite aussi en douceur, comme vous voyez, reprit Frédéric; mais, grâce à Dieu, je saurai prendre mon sort philosophiquement.

— Dites plutôt chrétiennement, et, pour vous aider dans ce travail de résignation, je vous laisse ma Bible; lisez-la, et souvent, et d'un cœur ému; car il y a sous chacune de ces pages, muettes en apparence, sous chacune de ces lignes, une voix secrète qui brise les rochers et transporte les montagnes.

Le pasteur salua Frédéric.

— Au revoir, Monseigneur.

Mais au moment où il franchissait le seuil de la porte, le prince le rappela.

— Monsieur Muller, j'ai une prière à vous adresser.

— Dites un ordre, Monseigneur.

— Veuillez m'apporter un exemplaire de Machiavel.

Le pasteur fit un geste d'étonnement.

— Oh! pour le réfuter, monsieur le pasteur, soyez tranquille.

— Si c'est pour ce motif, dit le pasteur en souriant, je n'y vois aucun péril ; car Machiavel ne peut passer pour un livre de poésie et rentrer dans la lettre de votre serment.

— Oui, pour le réfuter, répéta Frédéric d'une voix sourde quand le pasteur fut parti, car c'est la meilleure manière de le comprendre. Ce monde est une caverne. Sauve-qui-peut! Méchanceté, hypocrisie, voilà l'histoire de la planète. Apprenons du moins, des maîtres en expérience, l'art de traiter les hommes selon leurs mérites.

IX

LE NOUVEAU MARLY.

Le roi Guillaume avait, lui aussi, à ses moments perdus, la passion du jardinage ; il faisait concurrence à Lenôtre dans l'art de tracer un boulingrin. Il avait adopté un site au bord de la Sprée pour y mettre la bêche, et l'avait dessiné en échiquier par amour du bataillon carré, le chef-d'œuvre, à son avis, de la stratégie. Il tenait l'arbre pour un hors-d'œuvre de la nature.

— Cela masque le paysage, disait-il.

Et, par cette raison, il l'avait impitoyablement éliminé de son système, ou crucifié le long d'un mur en espalier.

La fleur passe, disait un pénitent de Port-Royal. Sa Majesté prussienne partageait à cet égard l'opinion d'Arnaud d'Andilly. Il mit donc *à priori* la fleur de côté, sous prétexte qu'elle usurpait la place du mérite. Mais à la doctrine janséniste il ajouta un léger corollaire : le légume reste ; et comme il professait avant toute chose la religion de la marmite, il inonda le bord de la Sprée de carottes, de choux, de navets, de panais, de salsifis, de poireaux, d'artichauts et de citrouilles.

Il réalisa le plus magnifique potager qui de mémoire de maraîcher ait jamais illustré un faubourg de Berlin. C'était là son rêve, son bonheur, son Boboli, son Trianon, son grand, son petit Trianon. Il en jouissait d'autant plus que pas une feuille d'arbre ne pouvait jeter une ombre sur la conception de son génie.

Lorsque, par un beau jour d'été, il éprouvait un accès de galanterie pour sa royale moitié, Sophie-Dorothée de Hanovre, il la menait en grande pompe, *in fiocco*, avec toute la couvée princière, savourer par vingt-cinq degrés Réaumur, le spectacle attendrissant d'une couche de melons en travail de maturité. Après avoir ainsi longuement étalé en famille son talent d'artiste jardinier, il renvoyait au palais la bande émerveillée de la beauté du site et rôtie comme une brochette d'alouettes à la polenta.

Il avait donné le nom de *Nouveau Marly* à ce paradis de persil et de ciboulette. Si quelqu'un a dit de Versailles que c'était un favori sans mérite, on ne pouvait pas le dire du moins du *Marly* de Berlin. Le roi en tirait couramment la garniture de son pot-au-feu pour toute l'année ; il pouvait même, au besoin, sans appauvrir son potage, prélever de temps à autre une botte de ceci ou une botte de cela, pour en gratifier son ministre d'État ou son chambellan de service.

À la perruque près, Guillaume avait choisi, comme on voit, Louis XIV pour modèle. Mais quand il désespérait d'en attraper au vol la magnificence, il tournait l'imitation en caricature. Une mode d'habit trop somptueuse, venue en droite ligne de Paris, essayait-elle de passer la frontière, il la mettait impitoyablement au ban du royaume par un coup de tête de son répertoire.

Le baron de Kniphausen, au retour d'un voyage à Paris, osa paraître à la cour en habit à paillettes brodé d'or sur toutes les coutures.

— Vous avez là, dit le roi, un magnifique habit de gala.

— Oui, Sire, de la coupe du régent.

Guillaume toucha l'étoffe pailletée, raide comme une lame de métal.

— C'est le forgeron, dit-il, qui a fait cela.

— C'est le premier tailleur de la chrétienté.

— Vous me prêterez ce bijou, monsieur Kniphausen.

Le lendemain, le baron envoya son habit à Sa Majesté.

Guillaume manda aussitôt au palais le valet du bourreau.

— Mets cette casaque, dit-il, et promène-toi par la ville avec cette pailleterie sur le dos pendant toute la journée. Tu prendras en passant un timbalier de mon régiment, pour que, de temps à autre, il te donne un coup de timbale.

L'habit du régent fit ainsi en triomphe le tour de Berlin sur le dos de l'estaffier de la potence.

Le comte de Rottembourg, ambassadeur français à la cour de Berlin, lui décrivait un jour à grande guide, avec l'intarissable complaisance d'un courtisan infatué de la splendeur du roi son maître, je ne sais plus quel éternel et majestueux défilé de voitures dans l'avenue de Versailles. C'était d'abord le carrosse du roi, puis venait le carrosse de la reine, puis le carrosse de Monseigneur, puis le carrosse de *Monsieur,* puis le carrosse de monsieur le prince, puis le carrosse de monsieur le duc, puis le carrosse de monsieur le Grand, toute une litanie enfin d'équipages isabelle ou genêt, cerise ou pommelé.

Au milieu de ce dénombrement, le roi Guillaume mit la main sur le bras de l'ambassadeur :

— Je vous demande pardon, monsieur le comte, d'arrêter le cours de vos profusions ; mais j'ai mieux à vous offrir, pour peu que vous ayez une heure à dépenser à mon jardin de Marly.

Le comte de Rottembourg accepta la proposition avec empressement, comptant bien que le roi Guillaume allait lui fournir, par un coup de boutoir de sa façon, quelque agréable pot-pourri à servir à la duchesse favorite dans son prochain courrier.

En effet, le roi donna l'ordre, ce jour-là, de dresser

une estrade recouverte d'une tente au milieu de son potager, et il invita toute la cour à venir voir, concurremment avec le corps diplomatique, comment il entendait lutter de somptuosité avec la monarchie la mieux famée de l'Europe sur le chapitre de l'élégance.

Le soir même, il envoya un régiment de hussards battre la campagne pour mettre en réquisition et lui amener sans débrider tout ce que la banlieue de Berlin, à cinq milles à la ronde, pouvait contenir d'objets roulants montés sur essieu. La troupe exécuta militairement la consigne, et ramassa de droite et de gauche une quantité suffisante de véhicules, de fourgons, de haquets, de haridelles et de corbillards pour en faire le convoi d'une armée en route pour la conquête de l'Asie.

Sur le coup de midi, la fleur du royaume, rangée au milieu de l'estrade, dans toute la rigueur de l'étiquette, attendait en silence le dénoûment de la mystification.

Une volée de coups de canon annonça l'ouverture du défilé.

A ce signal, une première voiture déboucha de l'avenue qui longe la Sprée, et défila lentement devant la compagnie, au pas d'une procession. C'était un tombereau attelé d'un baudet et chargé de fumier. Pendant ce temps, la musique de la garde jouait l'air de triomphe des Macchabées : *Chantons victoire*.

Le roi Guillaume pétillait de cette gaieté lugubre

qui, chez un despote en verve, accompagne toujours une mauvaise plaisanterie.

— Regardez, monsieur l'ambassadeur, cria-t-il et à tue-tête au comte Rottembourg : Voici le carrosse de Sa Majesté le roi ; à tout seigneur tout honneur. C'est lui qui mène le branle ; maintenant, vous allez voir l'équipage de Sa Majesté la reine resplendir de toute la beauté de l'Olympe.

Au même instant un chariot chargé de paille entra en scène péniblement traîné par une rosse asthmatique à faire pitié à la monture même de don Quichotte, et, en queue, tout une file d'échantillons, plus grotesques les uns que les autres, de l'art du charronnage en Allemagne depuis le règne d'Attila. On eût dit le jugement dernier de toutes les charrettes du Nord, mises en mouvement, à la résurrection des siècles, par toutes les bêtes de l'Apocalypse.

— Eh bien ! monsieur le comte, reprit le roi à la fin de la parade, trouvez-vous que je vous ai tenu parole? Que dites-vous du carrosse de Monseigneur, du carrosse de Monsieur, et surtout de la beauté et de la variété de l'attelage?

Or, l'âne faisait majorité haut la main dans cette espèce de Longchamps impromptu recruté jusque dans la dernière cabane.

— Sire, répondit l'ambassadeur en saluant jusqu'à terre, je reconnais volontiers que vous avez le royaume le mieux attelé de l'Europe.

Le roi sentit frémir sa canne dans sa main ; mais

pour la première fois il résista à la tentation. Comme il détestait, cependant, de perdre sa colère, il déchargea sa canne sur l'épaule d'un grenadier.

— Tiens, dit-il, toute peine mérite salaire. Je te rembourse l'impertinence de monsieur l'ambassadeur.

X

LA ROYAUTÉ AU CABARET.

Guillaume, à tout prendre, avait quelque raison d'appeler son jardin potager un nouveau Marly, car, chaque soir, il y tenait une cour de choix, en déshabillé, sous le verrou et le sceau du secret.

Il avait bâti à cette intention, au bord de la rivière, un *brandebourg* ou pavillon borgne en façon de guinguette, et, pour plus de mystère, il l'avait fait entourer d'abord d'un fossé toujours plein d'eau et d'une grille de fer garnie d'un treillis. Un pont levis conduisait au pavillon.

Un ours de Russie, à peu près apprivoisé, qualifié Cateau, en souvenir de la czarine, gardait l'entrée de ce mystérieux réduit. Deux aigles enchaînés à la grille, l'un blanc et l'autre noir, montaient aussi la garde dans l'attitude endormie d'altesses fatiguées du poids de la représentation; mais, au premier bruit de pas dans le jardin et au premier symptôme d'invasion, ils battaient de l'aile et fondaient du bec sur l'intrus jusqu'à ce qu'ils l'eussent forcé à la retraite.

Ils reprenaient ensuite leur faction avec la même physionomie sournoise, la tête dans le jabot, sans plus broncher au port d'armes que cette statue de guérite appelée sentinelle. De temps à autre, à la vérité, ils tendaient le cou et jetaient un cri au vent comme pour donner signe de vie et empêcher la prescription. A ce cri, le bourgeois attardé sur le boulevard, de l'autre côté de la Sprée, croyait entendre le signal du sabbat, et pressait le pas pour regagner son foyer. En effet, le peuple supposa longtemps à Berlin que le diable, sous forme d'un ours, tenait conciliabule au pavillon du nouveau Marly.

Ce pavillon, ainsi gardé bec et ongle contre toute tentative de curiosité, contenait une seule pièce au rez-de-chaussée, nue comme la salle d'un cabaret, sans autre mobilier qu'un poêle dans un coin, un chevalet de peintre dans un autre, un muid de bière plus loin, une lanterne au plafond, une table de sapin au-dessous, un banc de même fabrique pour l'assistance, et, enfin, à un bout de la table, un premier fauteuil à l'usage de Guillaume, et à l'autre bout un second fauteuil surmonté d'une oreille de lièvre, à l'usage de Grundling.

Qu'était-ce que Grundling pour prendre ainsi en sous-ordre la place d'honneur? Le second roi de Prusse après boire, en comité secret..

C'était un homme pas plus haut que cela, la tête bouffie, l'œil à fleur de tête, la lèvre épaisse, habit de velours écarlate, boutonnières et boutons d'or, parements noirs, remontant jusqu'à l'épaule, bas de soie cramoisis, souliers carrés à talon rouge, perruque à tout crin retombant sur la croupe, petit chapeau à plumet blanc, contrefaçon accomplie en un mot, et miniature irréprochable d'un hidalgo espagnol.

Sans autre titre officiel que le titre de fou de Sa Majesté, il régnait plus ou moins de moitié avec Guillaume à l'heure de la chauve-souris. Guillaume et Grundling, Grundling et Guillaume partageaient la besogne entre eux d'un commun accord. L'un disait des folies et l'autre en faisait, et, de folies en folies, la Prusse montait à son insu au premier rang de l'Allemagne.

Grundling professait une profonde admiration pour Guillaume, et Guillaume, cela va sans dire, payait Grundling de retour. Or, pour honorer dignement son bouffon, il l'avait nommé président de l'Académie, à la place de Leibnitz. L'histoire a conservé la patente rédigée de la main de Sa Majesté.

« Nous avons nommé, disait Guillaume, président de
» notre Société des sciences le noble, sage et expérimenté
» Grundling, en considération de ses connaissances
» étendues et célèbres au loin dans les antiquités, les
» monnaies nouvelles et anciennes, dans la physique,
» mécanique, botanique, hydraulique, pneumatique,
» statique, ainsi que dans la cabale, dans la connais-

» sance des bons et mauvais esprits, de même que
» dans la doctrine des préadamites. Ordonnons
» audit président d'observer les révolutions particu-
» lières qui arriveront dans le ciel, comme par exem-
» ple lorsque Mars aura jeté un regard malin sur le
» soleil, et qu'il formera un carré avec Saturne, Vé-
» nus et Mercure, ou lorsque le zodiaque se sera re-
» culé, ou lorsque, selon le système de Descartes, un
» tourbillon se sera usé et absorbé et qu'il y aura à
» craindre un nombre infini de comètes. Nous vou-
» lons que, dans tous les cas, ledit président s'assem-
» ble aussitôt avec les autres membres de l'Académie
» pour conférer sur ces événements, rechercher les
» causes de ces désordres, et aviser aux moyens d'y
» remédier. Nous ordonnons aussi de travailler de
» tout son pouvoir à détruire entièrement tous les
» esprits, lutins, farfadets, revenants, cauchemars,
» loups-garous, esprits maudits, et autres suppôts de
» Satan, et nous promettons de donner six écus de
» récompense à ceux qui nous apporteront, mort ou
» vif, un de ces esprits. »

Lorsque le roi avait dîné en famille, et reconquis par ce dernier acte de dévouement au devoir conjugal le droit de disposer de sa personne, il jetait un crispin sur son dos, rabattait son chapeau sur sa figure et gagnait incognito, de la pointe du pied, le voluptueux pavillon. A l'entrée du pont levis, il donnait la becquée à l'aigle blanc, la becquée à l'aigle noir, et déposait religieusement l'insigne de sa charge, c'est-à-dire son jonc d'Amérique, entre les pattes de l'ours, le personnage le plus digne, à coup sûr, de faire en ce temps-là l'intérim de la royauté.

Ainsi débarrassé du poids du jour, il pénétrait dans le saint des saints, il ôtait son chapeau, il ôtait son manteau, il ôtait son habit, il ôtait sa veste, et tombant ensuite dans son fauteuil, et respirant à pleine poitrine, il laissait tout à coup échapper du fond de son cœur, comme par une soupape, ce mot longtemps contenu, ce mot longtemps refoulé, ce mot palpitant à lui seul et débordant de toutes les voluptés à la fois : Enfin !

Et pour prendre immédiatement possession de son bonheur, il commençait par tirer de sa culotte une pipe, — de terre, hélas ! — comme la pipe du dernier fusilier, puis il la bourrait en conscience, puis il battait le briquet, puis mettait l'amadou sur le tabac, puis il refermait le fourneau avec une feuille de papier, puis il aspirait la fumée, le tout avec ordre, avec poids, avec mesure, avec lenteur, cette lenteur épicurienne d'un gourmet mis à la ration, qui connaît le prix de la jouissance, et il fumait ainsi longuement, délicieusement, jusqu'à épuisement de munition, une jambe en l'air, la botte sur le coin de la table, la tête renversée et le regard extatique errant au plafond.

Après ce premier à-compte sur le plaisir de la soirée, il prenait sa leçon de peinture, car il aimait la peinture, car il l'étudiait avec fureur sous la conduite d'un Rubens d'occasion nommé Huber, à un petit écu le cachet. On eût dit que la nature, en le lançant dans la vie, avait voulu, pour l'habiller d'un talent quelconque, prendre un reste de drap sur l'étoffe de Teniers : ce qui prouve en passant qu'un roi vaut bien un autre homme et peut encore servir à quelque chose en dépit du jacobinisme.

Malheureusement pour le progrès de son art, Guillaume avait une infirmité après dîner. La vapeur de la digestion, en montant à son cerveau, semblait le foudroyer, tant elle le jetait d'un clin d'œil dans un profond accès de sommeil, ou plutôt dans un profond anéantissement.

A peine avait-il humecté son pinceau sur la palette, et posé son appuie-main au sommet du tableau, pour entamer, avec une plus grande sûreté de touche, l'opération laborieuse du modelé, que sa tête tombait tout à coup dans sa poitrine, que la baguette glissait de son poste, et que la main, glissant avec son appui, traçait du haut en bas de la toile une interminable ligne longitudinale complétement imprévue dans la composition; et arrivée au bas de l'échelle, et encore prise d'un mouvement magnétique pendant que le reste de l'artiste dormait, elle ajoutait à ce premier hors-d'œuvre une série indéchiffrable d'arabesques, qui renvoyait à l'autre bout du monde la pensée primitive du sujet.

Lorsqu'il retrouvait à son réveil ce grimoire encore frais sur son chef-d'œuvre en expectative, il accusait naturellement son maître de dessin d'avoir profité de l'accès de sommeil pour introduire lâchement, par esprit de jalousie, cet épisode de contrebande dans l'ordonnance de son tableau.

Comme chez lui l'action suivait toujours le soupçon, il bondissait sur son siége, et, à défaut de bâton, envoyait un coup de poing au malheureux professeur, sauf ensuite, ce premier besoin de justice une fois apaisé, à entrer avec lui en explication.

Guillaume avait donc, lui aussi, ses chagrins d'artiste. Quand par hasard il avait achevé un tableau, il le signait mélancoliquement : *Willelmus pinxit in tormentis*. Peint par Guillaume au milieu des tourments. A quoi le malheureux Huber ajouta un jour en *postscriptum: Quæ infligebat*, qu'il faisait souffrir.

A la nuit tombante, Guillaume posait la palette et levait la séance. Le maître de dessin, admis seulement dans le sanctuaire pour le temps de la leçon, allumait la lampe du plafond, touchait son petit écu, pliait bagage et rentrait dans le néant.

Alors la petite élite, soigneusement choisie et triée sur épreuve sévère pour faire partie du privé, avait permission de pénétrer dans le cabaret tenu par Sa Majesté. C'était d'abord Grundling, ensuite le maréchal d'Anhalt, ministre de la guerre, le baron Grumkow, ministre d'État, et enfin le baron Polnitz, chevalier d'industrie, brelandier de la rue Quincampoix, apostat relaps, deux fois luthérien, deux fois catholique, et pour le moment premier chambellan du roi Guillaume. Le reste a échappé à l'histoire.

Tout cela arrivait un à un, à la file, trouvait la clef sur la porte, et allait prendre place au hasard sur le banc de sapin, sans plus tenir compte du rang que du cérémonial.

Le bouffon avait seul une place réservée. Malheur à qui aurait usurpé par mégarde l'oreille de lièvre. Il l'aurait sûrement gardée toute la vie pour sa punition. Le dernier entré poussait le verrou. Le roi ouvrait la séance en rallumant sa pipe et en tirant lui-même un broc de bière au tonneau. La réunion l'imitait à la ronde et chacun battait le briquet.

Bientôt une épaisse fumée de tabac montait au plafond, jusqu'à ce que la lanterne, noyée dans le brouillard, jetât à peine, à travers sa vitre de corne, une lueur indécise d'aurore boréale sur la tête de la compagnie. Alors, au demi-jour voluptueux de ce boudoir de jambon de Mayence, celui-ci ou celui-là mettait sur la table tout ce qu'il pouvait avoir d'esprit.

Si Guillaume avait en tête quelque affaire pendante avec la Diète ou toute autre puissance, il passait parole à Grumkow, et décidait, entre deux bouffées, cette question de diplomatie. Par suite de son incorrigible passion pour l'antiquité latine, il appelait sa pipe son Egérie. Mais le plus souvent, la grosse plaisanterie roulait grand train d'un bout à l'autre de la tabagie; car si le roi Guillaume aimait à parler à l'antique, il aimait à rire à l'allemande. Peut-être, au fond, était-il un bon compagnon brandebourgeois de l'école de Rabelais, né pour la chopine et la goguette, mais dépaysé sur le trône, exaspéré de sa grandeur, butor par dépit, et cruel par embarras.

XI

L'APOTHÉOSE DE SCARAMOUCHE.

Peu de temps après la tragédie de Custrim, le roi Guillaume tenait sa petite cour au *Nouveau Marly*. Pour la première fois depuis longtemps, sa figure rayonnait de satisfaction. Il venait d'achever un tableau qu'il regardait comme le dernier mot et le *consummatum est* de son talent. La toile représentait une scène d'intérieur par un effet de flambeau. Or cette scène d'intérieur était tout simplement la tabagie royale en plein exercice.

Toute la galerie, à commencer par le peintre lui-même, y figurait en groupe, de face ou de profil. Pour donner encore plus d'intérêt à sa composition, le peintre avait obligé Polnitz à prendre l'oreille de lièvre de Grundling, et Grundling à endosser la casaque de Polnitz. Il avait peint son bouffon la clef du chambellan pendue par derrière, et, dans l'entraînement de l'inspiration, brochant sur cette première idée, il avait mis sur la face de ce chambellan en effigie le masque de Scaramouche. Il éprouva de cette dernière facétie une telle quinte de rire, qu'en expiation de cette débauche de gaieté, il envoya Grundling au cachot.

Polnitz entrait dans le sanctuaire royal au moment même où Guillaume donnait à Scaramouche le dernier coup de pinceau. Le roi saisit son chambellan au passage, et, le menant par le bras devant son chevalet :

— Comment trouves-tu ce tableau? dit-il avec cet air d'humilité qui n'est, à tout prendre, que la mendicité de l'éloge.

Guillaume croyait sérieusement avoir le génie de la peinture, et il aurait à coup sûr châtié sur place le blasphémateur assez abandonné de la Providence pour douter de son talent. Il barbouillait horriblement, à la vérité. N'importe. Sitôt qu'il avait signé son enluminure, il éprouvait le besoin de la soumettre à l'admiration.

— Sire, je trouve ce tableau un chef-d'œuvre à en tomber vraiment en péché d'idolâtrie.

— Tu parles sérieusement?

— Comme sur l'Évangile.

— L'Évangile! reprit le roi avec étonnement. Jure sur autre chose, monsieur le baron.

— Sur la tête de mon père, si vous voulez.

— Ton père avait donc une tête? Dans ce cas, il t'a

déshérité à ta naissance. Mais va pour la tête de ton père. Toutefois, en appelant mon tableau un chef-d'œuvre, tu dis peut-être trop, Polnitz.

— Pour vous prouver que je pense bien ce que je dis, voyez.

En disant ce mot, le chambellan faisait signe de plier le genou devant le tableau.

Le roi l'arrêta en chemin.

— Assez, mon ami, assez ; je te demande simplement ton avis. Que penses-tu de cet effet de lumière ?

— Digne de Rembrandt.

— Le vieux peintre hollandais, sans doute, possède un incomparable génie de la lumière ; mais un peu à la façon d'une lanterne, entre nous soit dit, sans vouloir offenser sa renommée.

— Oui, Sire, génie de lanterne, vous le qualifiez à merveille ; tandis qu'ici la lumière, savamment répartie sur la toile comme dans la nature, suit toute la gamme du clair-obscur et meurt harmonieusement en insensible dégradation.

— Tu comprends bien ce que tu dis là, baron ?

— Sire, votre tableau inspire l'esprit, et, si on voulait céder à la tentation, on parlerait en le regardant la langue de la poésie.

— Maintenant, que penses-tu du dessin ?

— Digne de Watteau.

— Où prends-tu ce Watteau ?

— Digne du Poussin, voulais-je dire ; la langue m'a tourné.

— Va toujours, mon bon Polnitz; chacune de tes paroles pénètre là, foi de Guillaume; continue, mon ami, puisque tu es en chemin. Dis tout ce que tu as sur le cœur, ne crains rien, ton roi te le permet; tu sais bien qu'ici, dans cette salle, chacun a son franc-parler.

— Sire, j'ai toujours pensé et toujours dit, à l'occasion, que si quelque chose en vous pouvait faire tort à la gloire du monarque, c'était assurément la gloire de l'artiste.

— J'aimerais autant un autre compliment.

— J'ai mal traduit ma pensée. J'ai voulu dire simplement que, comme le soleil, vous remplissez tour à tour deux hémisphères des rayons de votre splendeur.

— Polnitz, je veux te mettre sur mon testament; tu parles de l'art comme un peintre de profession. Vraiment, tu devrais prendre aussi le pinceau. Pour motiver avec tant de finesse ton admiration, tu dois avoir, toi aussi, le feu sacré.

— Quand on a fait, comme moi, le voyage de Rome sur l'invitation du pape, et pratiqué Raphaël à chaque instant de la journée, on a le droit d'admirer en pleine connaissance de cause le talent de Votre Majesté.

— Viens sur mon cœur, je veux t'embrasser, baron; mais ne m'appelle plus Majesté : la flatterie est bannie de ce salon. Je dois être simplement pour toi Guillaume le peintre, comme tu es pour moi Polnitz l'aristarque. Mais, dis-moi, combien estimes-tu ce tableau?

A cette nouvelle péripétie du colloque, Polnitz eut comme un pressentiment; il voulut éluder la question.

— C'est à un autre poids que le poids de l'or qu'on juge une semblable peinture. Quelque prix que la mode puisse attacher à votre tableau, il en aura toujours un plus grand à mon jugement.

— J'ai envie de créer pour toi l'ordre du Mérite et de t'en nommer le grand-maître; mais, enfin, combien estimes-tu cette peinture? Tu sens bien que si je fais cette question, c'est pure curiosité; car, enfin, je ne compte pas sur mon art pour grossir ma tirelire.

— Eh bien! puisque Votre Majesté veut absolument que je lui donne un chiffre, je pose au hasard le chiffre de cinquante ducats.

Le roi, jusqu'alors souriant, prit la longue mine d'un Juif en face d'une lettre de change protestée.

— Cinquante ducats! dit-il en traînant sur chaque mot, il me semble qu'à ce taux-là on aurait difficilement un tableau de Rembrandt.

— J'avais cavé au rabais, je l'avoue, pour éviter tout soupçon de flatterie; c'est cent ducats que j'aurais dû dire et que je disais réellement au fond de ma conscience.

— Cent ducats, c'est peut-être trop, c'est peut-être aussi trop peu, car j'ai lu quelque part qu'à la vente de la galerie du duc de Mantoue, un tableau du Poussin avait infiniment plus de valeur.

— Mettons cent cinquante, pour empêcher d'abord

aucun artiste vivant de prendre avantage sur notre peinture, et ensuite pour marcher de pair avec la galerie du duc de Mantoue.

— Je te sais gré de ta bonne volonté; cent cinquante ducats, cela commence à faire une somme honnête. Crois-tu cependant que le duc de Mantoue aurait cédé pour ce prix une vierge de Raphaël?

— Je crois qu'il l'aurait cédée pour deux cents.

— Est-ce ton dernier mot, Polnitz?

— C'est à vous, Sire, à dire le dernier mot en toute chose, et à votre sujet à répéter : *Amen.*

— Dieu me préserve de mettre sur ton enchère. Tu estimes ce tableau deux cents ducats. Je tire l'échelle, et pour te prouver que j'aime à récompenser le savoir, je te le donne, entends-tu bien, Polnitz, de bonne amitié pour cent cinquante seulement; prends-le de la main à la main. Pas de façons, je t'en prie; pour cinquante ducats dont je te fais cadeau, ce n'est vraiment pas la peine de tirer la révérence. On ne saurait trop encourager la critique.

A ce prodige de munificence qui éclatait sur sa tête avec tout l'agrément de l'imprévu, Polnitz sentit pour la première fois de sa vie, le rouge lui monter au visage; il eut besoin, pour refréner à temps son émotion, de cette longue pratique de l'empire sur soi-même qui fait le premier mérite du courtisan.

— Prends ce tableau, emporte-le, ajouta Guillaume d'un ton ému, en laissant échapper un soupir; il te parlera, au jour où je ne serai plus, du roi ton ami.

Car j'ai mis toute mon âme là, comme dans un testament. Tu vois : *Willelmus in tormentis*. J'ai bien souffert en le faisant, mon pauvre Polnitz. Sous ce masque de Scaramouche, il y a plus d'une larme que j'ai dévorée en silence. Car j'ai peint tout cela dans la crise où je signai, et de la même main qui signa l'arrêt de mort du lieutenant Katt, et de son complice, de mon fils, de mon propre sang, le sang de Brandebourg révolté contre moi, comme Absalon contre David. Je vois bien que je cède à l'attendrissement. La chair est faible, hélas! Polnitz, tu montreras plus tard ce tableau à ta famille, et te rappelant comment je te l'ai donné, et comment je t'ai ouvert mon cœur, tu diras peut-être : Le vieux Guillaume avait encore au côté gauche un grain de quelque chose.

— Sire, vous avez fait votre devoir et montré à la Prusse qu'elle aurait en vous, s'il le fallait, un nouveau Jephté, prêt à sacrifier sa première affection au salut du royaume. Katt désertait, vous l'avez puni ; votre fils trahissait, vous l'avez arraché de votre cœur ; et, dans l'un et l'autre cas, Dieu vous donne raison.

Mais Guillaume n'écoutait déjà plus le courtisan. Absorbé en lui-même, l'œil à moitié fermé, et le cou incliné, il semblait écouter au dehors, puis, relevant tout à coup la tête avec une sorte d'impatience :

— J'entends, dit-il, un bruit de pas sur le pont levis.

Grumkow entra.

— As-tu rencontré quelqu'un ? lui demanda Guillaume.

— Quelqu'un ? Non. A moins que vous n'appeliez quelqu'un le maréchal d'Anhalt, que j'ai laissé occupé à donner le mot d'ordre à l'ours et à lui redresser son bâton.

— Qui te parle du maréchal d'Anhalt ? reprit Guillaume avec un mouvement d'humeur.

— Un instant après, Grundling présentait son bonnet pointu orné de grelots à la porte du pavillon.

— Qui as-tu vu dans l'allée ? cria le roi à l'aspect de son bouffon.

— Personne, répondit le fou. Pardon, j'ai vu un second Grundling, moi-même votre nouveau président d'académie.

Un regard significatif arrêta sur sa lèvre la continuation de la plaisanterie.

Cette double question, coup sur coup, étonna Polnitz, car une consigne sévère fermait à tout le monde l'entrée du jardin.

— Le roi aurait-il déjà le fantôme de Katt acharné à sa poursuite ? dit-il en lui-même. Je vois bien que Sa Majesté va commettre de nouvelles folies ; mais, par malheur, c'est moi aujourd'hui qui payerai les pots cassés. Cent cinquante ducats, grand Dieu ! pour cette enseigne de cabaret !

XII

LA ROYAUTÉ AU CABARET.

— En place, mes amis, reprit Guillaume arraché tout à coup à sa rêverie : la séance est ouverte. Tâchons aujourd'hui d'avoir de l'esprit. Quant à moi, je paye d'avance mon écot. Le voici.

En disant ces mots, il montrait un panier qu'il avait apporté sous son manteau ; il en tira un brochet encore vivant, et, le jetant sur la table :

— J'ai besoin de gaieté aujourd'hui, reprit-il ; tu riras, Grundling, entends-tu bien, et à gorge déployée, mon garçon, sinon je te renvoie au cachot ; et pour donner le coup de diapason, apporte-moi la bombarde.

La bombarde était une pinte d'or tournée en forme de mortier et surmontée d'une bombe en office de couvercle. Le roi de Pologne l'avait donnée à Guillaume pour flatter d'un seul coup sa double prétention au talent de buveur et au talent de soldat. Sur le socle on lisait cette devise : *Baccho victori*, à Bacchus vainqueur.

Grundling apporta au roi la bombarde remplie d'ale d'Ecosse. Le roi vida la pinte d'un trait, et, passant la main sur sa moustache :

— A votre tour, Messieurs.

La bombarde, de nouveau remplie, circula autour de la table, et quand chaque courtisan eut fait raison au roi d'une égale quantité de liquide :

— A toi la parole, Grumkow, reprit-il. Commençons par écouler le chapitre de la politique, pour avoir ensuite l'esprit en repos. As-tu vu aujourd'hui l'ambassadeur d'Angleterre? Que dit enfin mon frère de Hanovre?

— Sire, il continue de manquer de respect à votre couronne.

— A quel propos?

— Comme j'ai toujours une oreille à Londres pour le service de Votre Majesté...

— Tu as l'oreille longue, Grumkow ; mais tu as la langue encore mieux pendue. Va toujours, et tâche de dire la vérité.

— J'ai entendu le roi George vous appeler l'*archisablier* de l'empire. Archisablier, vous comprenez, pour archichancelier.

— Tu ferais mieux de laisser ton oreille sous ton bonnet que de l'envoyer ainsi à la chasse d'un mauvais compliment. Mais qu'est-ce que le roi d'Angleterre entend par archisablier?

— Il entend faire allusion au sable de Brandebourg.

— Ah! mon frère George, tu joues sur le mot! A charge de revanche, mon ami. Je t'appellerai bientôt George *Dandin*, et j'ajouterai par la même occasion, *tu l'as voulu*. Grumkow, tu m'amèneras demain le comte Seckendorff. Je veux définitivement signer un traité d'alliance avec l'empereur d'Autriche. Mais auparavant, entends-tu bien, tu iras dans mon écurie, tu trouveras à main droite, en entrant, un cheval anglais...

— Celui-là même que le roi d'Angleterre donna le printemps dernier à Votre Majesté?

— Précisément. Tu le conduiras sur la place, tu lui mettras la longe sur le cou, et tu le laisseras aller à la grâce de Dieu, afin que ma bonne ville de Berlin, à son réveil, sache l'estime que je fais du cadeau de mon frère d'Angleterre. Voici une question vidée. Passons maintenant à un autre article. As-tu reçu quelque nouvelle note du comte de Rottembourg?

— Oui, Sire, une note pateline pour vous sommer poliment de marcher sur Ostende et de donner un coup de balai au comptoir de la compagnie des Indes établi par l'empereur.

— Et qu'as-tu répondu à M. l'ambassadeur?

— Rien, Sire; renvoyé *ad referendum*.

— C'est encore la meilleure réponse que tu aies faite depuis que je te connais. Je vais y ajouter cependant une apostille à ma façon ; donne-moi une feuille de papier. Tu verras tout à l'heure de quelle encre je sais écrire à Son Eminence le cardinal Fleury.

Grundling apporta une écritoire. Guillaume vida une seconde bombarde, comme pour redoubler d'inspiration, et, prenant une plume, il écrivit couramment sur le bout de la table sa réplique au cabinet de Versailles. Lorsqu'il eut enlevé sa dépêche bride abattue, il renversa sur l'encre encore fraîche le fond de sa tabatière.

— Maintenant, Grumkow, écoute bien ceci. Tu vas voir que moi aussi je sais parler français.

« Mon cousin... »

— C'est au cardinal Fleury que j'adresse le compliment.

« Je me déclare contre l'empereur, lequel ne man-
» quera pas de faire agir contre moi les Moscovites et
» les Polonais; je demande si Leurs Majestés me tien-
» dront alors le dos libre. L'Angleterre étant tout en-
» vironnée de la mer et la France se trouvant couverte
» de places fortes, se croient assez en sûreté, tandis que
» la plupart de mes États est exposée à tout ce qu'on
» voudra entreprendre. »

— Polnitz, dit-il en regardant son chambellan, comment trouves-tu cette botte au cardinal Fleury ?

— Admirablement portée.

— Je t'ai toujours trouvé du jugement ; aussi, pour te récompenser, je te donnerai tout à l'heure la permission de nous raconter une vingtième fois l'histoire de ta visite au saint-père. Je reprends :

« Par ce dernier traité, j'entre donc en guerre pour
» le bien de messieurs les Hollandais, pour qu'ils puis-
» sent vendre le thé, café, fromage et porcelaines plus
» cher; et ces messieurs ne veulent pas faire la moin-
» dre chose pour moi, et moi je dois tout faire pour
» eux. Monsieur le cardinal, dites-moi, est-il équita-
» ble? Si j'entrais dans cette alliance, ne diriez-vous
» pas que le roi de Prusse a donné dans le panneau ?
» Si vous prenez à l'empereur ses vaisseaux et lui rui-
» nez son commerce d'Ostende, sera-t-il plus petit em-
» pereur qu'il n'est à cette heure? »

— Allons, Grundling, je t'accorde pour aujourd'hui voix délibérative; que penses-tu de cette entrée en matière?

Le bouffon souleva gravement son bonnet, et, pour toute réponse, en agita le grelot.

— Parleras-tu, maraud?

— Vous voyez bien, Sire, qu'avec vous j'opine du bonnet.

Le roi jeta au fou un regard de travers, et continua sa lecture.

« Je ne veux pas entrer dans l'alliance offensive
» comme un aveugle ou un galopin. Je veux savoir le
» pot aux roses et tous les secrets aussi bien que les
» rois de France et de la Grande-Bretagne, comme par-
» tie, et non pas en subalterne et inférieur. Le pot aux
» roses est qu'on prendra des provinces à l'empereur,

» mais lesquelles? et à qui tomberont-elles en partage?
» où sont les troupes? où est le requisit pour soutenir
» la guerre? Puisqu'on veut commencer la danse, il la
» faut bien commencer. Après la guerre, on fait la
» paix. M'oubliera-t-on? Serai-je le dernier? »

— Prince d'Anhalt, ajouta le roi en interpellant le maréchal, j'ai toujours fait peu de fond sur la quadruple alliance de Herrenhausen : une alliance à quatre est une partie aux quatre coins, où le plus avisé laisse le plus sot dehors. Mon père tenait de son père, qui tenait lui-même du vieux comte Gaspard de Bracomonte de Penaranda, un proverbe espagnol d'une profonde sagesse : *Liga nunca coje grandes paxaros.* Autrement dit, une alliance est une glu qui n'attrape jamais de gros oiseaux. Il faut en prendre notre parti, nous n'aurons cette année de lauriers à cueillir que pour en couronner notre jambon. A propos de jambon, vous m'avez servi, sous ce nom-là un plat exquis, le jour où vous m'avez invité à souper. Donnez-moi donc votre recette, je vous prie, que je la communique à mon cuisinier.

— Sire, c'est du jambon sauté au vin de Champagne.

— Au vin de Champagne! répéta le roi avec un geste d'effroi ; je ne suis pas assez riche pour payer la sauce d'un semblable gala. Mais, puisque j'ai un pied en Champagne, j'ai sur ce terrain-là une autre question à vider. Je possède une Académie, comme vous savez. A quoi sert une Académie? Elle doit servir à quelque chose, sans doute, puisque je paye sa prébende en lui accordant le privilége des almanachs. C'est une fantaisie de mon père Frédéric. Il prit des académiciens à sa solde, comme il mettait mille ducats à un bouton d'habit, et ce bon pape Chigi le revenu d'un prieuré à une paire de pantoufles. Que voulez-vous? Chacun, en ce bas-monde, a sa folie, et peut-être trouvera-t-on aussi un jour que j'ai eu la mienne, bien que ma mère m'ait créé l'homme le mieux équilibré de la planète. Enfin, pour donner à mon Académie une occasion honnête de gagner son argent, j'ai chargé son digne président que voici de lui soumettre en mon nom certain problème de physique. Allons, Grundling, rends-nous compte de l'incident. Quand on marche comme toi à la tête d'un corps savant, on a le droit de parler à tort et à travers.

— Sire, j'entrai hier, comme vous me l'aviez ordonné, dans la salle de l'Académie. Le baron de Pritzen tenait le fauteuil. Je lui remis mon brevet; il le lut sans trahir la moindre émotion; seulement, il examina longtemps la signature. Il me céda ensuite la présidence. Cette substitution de personne souleva une légère rumeur; je donnai un coup de sonnette pour réclamer le silence. Je passai la main dans ma cravate, et, fermant à demi la paupière, je dis avec gravité, le pouce délicatement insinué sous le jabot de ma chemise :

— Messieurs, dis-je, j'ai une demande à vous faire de la part de Sa Majesté.

Ce mot de majesté fait toujours bon effet en public. Voilà toutes les têtes en l'air, tous les esprits en suspens. Quand je crois l'intérêt suffisamment éveillé par ce préambule, je reprends du même ton d'autorité :

— Le roi mon maître me charge de vous demander pourquoi le vin de Champagne mousse au saut du bouchon.

A cette question, le philosophe Wolf a souri.

— Wolf a souri ? C'est un impie, reprit le roi. Je le chasse du royaume.

Et en effet, quelque temps après, Guillaume retirait à l'illustre disciple de Leibnitz sa chaire de philosophie.

— On peut expliquer le phénomène par la chimie, a répondu Eller, à une condition, cependant.

— Laquelle ? ai-je repris.

— Que le roi nous envoie préalablement quarante bouteilles de vin de Champagne pour faire l'expérience.

— Qu'ils aillent au diable avec leurs quarante bouteilles ! interrompit Guillaume ; j'aime mieux mon vin que le pourquoi. Définitivement, je veux casser mon Académie. Je ne saurais en tirer parti. Pour le prix qu'elle me coûte, j'aurais une compagnie de grenadiers. Mais qu'as-tu répondu à l'impertinence de ce damné géomètre ?

— Rien. Renvoyé *ad referendum*.

— Comment ! rien ? Drôle, crois-tu donc que je t'ai

mis à la tête d'un compagnie de bavards pour autre chose que pour bavarder par privilége? Tu as moins d'esprit que le perroquet de Maurice de Nassau. Connais-tu l'histoire de ce perroquet?

— Non, Sire.

— Eh bien! écoute-la. En ce temps, le prince Maurice de Nassau gouvernait le Brésil. On lui parla d'un perroquet qui devait avoir un diable, pour le moins, logé dans sa huppe, car il répondait exactement à chaque question. Maurice voulut voir ce perroquet possédé. Il l'aborde un jour à l'improviste. Le démoniaque trônait, le bec fier, sur son perchoir. Sitôt qu'il vit entrer le gouverneur, il dit de sa voix de Polichinelle :

— Quel est ce blanc?

Puis, voyant approcher Maurice, il ajouta de lui-même d'un air inspiré :

— C'est un général.

Maurice frémit, et dit brusquement au perroquet :

— D'où sors-tu?

— De Maranham.

— A qui appartiens-tu?

— A un Portugais.

— Que fais-tu là?

— Je garde les poules.

Le prince partit d'un éclat de rire.

— Tu gardes les poules?

— Oui, car je sais faire chuc-chuc.

— Mais toi, Grundling, reprit le roi, tu ne sais ni garder les poules ni faire chuc-chuc. J'avais cru adresser à l'Académie un autre cadeau, et je vois que, toi aussi, tu voles ton salaire.

Puis tout à coup, prenant un air préoccupé, Guillaume tendit l'oreille.

XIII

UN OURS MAL LÉCHÉ.

— Ecoutez, reprit le roi après un instant de silence, je crois avoir entendu le cri de l'aigle.

Les assistants dressèrent la tête à leur tour. Un silence profond régnait au dehors. Une froide brise de novembre bruissait seule à travers les branches sèches des peupliers. Une lune voilée éclairait vaguement la neige tombée de la veille dans le jardin.

— Il m'avait cependant promis de venir, murmura intérieurement Guillaume.

Il tira sa montre.

— Il a encore le temps, reprit-il à mi-voix, et, changeant aussitôt de physionomie :

— Soupons, Messieurs. Je veux vous servir aujourd'hui un plat aussi rare que le jambon sauté.

Il prit un couteau, enleva adroitement une tranche de brochet, et la présenta toute crue au prince d'Anhalt.

— Maréchal, dit-il, un rendu pour un prêté. Vous m'avez traité avec tout le raffinement de l'art ; je vous traite dans toute la simplicité de la nature. Vous devez aimer le brochet ?

— Oui, Sire, mais au bleu seulement.

Et le maréchal repassa le plat à Polnitz.

— Allons, baron, reprit Guillaume, à la guerre comme à la guerre. Mon ami, exécute-toi de bonne amitié. Autrement, je prendrai ton refus comme un affront à mon talent de cuisinier.

Le cas était embarrassant. Si Polnitz écoutait sa répugnance, il tombait en disgrâce. Il hésita cependant un instant. Mais, toute réflexion faite, il trouva que la faveur d'un souverain valait bien une crudité, et faisant contre fortune bon cœur il attaqua vaillamment le mets, par trop ingénu en conscience, et, pour mettre l'assistance dans la complicité de son humiliation, il poussa le poisson à son voisin.

— Comment trouves-tu mon brochet?

— Un véritable morceau de roi, répliqua le chambellan en faisant la grimace.

— Polnitz, reprit Guillaume, tu dois avoir une arête dans le gosier. Pour la chasser, conte-nous l'histoire de ta conversation avec le pape.

— Sire, répondit le chambellan, je crois l'avoir contée assez de fois pour que Votre Majesté en connaisse jusqu'au moindre détail. Si vous voulez bien, je vous ferai aujourd'hui, pour varier, un récit qui prouvera à Votre Majesté le danger de souper en compagnie.

— C'est un récit de circonstance, à ce que je vois ; mais tiens-toi bien, Polnitz, car si je trouve dans ton histoire la moindre intention...

— Soyez tranquille, Sire, ce n'est pas une allusion. Au temps dont je vais parler, je vivais à la cour de France, sur le pied de la faveur, avec la princesse palatine, mère du régent. La princesse m'avait pris en amitié parce que je parlais allemand, et qu'elle persifflait en allemand, du matin au soir, la haute et moyenne noblesse du royaume. Elle mettait volontiers du poivre dans sa parole, et je lui tenais la poivrière, c'est-à-dire que je lui donnais la réplique en style chanceux, au risque d'attraper un soufflet ; car la bonne dame avait la main leste, à telle enseigne que le duc d'Orléans, son mari, lui ayant fourré le poing dans son fauteuil au moment où elle s'asseyait...

Polnitz regarda Guillaume.

— Eh bien ! dit le roi.

— Elle lui lâcha sa bordée de plein fouet avec tant de succès, que le prince, tout frère du roi qu'il était, en garda une fluxion pendant une semaine.

J'avais alors la bourse bien garnie. Law m'avait introduit d'office dans le paradis du Mississipi. La noblesse me faisait fête pour mon argent et me mettait dans son intimité. J'étais allé, à la suite du prince de Conti, courir le cerf au parc de Chambord. Je revenais seul en poste à Paris, avant la fin de la chasse, pour consoler une fille d'honneur de la duchesse de Berry tombée en veuvage par mon départ.

— C'était le moment, n'est-ce pas, où tu venais de changer de religion et de communier publiquement à Versailles?

— Que voulez-vous, Sire, Law m'avait donné l'exemple. Je commandai à l'aubergiste d'Étampes un dîner à la hauteur du mérite d'un favori de la rue Quincampoix. Or, pendant que la broche ornée de perdreaux tournait à grand fracas dans la cheminée de la cuisine, et que je jouais mélancoliquement à la fenêtre le personnage désœuvré d'un voyageur dans l'attente du potage, je vis entrer dans la cour de l'hôtel un gentilhomme élégamment vêtu, monté sur un magnifique genêt.

Il remit en entrant son cheval au garçon.

— Laisse-lui la selle sur le dos, dit-il.

Cette recommandation aurait dû éveiller mon attention, mais je pensai que le cavalier craignait pour son genêt le rhume de poitrine. En homme d'expérience, il débuta par faire une tournée de précaution à l'office. Il trouva le champ de bataille occupé. Alors, m'abordant avec cette grâce naturelle à la noblesse :

— Je sais, dit-il, que le dernier venu a toujours tort dans ce monde livré depuis le déluge au droit du premier occupant. Cependant, je vous prie d'excuser la requête d'un gentilhomme condamné à vivre de perdreau par ordonnance de médecin, et de vouloir bien, à cette considération, me céder par charité le superflu de votre dîner.

Je trouvai au solliciteur une si bonne mine et une si charmante façon de parler, que, par un sentiment de germanisme déplacé, je voulus faire avec lui assaut de politesse.

— Je veux bien vous le céder, Monsieur, répondis-je en souriant, mais à une condition, c'est que vous viendrez le partager en tête-à-tête avec moi, sans cérémonie.

— Puisque ceci est un marché, reprit-il, j'y mets à mon tour une autre condition, c'est que nous arroserons le gibier d'un certain vin de mon crû dont je porte toujours quelques bouteilles dans ma valise pour raison de santé.

Nous nous mettons à table. Au bout d'un quart d'heure, mon gentilhomme entre en confidence. Il me raconte qu'il voyage incognito à la recherche d'une grande dame qui lui trouve quelque mérite et qui lui a expédié son portrait. Il insinue adroitement que cette grande dame était l'abbesse de Chelles, la princesse du sang la plus dévote et la plus galante de la Régence.

La jeunesse a le cœur sur la main, sa franchise provoqua ma confiance. A mon tour, je lui fis ma confession; il avait l'air, en m'écoutant, de porter infiniment d'intérêt à mon récit, et, à l'aide de cet intérêt, il me poussait de questions avec tant d'adresse, que je finis par lui avouer jusqu'au nom de la femme qui m'avait converti la première au culte de la madone, et jusqu'à l'argent que j'avais dans mon portefeuille.

De temps à autre, il interrompait la conversation pour me verser d'un petit vin clairet de sa cave, caressant et hypocrite, qu'il appelait, je crois, blanquette de Vouvray. Cette blanquette-là avait une pointe singulière et montait rapidement au cerveau.

A chaque verre que je buvais, je sentais ma tête de plus en plus pesante et ma langue de plus en plus embarrassée. Déjà je commençais à balbutier et à sentir la salle tourner, quand une petite joueuse de vielle vint chanter un noël sous la fenêtre.

Au premier couplet du cantique, mon gentilhomme jeta sa serviette sous la table et disparut dans la coulisse. Un instant après, j'entendis le galop de son cheval résonner sur le pavé, et je tombai, comme frappé d'apoplexie, dans un profond assoupissement.

Au sortir de cette espèce de léthargie, je ressentis quelque scrupule de la façon dégagée dont mon compagnon m'avait faussé compagnie et m'avait emporté mon secret. Une minute après, je n'y pensais plus, et je continuai ma route sur Paris.

A quelque temps de là, j'appris que la justice allait exécuter Cartouche en place de Grève, et que la cour avait l'intention d'assister à la cérémonie. J'obtins de l'amitié de M. d'Argenson un billet de faveur pour étudier de première main le détail du supplice. Je pus donc pratiquer de près le célèbre coupeur de bourse et prendre, comme on dit, son signalement. Or, pendant qu'on lui faisait son lit sur la roue, le coquin, bien qu'en chemise, affectait une mine de grand seigneur et souriait de mépris. Je l'approchai. Il me regarda ; je le regardai à mon tour attentivement.

— Monsieur le baron allemand, me dit-il, vous rappelez-vous l'auberge d'Étampes ?

Je fis un pas en arrière ; j'avais reconnu dans Cartouche le gentilhomme au cheval genêt.

— Vous avez le droit de brûler un cierge à la sainte Vierge, reprit-il, car sans ce maudit air de vielle qui est venu à l'improviste m'avertir de la descente de la maréchaussée, vous seriez allé là-haut ou là-bas, foi de Cartouche, me préparer le logement. L'opération marchait à merveille. La blanquette de Vouvray faisait son devoir. Vous dormiez déjà. Un quart d'heure de plus, vous n'aviez plus la peine de vous réveiller, et j'héritais de votre portefeuille.

Guillaume avait cessé d'écouter l'histoire de son chambellan et fumait sa pipe d'un air distrait.

— Silence, dit-il ; du coup, l'aigle a crié.

Chacun prêta de nouveau l'oreille, convaincu que le roi avait décidément un fantôme dans l'esprit.

On entendit dans le silence de la nuit comme la chute d'un corps sur le pont, et après cela comme le gémissement d'un homme blessé.

Le maréchal d'Anhalt tira l'épée et sortit pour éclaircir le mystère. Un instant après il rentra tenant sous le bras un homme pâle, défait, couvert de neige de la tête aux pieds, la veste déchirée, la perruque à moitié arrachée et rejetée sur l'épaule.

Guillaume poussa une exclamation de bonheur.

— Dieu soit loué, dit-il, voilà M. Muller. Mon pauvre pasteur, ajouta-t-il en partant d'un éclat de rire, qui donc vous a roulé comme un poisson dans la farine?

Voici ce qui était arrivé. Le pasteur Muller devait aller trouver le roi incognito, au pavillon de Marly, pour lui rendre compte de la conférence de Custrim. C'était la première fois que le digne ministre du saint Évangile mettait le pied sur le territoire réservé de Sa Majesté. Il présenta son laissez-passer à la sentinelle de faction à l'entrée du jardin, et lui demanda la route du pavillon.

La sentinelle montra une petite lueur rouge perdue au fond d'une allée. Le pasteur marcha sur la lueur rouge au pas accéléré d'un homme empressé d'acquitter sa commission. Malheureusement il avait la vue basse, et pour surcroît de malheur, la lune, depuis un instant, avait disparu dans un nuage.

A la grille du pavillon, il entendit un cri aigu sur sa tête, mais il le prit pour le qui-vive nocturne du hibou. Il passa outre et alla heurter sur le pont, de toute la puissance de la vitesse acquise, une grosse masse noire, touffue, soyeuse et chaude au toucher. Un sourd grognement répondit au choc. Au même moment, le pasteur sentit un poids tomber sur son épaule droite, puis un autre poids sur son épaule gauche, puis une haleine chaude flotter dans l'air, et quelque chose d'humide comme un museau passer sur sa figure.

Après cette reconnaissance sommaire dans l'ombre de la nuit, il pirouetta sur lui-même, et, lancé en arrière à toute volée, il alla rouler au milieu du pont levis. C'est à ce dernier acte du drame que le maréchal d'Anhalt était venu le relever, et lui avait appris le nom de l'agresseur en lui montrant l'ours Cateau, qui, les deux pattes appuyées sur le jonc d'Amérique de Guillaume gardait flegmatiquement à vue le corps de sa victime.

— Sire, dit le pasteur Muller avec gravité pendant que le roi riait encore, permettez-moi de vous dire, avec l'affliction respectueuse d'un homme dévoué à son prince, que lorsqu'un fidèle serviteur vient vous visiter pour votre service, vous devriez lui ménager une autre réception.

— Tu entends, Polnitz? dit Guillaume d'un ton grave; l'homme de bien doit toujours parler ainsi. Maintenant, monsieur le pasteur, il y a eu ici surprise. Cateau a dépassé sa consigne. Quelle peine voulez-vous qu'on lui inflige en expiation de son algarade?

— Qu'on l'attache une autre fois, répondit le pasteur.

— On l'attachera, reprit Guillaume. Maintenant, monsieur Muller, avez-vous réussi dans votre négociation?

— Sire, l'Esprit-Saint a touché le cœur du pécheur.

— Le pécheur croit-il enfin à la liberté?

— Il y croira.

— Mon fils vivra! dit le roi en croisant ses mains avec ferveur. A genoux, Messieurs; remercions le ciel de sa miséricorde.

Guillaume, dans l'élan de sa reconnaissance pour la conversion de son fils à son dogme favori, improvisa un sermon sur le texte de l'enfant prodigue. Le pasteur fit ensuite, sur son ordre, une prière d'action de grâces et donna sa bénédiction aux assistants.

— *Amen!* fit Grundling après la cérémonie.

— Pourquoi dis-tu *Amen?* demanda Guillaume.

— Parce que, dans l'affaire de votre fils, vous avez usurpé sur ma charge, répondit le bouffon.

— Comment cela?

— Vous deviez me laisser le soin de juger votre fils; vous n'auriez pas besoin aujourd'hui de lui accorder son pardon.

XIV

UN CERCUEIL A L'ESSAI.

Mon fils vivra, avait dit Guillaume dans un mouvement d'enthousiasme pour un fils capable enfin de comprendre la véritable théologie. Frédéric vécut effectivement, mais avec restriction, c'est-à-dire à l'état de prisonnier sur parole. Son père le consigna dans la ville de Custrim, avec une allocation de douze sous par jour pour son entretien. Et, pour plus d'économie encore, il l'obligea à gagner sa dépense sous le titre de conseiller surnuméraire de je ne sais plus quelle espèce de cour de finance. Frédéric siégeait au bas de la table, opinait le dernier et rédigeait le procès-verbal de la séance.

Il trouvait sans doute le métier fatigant, car il voulut en partager l'ennui avec un nouveau collègue. Il acheta à cet effet un singe de belle apparence, et, de son autorité privée, il le nomma conseiller. Le jeune prince subissait sa prison au siége même du tribunal. Un jour, le singe fit une escapade et disparut par la fenêtre. Frédéric, en quête de son juge fourré, criait à tue-tête du fond de sa chambre.

— Monsieur le conseiller !

Mais monsieur le conseiller, sans respect de son titre, gambadait sur la gouttière.

Or, précisément à ce moment-là un conseiller authentique, du nom de Revedel, traversait le corridor. Il prit l'appel au déserteur pour son compte particulier, et, entr'ouvrant la porte avec discrétion, il montra de profil la perruque solennelle d'un magistrat en tenue d'audience.

— J'appelais mon singe, dit Frédéric à la vue du personnage substitué. N'importe, entrez toujours, monsieur le conseiller, c'est la même chose.

Frédéric prenait donc gaiement sa captivité à douze sous par jour, sans compter la retenue. A la vérité, la noblesse du canton, la haute bourgeoisie, la moyenne bourgeoisie, et jusqu'à la colonie française réfugiée à Custrim à la suite de la révocation de l'édit de Nantes, s'étaient cotisées en secret pour élargir la marge du crédit affecté à la pitance de l'héritier présomptif de la couronne.

Mais riche ou pauvre, peu importait : *Chi ha tempo ha vita,* écrivait-il à sa sœur Wilhelmine. Il tenait encore sa place sur la terre, et il prenait à la vie le même bonheur que le convalescent à la santé. Il jouait de la flûte, il dansait, il lisait, il méditait, il traduisait Machiavel, étudiait la carte de Prusse, pensait de temps à autre au lieutenant Katt, et portait toujours l'habit de *festung-bau*, c'est-à-dire de galérien, en souvenir de son pauvre ami tombé sous la hache du bourreau.

Cette vie exemplaire finit par détendre, au bout d'une année, l'inflexibilité de Guillaume. Il donna une lettre d'abolition en faveur de son fils, le déchargea de toute déchéance portée contre lui pour crime de désertion, et le réintégra dans son titre d'Altesse et son grade de colonel. Frédéric déposa l'habit du festung et reprit l'épée qui, pour avoir été brisée une fois dans le fourreau, devait encore faire assez bon usage.

Un soir qu'il y avait grand appartement au palais, c'est-à-dire jeu et bal à la fois, la reine faisait, comme d'habitude, sa partie de toccadile. Or, au moment où absorbée tout entière dans son jeu elle méditait un coup difficile, elle sentit quelqu'un appuyer familièrement son coude sur le dossier du fauteuil, elle retourna la tête, jeta un seul cri : Fritz! et tomba en syncope. Elle venait de reconnaître son fils et succombait à l'émotion. La musique continnait de jouer. La princesse Wilhelmine dansait à corps perdu une sarabande. Grumkow l'arrêtant au passage lui dit à l'oreille :

— Mademoiselle, la tarentule vous a donc piquée?

— Comment?

— Regardez donc la table du toccadile.

La princesse jeta en effet un regard de côté, et aperçut un jeune homme en uniforme prussien.

— Mon frère! dit-elle.

Elle courut l'embrasser, et en l'embrassant elle sanglotait et riait tour à tour.

Guillaume assistait immobile à cette scène de famille. Mais tout à coup il fit la pirouette et gagna l'autre bout de la galerie. Il sentait la contagion l'envahir. Un roi avait failli pleurer.

A partir de cette heure, il traita son fils en prince de sang royal : il l'exempta du bâton ; il le logea au château de Reinsberg ; mais il le tint toujours à la portion congrue. Frédéric trouva le moyen d'emprunter, et, une fois en fonds, vécut en artiste : vie joyeuse, bonne chère, bonne cave, musique excellente : on eût dit l'abbaye de Thélème.

Frédéric interrompit un seul jour cette existence de prélat du dix-huitième siècle en déshabillé : ce fut pour épouser une princesse de Brunswick, tandis que, pour faire partie carrée, sa sœur épousait d'un autre côté le margrave de Bareith ; mais le lendemain du mariage il reprit le cours de son célibat, en tout bien tout honneur. Parfois Guillaume partait à franc étrier pour surprendre son fils, et, le trouvant presque toujours occupé avec quelque ténor ou quelque prima donna, disait à son retour avec une sorte de soulagement et de mécontentement à la fois :

— C'est toujours un bel esprit, sans doute, mais, corrigé désormais de la manie de comploter ; il rêve du matin au soir de cavatine et sacrifie uniquement à l'oreille.

Et en effet le prince royal, par sentiment d'euphonie, prononçait Remusberg pour Reinsberg et signait Fédéric pour Frédéric.

Cependant chaque matin un domestique jetait un verre d'eau à la figure de Frédéric, ou Fédéric, nouvelle orthographe, pour le réveiller, et longtemps avant le lever du soleil une lampe brillait à sa fenêtre.

Que faisait-il à l'heure de Roméo et au premier chant de l'alouette? Quelque œuvre mystérieuse probablement, car, enveloppé d'un silence profond, il tenait rigoureusement sa porte fermée jusqu'à midi. On savait seulement qu'il entretenait une correspondance occulte avec l'Europe. Il écrivait en Suisse, en Hollande, en France, en Belgique, en Suède, partout, et peut-être bien aussi en enfer. Mais l'adresse de chaque lettre portait toujours le nom d'un philosophe, d'un savant, d'un historien, d'un poëte. Il faisait le brouillon de son règne, et mettait l'élite du genre humain dans la confidence de son programme.

Toutefois, Guillaume vieillissait et déclinait rapidement. Il fléchissait sous le poids de trois ou quatre maladies combinées, la goutte, la sciatique, la gravelle, l'hydropisie. Le corps enflé et ployé sur deux béquilles, il traînait lourdement, lentement à fleur de parquet, le long de la galerie du palais, ses pieds volumineux, douloureusement empaquetés dans ses pantoufles.

Bientôt complétement rongé par la base, il dut circuler d'une chambre à l'autre dans une chaise à roulettes. On vit encore passer une fois ou deux cette longue figure du roi, et glisser au regard comme un fantôme.

Un jour, cette figure prit tout à coup une teinte noire de charbon, et l'œil, injecté de sang, tourna dans la paupière. Guillaume voulait parler; sa lèvre remuait, mais il ne sortit de cette âme en peine qu'un flot d'écume. C'était une attaque d'apoplexie. Il en revint cependant, mais le marteau de l'horloge avait frappé l'avant-quart; la dernière heure allait bientôt sonner.

Peu de temps après, Guillaume gisait au fond de son lit dans cet engourdissement de malade, sommeil à moitié éveillé de la douleur. Une lampe, étouffée sous son abat-jour, brûlait discrètement à son chevet. Un valet de chambre dormait au pied du lit sur un matelas. Tout à coup, au milieu de la nuit, le roi entendit les rideaux glisser violemment sur leur tringle, et à la lueur de la veilleuse il vit une grande femme blanche les bras étendus, les cheveux épars, pencher la tête sur le lit et la tourner de droite et de gauche comme si elle cherchait quelque chose sous la couverture. Lorsque enfin elle eut aperçu la face du roi ensevelie dans l'oreiller, elle le regarda longtemps en silence, puis, refermant doucement les rideaux, elle disparut dans les ténèbres.

L'horloge du palais tintait en ce moment. Mais Guillaume n'eut pas la force de compter le nombre de coups, qui lui parurent sonner pendant une éternité. La dernière vibration mourait à peine à son oreille, qu'un cliquetis étrange retentit dans la pièce à côté. Toutes les porcelaines sonnèrent un instant, comme entrechoquées les unes contre les autres, et tombèrent en éclats sur le carreau. Guillaume entendit ensuite des bruits de pas précipités dans le corridor et des chutes de crosses de fusil. Le valet dormait toujours. Le roi le réveilla et lui dit avec une expression de terreur :

— Là ! par là ! elle est sortie par là !

Et, l'œil égaré et la main tendue, il lui montrait la porte du cabinet.

— Qui donc? répondit le domestique à moitié assoupi.

— La dame blanche, te dis-je ; va voir où elle a passé.

Le valet fit le tour du palais et ne trouva d'autre spectre qu'un caporal en train de relever une sentinelle.

— J'ai vu la dame blanche, répondit Guillaume, et il laissa tomber un soupir.

Or, quand un roi de Prusse a vu la dame blanche, ce roi de Prusse doit mourir. Voici pourquoi. Un électeur de la dynastie de Brandebourg, du nom de Joachim, abattit autrefois sans façon, pour agrandir son palais, la maisonnette d'une pauvre femme de Berlin. La malheureuse, jetée sur le pavé par cet acte de bon plaisir, dit dans l'inspiration de la colère :

— Joachim, tu viens de commettre une mauvaise action ; mais rappelle-toi que tu dois mourir ; ce jour-là tu me reverras, et après toi les tiens me reverront jusqu'à la dernière postérité.

Et en effet à l'heure dite où Joachim touchait à sa fin, elle vint en robe blanche lui annoncer sa mort sans qu'on ait jamais su par où elle avait entré. Et depuis lors, toutes les fois qu'un prince de Brandebourg mourait, elle lui rendait infailliblement visite. Le premier Guillaume l'avait vue au siècle dernier, le premier Frédéric l'avait vue aussi. Le Guillaume actuel accepta le présage, et à l'heure même il commanda son cercueil.

Lorsque le plombier lui apporta ce dernier grabat du roi comme du savetier, il l'examina dans le plus grand détail. Il envoya ensuite chercher la reine et il lui dit gravement :

— Madame, veuillez vous coucher là-dedans, pour voir si le meuble a bien la dimension requise.

La reine recula d'horreur.

— Madame, reprit le roi, quand le czar Pierre le Grand visita mon père dans ce palais, il trouva derrière un rideau une statue antique, un peu libre même pour une divinité. Comme il aima toujours à mettre la csarine à l'épreuve, il lui dit en riant :

— Baise cela.

La csarine hésitait devant l'énormité de l'action.

Le csar murmura dans sa moustache :

— Kopab! une femme doit obéissance à son mari.

— Kopab était une menace. Je ne vous dirai pas kopab! mais donnez-moi du moins cette consolation de pouvoir penser avant de mourir que j'ai obtenu de vous un acte de soumission; c'est le dernier service que j'ai à vous demander; voudriez-vous me laisser partir avec un refus sur la conscience?

La reine avait de tout temps porté au fond du cœur cette double superstition : d'abord, qu'une femme doit obéissance à son mari, en principe, sauf à corriger à l'application la rigueur de l'axiome; ensuite, que la volonté d'un mourant, même excessive, a en soi quelque chose de sacré. Elle alla pousser le verrou de la porte par sentiment de pudeur.

— Vous le voulez? dit-elle à Guillaume, avec l'expression de cet autre qui demandait s'il n'y avait pas de danger.

Et résignée comme la victime traînée à l'autel, elle disparut dans la bière pour en faire l'essai. Le roi la laissa un instant ainsi couchée dans l'attitude de la mort, et la contempla avec un sentiment sinistre de bonheur.

— Levez-vous, maintenant, Madame, je vois que je pourrai dormir là de toute ma longueur.

Il parut réfléchir un instant.

— Et même vous faire place au besoin.

Guillaume avait en lui quelque chose de ces despotes d'Orient, qui, en tombant dans la mort du haut de leur orgueil, voulaient du moins entraîner leurs femmes avec eux au fond de leur tombeau.

Après cette répétition funèbre de la dernière scène de la comédie humaine, Guillaume embrassa la reine, et, la congédiant avec bonté :

— J'ai besoin, dit-il, de causer un instant avec Polnitz.

XV

LE TESTAMENT DU ROI GUILLAUME.

Polnitz entra dans la chambre du malade, et, en voyant le cercueil ouvert, changea de couleur ; mais il reprit bientôt le masque impassible du diplomate vieilli au service d'un monomane couronné.

— Mon pauvre ami, dit le roi, je vais mourir.

— Sire, c'est impossible.

— Tu me crois donc immortel ?

— Pas tout à fait ; mais pour le moment...

— Trêve de flatterie, monsieur le baron. J'ai vu la Dame blanche comme je te vois là debout. Je vais mourir.

— La Dame blanche ne sait pas ce qu'elle dit, si elle a osé parler à Votre Majesté de toute autre chose que de sa guérison.

— Eh bien ! moi, je sais ce que je dis, et pour te le

prouver, prends une plume, une feuille de papier, mets-toi là, sur cette table, écris ce que je vais te dicter.

Polnitz prit place à une table, au pied du lit, tailla une plume, fit une marge à une feuille de papier et attendit l'ordre d'instrumenter avec la silencieuse impénétrabilité d'un notaire en exercice de fonction.

Le roi recueillit sa pensée, et il dicta à Polnitz la note que voici :

« Mon cher fils... »

Il adressait la note à Frédéric, et, pour la première fois, il l'appelait mon cher fils.

— Définitivement, pensa le chambellan, le roi va mourir.

« J'ai jugé à propos, continua Guillaume, de vous
» donner les instructions suivantes, afin que vous
» sachiez de quelle manière je veux que vous en usiez
» avec mon corps lorsqu'il aura plu à Dieu de me
» retirer de ce monde. Ma volonté est donc... »

— Sire, dit Polnitz, écartez cette pensée.

— Tais-toi ! reprit Guillaume d'un ton impatienté, tu romps le fil de mon discours.

Et reprenant sa dictée :

Ma volonté est donc : « Article premier, que, aus-
» sitôt que je serai décédé, on lave mon corps, qu'on
» me mette du linge blanc, et qu'on m'étende sur
» une table de bois ; qu'après m'avoir rasé et bien

» nettoyé, on me couvre d'un drap et qu'on me laisse
» environ quatre heures dans cette situation. Au bout
» de ce temps-là, on ouvrira mon corps en présence
» du lieutenant général Bodenbrock, du colonel En-
» sendiel, du major Bredow, de l'aide-major de mon
» régiment et du valet de chambre; qu'on examine
» soigneusement ce qui aura été la cause de ma mort,
» et en quel état se trouvent les parties de mon corps;
» mais je défends absolument d'en rien tirer, excepté
» l'eau et les flegmes qui peuvent y être. Après cela,
» l'on me lavera de nouveau avec toute la propreté
» possible, et l'on me revêtira de mon meilleur uni-
» forme. On me couchera dans mon cercueil; après
» quoi, on me laissera là toute la nuit. »

— Respirons, ajouta Guillaume.

Mais déjà Polnitz avait laissé tomber sa plume et sanglotait dans sa barbe.

— Tu pleures, Polnitz?

— Sire, je n'ai plus la force d'écrire.

— Tu m'aimais donc bien, mon garçon?

— Ah! Sire, pouvez-vous en douter?

— Eh bien! je te demande une dernière preuve d'affection. Tu veilleras toi-même mon cadavre.

Polnitz frémit de la proposition.

— Je veux éviter, vois-tu, le sort du pape Pamphile. Le bonhomme mourut en grand appareil au milieu de ses drôles écarlates appelés, je crois, des monsignori. Tous protestaient de leur dévouement à son chevet; mais à peine eut-il fermé l'œil que tous levèrent le pied, jusqu'au dernier estafier, et emportèrent la défroque du Saint-Père sans même laisser au corps le temps de refroidir. Celui-ci prit une chausse, celui-là le drap de lit, cet autre une pantoufle, cet autre une barrette, un dernier la sonnette du Saint-Père, si bien que le malheureux Pamphile resta seul, en chemise sur une paillasse, abandonné à son nouveau destin de saint Parfait. Or, les rats du Vatican, gens gourmets élevés à bonne école, profitèrent de l'interrègne pour aller manger, dans un excès de friandise, une oreille de Sa Sainteté. Je ne veux pas après ma mort avoir une oreille mangée, entends-tu bien ? Je te confie ma tête, tu en réponds devant l'Éternel. Continuons :

« Article second. Le carrosse de deuil qu'on tirera
» de mes écuries de Berlin sera conduit au pied de
» l'escalier Vert. Les chevaux auront la tête tournée
» du côté de la rivière, et huit capitaines de mon ré-
» giment me poseront dans le carrosse, après quoi ils
» iront se mettre à leur poste. Ces mêmes capitaines
» me descendront du carrosse quand le convoi sera
» arrivé devant l'église, et, lorsqu'on partira pour
» s'y rendre, les soldats de mon régiment tien-
» dront le fusil renversé sous le bras gauche, et les
» tambours battront la marche funèbre, et les fifres
» joueront l'air du cantique : *O haupt voll blut und*
» *wunden!* Le carrosse de deuil ayant passé devant le
» régiment, s'arrêtera près de la porte de Fer, et alors
» le régiment défilera devant le carrosse. Les huit
» capitaines dont je viens de parler porteront mon

» corps dans l'église par la porte par où j'avais cou-
» tume d'entrer. Je veux qu'on mette sur mon cer-
» cueil la meilleure de mes épées de munition, ma
» meilleure écharpe, ma meilleure dragonne, des
» éperons dorés, et un casque de même. On en trou-
» vera dans l'arsenal de Berlin. Après que les capi-
» taines m'auront posé dans l'église à côté de mon
» tombeau, les hautbois se feront entendre, et Lu-
» dovic, mon maître de chapelle, jouera de l'orgue.
» En attendant, les capitaines retourneront dans leurs
» rangs. Parmi les officiers généraux, il s'en trouvera
» bien quelques-uns qui me viendront rendre les
» derniers devoirs et qui me poseront dans mon ca-
» veau. »

— Assurément, Sire, je pense que Bodembrock, par exemple.....

— Bodembrock, reprit le roi. Je l'ai accablé, en effet, de ma faveur. Tu verras que le jour de mon enterrement il aura un accès de goutte remontée. Je compte plutôt sur quelque honnête général disgracié au fond d'une citadelle. Je reprends :

« On aura soin de faire mener de Berlin vingt-
» quatre pièces de campagne de six livres de balles
» chacune, lesquelles feront douze décharges consé-
» cutives. Ensuite, les bataillons feront feu l'un après
» l'autre et l'artillerie commencera à tirer. Je défends
» qu'on fasse la harangue funèbre et militaire qu'on
» a coutume de faire aux troupes dans ces sortes d'oc-
» casions. Après les décharges, les bataillons se sépa-

» reront et un détachement de grenadiers choisis
» reportera les drapeaux. Chaque compagnie sera
» reconduite devant le logis de son capitaine et chaque
» grenadier recevra la douceur accoutumée, comme
» il se pratique dans le temps des exercices. On don-
» nera ce soir-là à souper aux généraux, à tous les
» officiers de mon régiment et aux autres qui auront
» assisté à la cérémonie, et l'on servira le repas dans
» la grande salle. Je veux qu'ils soient bien traités et
» qu'on mette en perce le meilleur tonneau de vin du
» Rhin que j'aie dans mes caves, et qu'en général il
» ne se boive ce soir-là que de bon vin. »

Guillaume ouvrit encore une parenthèse pour ajouter en manière de commentaire :

— Mon fils trouvera le meilleur tonneau de vin du Rhin au pied de la cave du nord, lettre B, numéro 197, avec cette note écrite de ma main : année 1720, cadeau de l'évêque de Cologne. Tu porteras, toi aussi, ma santé, n'est-ce pas ? et, à cet effet, je te lègue la *bombarde*.

Après cet intermède, le roi termina ainsi le cérémonial de son enterrement :

« J'ordonne que quinze jours après on fasse dans
» toutes les églises de mes États des oraisons funèbres
» sur ces paroles : *J'ai combattu le bon combat, j'ai*
» *achevé ma course, j'ai été fidèle jusqu'à la fin.* On ne
» parlera ni en bien ni en mal de mes actions, de ma
» conduite, ni de rien de ce qui me regarde ; mais on
» se contentera de dire à l'assemblée que je l'ai expres-

» sément défendu, en ajoutant que je suis mort en me
» reconnaissant pécheur et ayant recours à la miséri-
» corde de Dieu et de mon Sauveur. Mes domestiques
» n'auront point d'habit de deuil, mais seulement
» leur habit de livrée et un crêpe noir au chapeau. En
» un mot, je prétends qu'on ne fasse point tant de
» façons avec moi. Je ne doute point, mon cher fils,
» que vous n'observiez très-exactement mes volontés. »

Après avoir dicté ce singulier ordre du jour, comme pour prouver à la Prusse qu'il voulait encore une fois commander du fond de son cercueil, Guillaume retourna la tête sur l'oreiller et tomba dans une profonde prostration. La journée fut laborieuse. La nuit le fut encore davantage. Le lendemain il y eut consultation. Zeitz tâta d'abord le pouls du roi, en sa qualité de premier médecin, et, prenant un air rassuré :

— Sire, dit-il, vous vivrez pour le bonheur de votre royaume.

Juch interrogea à son tour le bras du malade en sa qualité de médecin ordinaire, et lorsqu'il eut fini de palper l'artère, il garda le silence.

— Eh bien ! dit le roi, j'attends la réponse de l'oracle.

— Sire, reprit le docteur, avant deux fois vingt-quatre heures, Votre Majesté sera morte... ou guérie.

— Vous avez parlé en honnête homme. Je vous comprends.

Il appela son valet de chambre.

— Prends ce psautier, dit-il, sur la cheminée, et lis-moi la prière de l'agonie.

Le valet de chambre prit le volume et lut la prière ; mais au final : *Dieu te bénisse !* il trouva la glose trop familière pour un monarque, et modifiant la formule, il dit *Dieu vous bénisse !*

Le roi saisit une tasse de porcelaine et la lançant à la tête du lecteur.

— Il n'y a pas cela, dit-il, recommence la lecture.

Le valet recommença sa prière et termina encore par la respectueuse variante *Dieu vous bénisse !*

Le roi arracha son bonnet de nuit et en frappant la tête de son valet.

— *Dieu te bénisse !* Coquin, il y a : *Dieu te bénisse !* car devant Dieu je ne suis comme toi qu'un maraud.

Un instant après il demanda sa houppelande, sa chaise à roulettes, et donna l'ordre à son valet de chambre de le traîner dans l'appartement de la reine pour lui dire adieu.

La reine priait à genoux dans la ruelle de son alcôve.

— Madame ! cria le roi en l'approchant, je veux mourir dans vos bras, partir avec vous pour l'éternité.

Et il embrassa la reine avec véhémence.

Mais elle, éperdue, terrifiée de cette affection *in extremis*, cherchait à échapper à l'étreinte sépulcrale d'un spectre qui semblait interpréter en ce moment, d'une façon abusive, le traité d'union inséparable qu'une femme jure à son mari le jour du sacrement.

Le roi avait épuisé son dernier reste de force à cette scène de revenant : il retomba de nouveau en léthargie. On le ramena dans sa chambre et on le recoucha sur son lit sans qu'il fît un mouvement ou prononçât une parole. On crut un instant que tout était fini. Néanmoins, il respirait encore. Mais la nouvelle de sa mort courut dans la ville de Berlin. La population allait, circulait comme en un jour de fête ou plutôt de délivrance. On eût dit une ville assiégée dont l'ennemi venait de lever le siége. Les femmes elles-mêmes, jusqu'alors tenues en chartre privée par ordonnance royale, osèrent rompre leur ban et faire acte de présence dans les rues et aux promenades. De toutes parts on abordait son voisin avec cette question : Vous savez la nouvelle? Celui-ci disait : Le roi graisse ses bottes en ce moment. L'autre lui répondait : Il les a tirées au contraire. — Pas encore, répondait un autre. — La cour nous cache la vérité, ajoutait un dernier ; mais j'ai promis de tuer une oie le jour où Dieu nous aura débarrassés du bâton. Je vais tuer l'oie de ce pas et boire le coup de l'étrier.

La princesse Wilhelmine avait appris à Bareith la maladie de Guillaume. Elle écrivit à Frédéric comme au nouveau chef de la famille, pour lui demander l'autorisation d'aller en poste, courrier par courrier, recevoir la bénédiction d'un père mourant. Sa lettre exhalait je ne sais quelle odeur mélancolique de piété filiale.

Frédéric fit la réponse suivante à ce cri du cœur parti d'effusion :

« Votre estafette m'a jeté dans une surprise ex-
» trême. Que diantre voulez-vous venir faire ici dans

» cette galère? Vous serez reçue comme un chien, et
» l'on vous saura peu de gré de vos beaux sentiments.
» Jouissez du repos et des plaisirs que vous goûtez à
» Bareith, et ne songez point à venir dans un enfer
» où l'on ne fait que soupirer et souffrir. La reine
» désapprouve, comme moi, votre beau projet. Au
» reste, il dépend de vous d'en courir les risques.
» Adieu, ma chère sœur, je vous avertirai toutes les
» postes de la santé du roi; il n'en peut revenir, mais
» les médecins disent qu'il peut encore traîner. »

La princesse Wilhelmine connut ce jour-là l'abîme d'un cœur royal; elle apprit ainsi que son frère commençait à régner; et reposant languisamment sa belle figure éplorée sur l'épaule du margrave, son mari, elle lui donna un baiser.

— N'est-ce pas, dit-elle, que vous ne serez jamais un souverain?

Le margrave commandait en toute souveraineté le marquisat de Bareith, et l'ombre de son château couvrait à peu près toute l'étendue de son royaume. Quand il fumait sa pipe à la fenêtre, il pouvait à la rigueur envoyer la fumée dans l'État voisin. Mais il avait plus qu'aucun autre hobereau de l'empire l'orgueil de sa puissance; il regardait sa femme avec étonnement.

— Jamais souverain? répondit-il d'un air étonné; j'espère toujours l'être au contraire.

Le malheureux n'avait pas compris la profondeur du mot de la margrave.

XVI

UNE CONFESSION IN ARTICULO MORTIS.

Le roi reprit connaissance vers la fin de la journée, et, à la fermeté de son regard et à l'assurance de sa voix, la cour pouvait croire que le docteur Zeitz avait raison et que le malade avait franchi le défilé. Mais c'était le suprême effort de la mèche au moment d'exhaler son dernier rayon.

— Maintenant, dit-il, je veux songer à mon salut et enterrer dignement la synagogue.

Et, regardant la foule assemblée autour de son lit d'agonie :

— Y a-t-il parmi vous, dit-il, un ministre de l'Évangile?

Le pasteur Cochius, son chapelain ordinaire, sortit de la presse, et fit une profonde révérence.

— Maître Cochius, dit Guillaume, vous avez toujours traité votre roi avec trop d'indulgence. Je demande une main plus ferme pour toucher la plaie de mon infirmité et la faire crier devant le Seigneur. Où est le pasteur Muller! Celui-là est un homme selon la doctrine.

Une heure après, le pasteur Müller entrait gravement dans la chambre de Guillaume, l'éternité en quelque sorte empreinte sur la figure.

L'assistance voulut sortir pour laisser le roi liquider sa conscience en liberté.

— Restez, dit le roi, je n'ai rien à dire ici dont je puisse rougir, et vous avez tous besoin d'apprendre de moi comment un chrétien doit passer de l'autre côté de la montagne.

Puis, faisant signe au pasteur d'approcher de son chevet.

— Monsieur Muller, ajouta-t-il, invoquez le Dieu de miséricorde; je dirai pendant ce temps-là le psaume de la pénitence.

— Sire, dit le pasteur d'un ton sévère, veuillez faire auparavant votre examen et mettre votre âme en règle.

— Mon compte est réglé, répondit le roi. J'ai toujours administré la justice et tenu à ma femme ma promesse de fidélité. Je puis donc paraître devant le tribunal de Dieu en toute assurance.

— Nous sommes tous pécheurs, répliqua le ministre, et le plus juste pèche sept fois. Cherchez donc, Sire, si vous avez de tout point et à toute heure accompli le commandement.

— Quand je chercherais jusqu'à la vallée de Josaphat, je trouverai toujours que j'ai administré la justice et tenu le serment que j'ai prêté à ma femme au pied de l'autel.

— Cependant Votre Majesté n'a-t-elle jamais méconnu ce mot de l'Évangile : *Je suis un agneau*, et n'a-t-elle jamais, dans l'emportement de la colère, frappé ses serviteurs?

— Passez, monsieur Muller, ce sont tous des coquins. Mais, encore une fois, je vous renouvelle l'assurance que je n'ai jamais, même en pensée, même en parole, fait le plus léger tort à la reine ou fourragé dans le lit du voisin. J'en prends Dieu à témoin.

— N'avez-vous jamais usurpé injustement, c'est-à-dire sans jugement, sans enquête, le bien de la veuve et de l'orphelin?

— De l'orphelin, jamais; de la veuve, attendez. Je crois me rappeler que j'ai confisqué, dans le temps, la terre de la baronne Kniphausen ; mais aussi elle avait accouché d'un enfant un an après son veuvage, quand la loi n'accorde qu'un délai de neuf mois au plus pour introduire en Prusse un nouveau sujet. Il y avait ici contrebande, je l'ai punie ; et, après tout, en mettant la baronne au pain sec et à l'eau, je l'ai charitablement aidée à faire pénitence et à racheter son péché.

— N'avez-vous jamais manqué de respect à la tribu de Lévi, ni attenté au signe sacré que Dieu met toujours, de son doigt invisible, sur la tête du ministre de sa parole?

— Vous faites allusion, à ce que je vois, au pasteur Beausobre. C'est là une bagatelle, en vérité. Toutes les fois que je rencontrais le digne homme sur mon passage, il tirait invariablement une Bible de sa poche, et la lisait pour mon édification... Or, un jour, je l'accostai, et lui dis en pleine rue : As-tu lu *Tartuffe* ? Oui, Sire, répondit-il, et l'*Avare* aussi. La réponse méritait une réplique. Je la fis un peu vive, je l'avoue ; mais enfin je lui pardonne de grand cœur, et je lui souhaite d'être aussi fidèle à sa femme que je l'ai toujours été à Sophie-Dorothée.

— N'avez-vous jamais abusé, comme Noé, d'un don du Seigneur, et oublié à table la vertu de tempérance ?

— Quelquefois, j'en conviens. Que voulez-vous ? j'avais un gobelet trop grand, et, par point d'honneur, je voulais en avoir raison ; mais en aucun temps, Dieu merci, je n'ai assez perdu, à travers la fumée du tokai, le sentiment de la foi jurée pour déchirer une ligne, une virgule, de mon contrat de mariage. On m'a cependant induit bien des fois en tentation. Une nuit, en Pologne, après souper, le roi Auguste me conduisit dans un boudoir lambrissé d'ambre et illuminé comme une féerie ; il souleva une tenture, et il me montra sur un reposoir de satin... Je n'ai rien vu, je n'ai rien voulu voir, j'ai repoussé la main du roi avec colère, et j'ai fui en jetant un cri d'horreur.

— N'avez-vous jamais, reprit impitoyablement le

pasteur, donné aucun scandale à votre peuple, en prenant à votre cour certaines privautés? Descendez au fond de votre conscience, Sire, et rappelez-vous que Dieu y plonge le regard.

— Vous me poussez un peu loin, monsieur Muller. Je crains bien que vous ne me rendiez aujourd'hui le coup de patte que mon ours vous a donné par mégarde. Vous appelez scandale une plaisanterie d'auberge. J'ai eu effectivement un léger démêlé avec une fille d'honneur de la reine, appelée la Marewitz. C'était dans un petit escalier de service étroit et obscur; la Marewitz descendait; je montais : dans cette circonstance, un galant homme doit une politesse à une jolie femme; car la Marewitz est une jolie femme, je ne saurais le nier, ni vous non plus, monsieur le pasteur. Mais elle avait l'avantage de la position ; elle défendit la place avec tant d'énergie que je roulai au bas de l'escalier. Depuis lors, je l'ai toujours appelée une méchante diablesse, et j'ai passé par un autre escalier. On n'a pas manqué de fidélité à sa femme pour avoir reçu un soufflet de la main d'une fille d'honneur. Mais je commence à perdre souvenir, monsieur le pasteur : en voilà assez pour le moment. Si je dois reprendre cet entretien, je rappellerai mon aumônier ordinaire Cochius. Allons, faites votre prière !

Le pasteur Muller adressa une invocation au Seigneur.

La prière terminée, Guillaume appela le maréchal d'Anhalt.

— Vous m'avez toujours servi avec fidélité, dit-il, je vous lègue mon meilleur cheval.

Comme le maréchal tourmentait sa vieille moustache blanche, pour faire diversion à une fusée d'attendrissement :

— Cette vie est un assaut, reprit le roi ; je monte le premier à la brèche, vous me suivrez bientôt.

Et apercevant dans la foule un courtisan en habit doré, il secoua la tête d'un air de dédain :

— Vanité, dit-il, tout est vanité.

Il demanda ensuite un miroir, et après avoir longuement suivi en silence la marche convulsive de l'agonie sur sa figure :

— Je vois bien, dit-il, que je vais faire tout à l'heure une vilaine grimace.

Vers la fin de la journée, il commença à respirer avec difficulté.

— De l'air, dit-il d'une voix éteinte, j'étouffe.

Un estafier de service ouvrit la fenêtre.

Il faisait une belle soirée du mois de juin. La foule, répandue dans le parc du château, usurpait enfin le plaisir inconnu de la promenade. Le vent du soir balançait doucement le rideau de la croisée.

Guillaume bondit tout à coup sur son séant, et l'œil égaré, fixé sur le rideau ballotté au souffle du dehors, il murmura sourdement :

— Katt, que t'ai-je fait pour me regarder ainsi ?

Un accès de hoquet interrompit son délire ; il coula sur son oreiller et tourna le visage du côté de la ruelle.

Une minute après, son corps éprouva comme un soubresaut et retomba pour jamais dans l'immobilité.

Guillaume venait de terminer le chapitre le plus curieux peut-être de l'histoire du despotisme.

— Le roi est mort. Vive le roi! cria un assistant. Allons souper!

Et la foule sortit de la chambre du despote, désormais jeté au rebut; chacun causait et riait en partant comme à la fin du spectacle.

Grundling, debout à l'écart, dans un coin, tenait son mouchoir sur sa figure.

— Tu pleures seul ici, lui dit quelqu'un.

— C'est que seul aussi j'ai le droit de pleurer.

Et en effet le règne de la folie venait de finir.

Au lieu de veiller son maître comme il l'avait promis, Polnitz partit aussitôt à franc étrier pour porter le premier à Reinsberg la nouvelle du décès de Guillaume, pensant bien reprendre par là un abonnement à la faveur. Quel roi, en effet, de la minute pourrait jamais oublier la première figure sur laquelle il a lu ce mot délicieux : Je suis maître?

Le château de Reinsberg dormait encore dans l'ombre de la nuit lorsque le chambellan y fit son entrée. Au premier bruit de la mort de Guillaume, le sombre, le muet édifice sortit tout à coup, comme par enchantement, du silence et de l'obscurité. Des bruits de voix, des bruits de pas allaient et venaient d'étage en étage. Des lumières passaient rapidement le long des corridors. On eût dit des éclairs jaillissant de toutes les ouvertures de la façade. Les fenêtres, tour à tour éteintes et rallumées, flamboyèrent à la fin toutes à la fois sur la campagne. Les jeunes courtisans de Frédéric sautaient en tumulte de leur lit et couraient d'une chambre à l'autre en criant :

— Nous régnons, nous partons !

Dans le désordre de l'enivrement, le jeune comte de Wartensleben prit sa culotte par la jarretière au lieu de la prendre par la ceinture, et laissa rouler à terre la menue monnaie entreposée dans son gousset. Or, pendant qu'il cherchait à travers les ténèbres ses pièces émancipées, et palpait à tâtons les planches du parquet, Polnitz entra dans sa chambre escorté de deux flambeaux.

— Ah! malheureux, que fais-tu? dit-il au jeune homme, tu perds ton temps à ramasser des groschen, tandis que nous allons puiser des ducats à plein tonneau.

Frédéric seul dormait systématiquement pour éviter de prendre physionomie. Lorsqu'il crut le tumulte apaisé, il appela Polnitz.

— Vous exécuterez à la lettre, lui dit-il, l'instruction du roi pour son enterrement. J'entends que vous fassiez la chose grandement, avec dignité, sans chercher à ménager l'étoffe ni la dépense. Vous m'apporterez ensuite le mémoire, je l'acquitterai religieusement.

Polnitz sortit le cœur troublé de cet ordre légèrement laconique dans la circonstance ; il descendait l'escalier, lorsque le roi, courant après lui, en chemise, un bougeoir à la main, lui cria du haut du palier.

— Et surtout, monsieur le chambellan, pas de tour de bâton, entendez-vous bien ! Je le dis dans votre intérêt, tenez-vous pour averti, car, à la première friponnerie, je ferai un exemple.

Frédéric régnait; une heure après, il signifia à la Prusse, par une proclamation, son avénement à la couronne, et supprima philosophiquement du rituel de la monarchie le protocole sacramentel de roi *par la grâce de Dieu.*

XVII

DE CHARYBDE EN SCYLLA.

Le nouveau roi partit ce jour-là pour Berlin, et tint ce qu'on appelait alors une grande cour dans la galerie du palais. L'ambassadeur de France lui fit le premier son compliment. Il le compara pour son coup d'essai à Marc-Aurèle.

— Sire, ajouta-t-il, le roi, mon maître, m'a chargé de demander quelle chose de sa part pourrait le plus agréer à Votre Majesté.

— Une nouvelle révocation de l'édit de Nantes, répondit Frédéric.

Et, en effet, la révocation de l'édit de Nantes avait donné à la Prusse mieux que des armées, elle lui avait donné des industries.

Prenant ensuite familièrement sous le bras le comte de Wartensleben, il l'entraîna dans l'embrasure d'une croisée.

— Maintenant, mon cher ami, dit-il, me voilà maître d'un royaume passable, d'une belle armée et d'un coffre suffisamment garni.

Il appuya sur ce mot de coffre avec une sorte d'affectation.

— Vous pensez bien, reprit-il, que je compte, avec la grâce du dieu de la philosophie, administrer sagement mon royaume, mon armée et mon trésor. Vous comprenez cela, Wartensleben?

— Oui, Sire, comme je comprends que vous allez écrire avant peu de temps la plus belle page de l'histoire d'Allemagne. L'aurore qui s'est levée ce matin...

— Laissons l'aurore tranquille, mon ami; mais si je dois à mes sujets un compte rigoureux de l'emploi de mon épargne, je ne veux pas cependant jouer le rôle d'Harpagon couronné; je sais que l'argent n'a de valeur qu'autant qu'il circule, et j'espère le faire circuler. Certes, je saurai faire la part de tous ceux qui, par leur talent, ont bien servi la patrie, ou qui, par leur amitié, ont droit à ma reconnaissance.

— Je reconnais encore une fois de plus, à ce discours, la sagesse innée en même temps que la grandeur d'âme de Votre Majesté.

— Ainsi, vous, mon cher Wartensleben...

A cette apostrophe directe, la figure du courtisan rayonna.

— Ainsi, vous, mon cher ami...

Et le roi traînait indéfiniment sur chaque syllabe.

— Vous pourriez indifféremment figurer sur l'une ou l'autre catégorie ; mais comme vous êtes riche et ladre par-dessus le marché, je dois vous déclarer ici qu'en vertu de ma sagesse innée, vous ne toucherez jamais un écu de ma cassette.

Et, quittant brusquement le bras de son acolyte, il ajouta ironiquement à haute voix, de manière à être entendu de l'assistance :

— Je vous recommande le silence, n'est-ce pas, sur cette conversation.

Frédéric avait entendu de son lit le dialogue de Polnitz avec Wartensleben, et il tournait contre ce dernier, pour son début, l'arme du persiflage, longtemps aiguisée à l'avance dans la prison de Custrim.

Déjà la cour, croyant Wartensleben le premier élu de la faveur royale, regardait d'un œil d'envie la fortune naissante du jeune courtisan.

— Eh bien ! lui dit Polnitz, quand je te disais tout à l'heure que nous allions ramasser la manne en plein sac, j'avais, n'est-ce pas, le don de prophétie ? Tu étrennes le nouveau règne, à ce qu'il paraît ; qu'est-ce que le roi t'a donné ?

— Le roi, répondit Wartensleben, m'a recommandé le secret ; mais je puis, sans violer ma promesse, te raconter certaine anecdote que j'ai lue quelque part dans un vieux bouquin, je crois bien, imprimé en Hollande. Le cardinal Mazarin allait mourir. Le conseiller Tubeuf courut lui rendre visite. Son Eminence l'avait souvent triché au *quinte*, et il pensait que, par scrupule de conscience, elle voudrait le dédommager au dernier moment. Quand le conseiller entra dans le cabinet du moribond, il le trouva la figure couverte de fard, son bonnet de nuit sur la tête et le corps enveloppé d'une robe de camelot fourrée de petit gris, en posture d'inventorier lui-même ses bijoux et ses pierreries. Il tenait un coffret ouvert sur son bureau. A la vue du conseiller, il en tira un magnifique collier de perles fines, et, le roulant et le déroulant sans cesse aux regards du solliciteur, il dit avec une lenteur étudiée :

— Je donne à Madame Tubeuf...

Et il roulait et il déroulait le collier.

— Je donne à Madame Tubeuf...

Le conseiller tendit la main.

— Le bonjour, répondit Mazarin.

Et, replongeant le collier au fond de la cassette, il la referma précipitamment. Notre nouveau roi, ajouta Wartensleben, tient de Mazarin : comme lui, il donne le bonjour et ferme la cassette.

— J'augure mal de ce commencement de règne, dit Polnitz en soupirant; la Prusse pourrait bien retomber de Charybde en Scylla.

A peine remis du premier étourdissement de la royauté, Frédéric envoya un ambassadeur extraordinaire notifier en France son avénement à la couronne. Il choisit pour cette mission d'honneur, toujours accomplie à grand fracas, un réfugié français borgne et manchot, Camas de son nom de famille, et Gascon d'origine. Camas partit de Berlin dans une chaise de poste attelée d'un bidet, avec un compliment dans son portefeuille et un quartaut de vin de Hongrie en porte-manteau derrière la voiture. La France avait alors deux rois aux yeux de Frédéric, également puissants tous deux, Louis XV et Voltaire. Or, pour faire coup double par la même ambassade, il envoyait au premier le compliment et au second le quartaut de vin de Hongrie.

Camas commença par Voltaire ; il lui laissa le quartaut avec un mot ainsi conçu :

« Venez, mon cher Voltaire. Je ne saurais vivre
» heureux, ni mourir tranquille, sans vous avoir
» embrassé. »

Mais Voltaire avait pour le moment mieux qu'un embrassement de roi en perspective ; il étudiait l'astronomie à Cirey.

Alors Frédéric, toujours en quête d'un homme, tourna sa lanterne d'un autre côté, et frappa à la porte de Maupertuis.

« Vous ne sauriez croire, lui écrit-il, combien je
» désire de vous avoir. Donnez-vous à moi, je vous
» en prie, je vous en conjure, je vous en supplie. Il
» est temps que les princes rampent auprès des philo-
» sophes ; les philosophes n'ont que trop rampé au-
» près des souverains. »

Maupertuis, ému jusqu'au fond du cœur d'un appel

ainsi tourné, fit incontinent sa valise et partit pour Berlin. Frédéric le nomma, au débotté, président de son Académie, et, plus tard, pour l'attacher irrévocablement à son service, il lui passa autour du cou le cordon de l'ordre du Mérite.

« Vous recevrez avec cette lettre, lui écrivait-il, un
» peu de cette monnaie à laquelle la vanité des sujets
» et la politique des princes ont donné cours; nous
» autres charlatans, nous en payons les services reçus,
» et vous autres dupes, vous vous croyez surpayés. »

Frédéric avait bien une Académie. Mais il avait l'arche seulement. Il éprouvait le besoin de la peupler. Il en donna commission à Maupertuis. Maupertuis racola de droite et de gauche Euler ici, Merian là, Paulmy ailleurs, Wolf plus loin, et, de proche en proche, il finit par lever une compagnie assez honnête pour soutenir la gageure avec n'importe quelle autre académie. Frédéric pensionnait grassement les gens qu'il débauchait ainsi de leur pays, et pour éteindre leurs scrupules, il leur disait :

« La philosophie, sans doute, est une maîtresse qu'il
» faut servir pour elle-même. Mais les sages ne doi-
» vent-ils avoir aucune part aux biens de ce monde
» parce qu'ils l'éclairent? J'aime la gloire comme un
» autre. Mais je ne crois pas cette gloire ternie par la
» magnifique pension que je reçois de mon peuple.
» Il est juste que ce peuple, au bonheur duquel je
» contribue par mes travaux, contribue à son tour à
» mes plaisirs. Croyez-moi, tous les hommes, depuis

» le plus petit jusqu'au plus grand, sont aux gages les
» uns des autres. »

Après avoir achevé ses commandes de philosophes ou de géomètres à l'étranger, Frédéric voulut acquérir aussi une troupe de comédiens français pour son théâtre de Berlin. Il chargea le poëte La Chaussée de lui expédier une cargaison de rois, de héros, de jeunes-premiers et de jeunes premières. Mais La Chaussée voulait seulement écouler en Prusse des actrices vertueuses, et, avec des pareilles prétentions, les négociations tiraient en longueur. Or, le roi de Prusse avait demandé simplement des actrices, et tenait d'avance son chargé d'affaires quitte de vertus. De plus, La Chaussée avait voulu mettre dans le paquet des chanteurs et des chanteuses de l'Opéra ; et Frédéric avait pour la musique française la même hydrophobie qu'un théologien de profession pour une hérésie.

« Quant à La Chaussée, écrivait-il encore, il n'a pas
» l'extrême éloignement que nous avons à Berlin pour
» la musique française et notre aversion pour la vertu
» des actrices. Nous voulons des..... décidées qui
» jouent avec esprit mais qui ne chantent jamais. Cet
» homme a le goût dépravé. Il pervertit les choses ;
» il demande de la chasteté à des filles dont le talent
» et l'emploi est de distribuer en public et en parti-
» culier des plaisirs de toute espèce. Je ne connais rien
» de plus extravagant que le projet d'un corps de co-
» médiens vertueux, et, par conséquent, respectables.
» Où en serions-nous s'il nous fallait encore révérer

» en particulier des hommes qui nous forcent à
» leur applaudir en public? Nous aimons vos poëtes
» dramatiques. On les joue dans toute l'Europe; mais
» je ne sache pas qu'on aime la musique française
» ailleurs qu'à Paris. »

Une idée en tire une autre, dit le proverbe. Une fois en fonds de philosophie et de gaieté, avec ou sans vertu, Frédéric chercha, par la même occasion, à embaucher le commerce de librairie de la Hollande, et pour ce coup de maître il promit prébende et indulgence plénière au talent de bonne volonté qui voudrait émigrer à Berlin.

« Quant à l'autre commission que je vous ai donnée,
» écrit-il à Maupertuis, d'enrôler des écrivains, je
» m'en rapporte entièrement à vous, et quand vous
» n'y réussiriez pas, je n'en serai pas moins persuadé
» que vous avez tout fait pour réussir. Je conçois que
» certains hommes de lettres peuvent faire les ren-
» chéris; mais il en est peu de cet ordre; il y en a
» beaucoup qui n'ont nulle espèce de fortune, beau-
» coup qui doivent être peu attachés à une patrie
» où la liberté de penser et d'écrire est un crime et
» puni comme tel. Leur esprit n'aura point ici d'en-
» traves, et leur cœur sera exempt de ces angoisses qui
» les tourmentent à Paris toutes les fois qu'un livre
» nouveau et hardi excite les alarmes ou la simple
» attention de l'autorité. »

Frédéric avait monté son théâtre, remonté son Académie, promulgué le droit d'asile de la pensée, mis, en un mot, son royaume sur un pied respectable pour son entrée en matière. Restait maintenant au roi à payer les dettes d'honneur du prince royal. Voici comment Frédéric crut devoir liquider l'arriéré de sa reconnaissance.

Il avait, comme nous l'avons dit, soupiré aux étoiles avec la fille d'un musicien. L'infortunée Charlotte avait rudement expié le crime d'avoir accompagné sur le piano la flûte d'un roi surnuméraire. Elle avait, hélas! pour un duo, fait le tour de Berlin, menée en laisse par le bourreau et fouettée à son de trompe de carrefour en carrefour. De désespoir ou d'humiliation pour une semblable publicité de sa personne, elle épousa un commis du bureau des fiacres nommé Sommers. Car la capitale de la Prusse possédait déjà dix-huit fiacres sous le règne de Guillaume. A son avénement à la souveraineté, Frédéric crut devoir en conscience indemniser cette sœur en bémol fouettée à son intention, et il alloua généreusement une pension de soixante écus à madame Sommers, avec recommandation expresse de ne plus désormais lui donner de rendez-vous dans la lune ou dans la voie lactée.

Le lieutenant Katt avait porté sa tête sur le billot par amitié pour Frédéric. Depuis lors, les parents du pauvre martyr, coupables de porter un nom flétri par une accusation de lèse-majesté, vivaient loin de Berlin en état de disgrâce. A la mort de Guillaume, ils caressèrent l'espérance de respirer de nouveau l'air de la cour et de rentrer en faveur. Un Katt, oncle ou cousin du lieutenant décollé, accompagnant Frédéric dans une allée de Potsdam, le pria respectueusement de vouloir bien lever l'interdit lancé contre la famille.

— Hein ! dit le roi en faisant l'inflexion de tête d'un homme atteint de surdité. Veuillez passer de l'autre côté, j'ai l'oreille gauche malade.

Le pétitionnaire passa du côté de l'oreille droite ; mais à peine eut-il ouvert la bouche pour renouveler sa requête, que le roi, l'interrompant, lui dit d'un ton d'humeur :

— Je vois bien que ces coquins de médecins m'ont encore trompé. J'ai véritablement les deux oreilles attaquées.

Et la famille de Katt resta impitoyablement à l'écart jusqu'à la mort de Frédéric.

Un autre lieutenant, nommé Keith, plus ou moins allié de milord maréchal, avait aussi trempé dans le projet d'évasion de Frédéric ; mais au premier vent de la découverte du complot, comme nous l'avons vu, il avait levé le pied et gagné la Hollande. Il y vivait en quelque sorte à l'aumône. Il salua le nouveau règne d'un cri de délivrance, et du fond de son exil il conjura Frédéric de le tirer de l'abîme. Mais Frédéric avait complétement oublié le nom de Keith. Quel était ce Keith ? d'où sortait-il ? que voulait-il ? qui le connaissait ? qui l'avait connu ? Keith, ainsi relégué dans le domaine de la fable, eut recours à un moyen suprême pour constater son identité. Il possédait un billet de Frédéric ainsi conçu :

Je consens à passer pour un lâche si jamais j'oublie les preuves de dévouement que mon ami Keith m'a données.

Il chargea milord maréchal de présenter cet effet à vue au souscripteur. Frédéric prit le billet, le lut, le déchira et le jeta dans la cheminée.

— Je n'aurais jamais cru un homme assez niais, dit-il froidement, pour laisser circuler un semblable papier.

Et Keith acheva sa vie dans l'exil.

La famille de Wrech avait approvisionné le prince royal de sucre, café, bougie et argent de poche pendant tout le temps qu'il faisait à Custrim, en habit de galérien, conjointement avec son singe, le métier de conseiller référendaire. Frédéric, dans le cours de sa disgrâce, avait trouvé la famille de Wrech si bien intentionnée, qu'il avait fini par lui emprunter une somme de six mille rixdalers, et, pour rafraîchir son crédit, il régalait de temps à autre d'un air de flûte une demoiselle de Wrech, bossue, spirituelle comme sa bosse, et musicienne à tenir tête au prince royal, sans avoir besoin pour cela de faire un voyage dans les étoiles. Mais, après son changement d'état, Frédéric refusa toujours le prix du sucre et du café qu'il avait consommés dans sa prison. Il laissa protester sa dette de six mille rixdalers, et, quant à mademoiselle de Wrech, il l'appela depuis lors la fée Carabosse.

La fée Carabosse mourut vierge et martyre dans la ville de Custrim.

Frédéric était roi, le mot dit tout. Il n'y avait plus, dès lors, de Charlotte, de Katt, de Keith, ni de Wrech, ni de demoiselle de Wrech. Prince royal persécuté par son père, il avait pu, il avait dû sans doute, pour échapper à la persécution, accepter toute main tendue à son infortune; mais roi à son tour, pouvait-il, devait-il en conscience, récompenser, reconnaître de façon ou d'autre, quiconque l'avait aidé, assisté dans sa lutte contre l'autorité royale, sans manquer à cette autorité elle-même, sans encourager chez l'héritier ou autour de l'héritier de la couronne, car il aurait bientôt à compter, lui aussi, avec cet ennemi naturel, l'esprit d'indiscipline, d'intrigue, d'insubordination ou de prodigalité ?

Frédéric sacrifia donc le sentiment de la reconnaissance à la raison d'Etat. Certain, désormais, d'avoir le cœur à la hauteur de la royauté, il désira prendre l'air de l'Europe. Il partit pour Juliers. Il toucha barre à Strasbourg. Nous l'avons laissé là au commencement de ce récit.

XVIII

UNE RENCONTRE SUR LES GRANDS CHEMINS.

Frédéric avait donc ouvert son règne par une emplette de savants sur tous les marchés de l'Europe. Mais l'échantillon le plus précieux manquait à la collection. Voltaire persistait à passer sa vie à la lucarne de la marquise du Châtelet. A quoi faire, hélas! A poursuivre avec la marquise quelque étoile inconnue dans l'espace par le trou d'une lorgnette.

Certes, tout ce qu'un amant condamné à sécher sur pied peut moduler de soupirs à l'oreille de sa maîtresse, Frédéric l'avait fredonné en vers et en prose à l'oreille de Voltaire, et tout ce qu'une coquette intrépide à la riposte peut répondre en prose et en vers à une première, à une seconde avance, à une avance réitérée, à une avance perpétuelle, Voltaire l'avait voluptueusement jeté du doigt à Frédéric sur l'aile du vent, à travers l'espace. Le compliment courait sans cesse la poste de Berlin à Cirey et revenait sans cesse, par la voie de Francfort, de Cirey à Berlin.

— Tu es Platon, écrivait Frédéric.

— Tu es Salomon, répondait Voltaire.

Après un semblable va-et-vient de galanterie, Salomon et Platon n'avaient plus qu'à prendre jour pour apaiser, dans les bras l'un de l'autre, leur fureur réciproque d'admiration. Le roi partit le premier de Potsdam pour épargner à son hôte la fatigue du chemin ; Voltaire partit le second du domaine de Son Altesse Monseigneur le marquis de Trichateau, au voisinage de Beringhen, et les deux astres errants opérèrent leur conjonction à une lieue de Clèves, dans un mauvais petit château borgne, pied-à-terre délabré d'un maître encore à l'état d'hypothèse. Car Frédéric prétendait à la souveraineté du duché de Juliers, et l'évêque de Liége affichait exactement la même prétention. Or, entre les deux propriétaires rivaux, le château, faute d'un maître suffisamment prouvé, tombait mélancoliquement en ruine.

Voltaire arriva au bouge royal un matin de novembre, au lever du soleil. Il portait, ce jour-là, un bel habit mordoré uni, veste et culotte de même, mais la veste à grandes basques et galonnée en or à la Bourgogne, galons festonnés et à lames, avec de longues manchettes à dentelles jusqu'au bout des doigts : Avec cela, disait-il, on a l'air noble. A son entrée en scène il aperçut dans la cour un petit homme égrillard tirant sur le grisonnant, arrondi par l'équateur, lequel marchait à grands pas de long en large, et soufflait de temps à autre dans ses mains pour conjurer les premières impressions d'une brise aigrelette d'automne. Ce duplicata de Sancho Pança portait pour le moment des bas de laine, des manchettes de toile, un chapeau effondré et une perruque à la débandade qui entrait d'un côté dans sa poche d'habit et de l'autre arrivait à peine au sommet de l'épaule. Ce promeneur dès l'aurore était le conseiller Rambonnet, premier ministre de Sa Majesté.

Que pouvait faire le premier ministre de Sa Majesté à l'heure du patron Jacquet? Il méditait précisément un manifeste contre l'évêque de Liége pour lui prouver, de par Grotius, réconforté de Puffendorf, qu'en cas de dissentiment entre un roi et un évêque, c'est toujours le roi qui doit avoir raison. Mais il paraissait que la muse du protocole faisait défaut au conseiller Rambonnet; car il gesticulait avec violence dans le vent comme s'il luttait contre l'inspiration.

Voltaire salua monseigneur Rambonnet; monseigneur lui rendit le salut. D'un coup de pied le poëte escalada le perron du château. Une sentinelle en gardait l'entrée et le laissa passer sur la recommandation de sa figure, où plutôt de sa veste brochée d'or et de sa jarretière ornée d'un brillant. Elle le prit pour un prince sur l'étiquette du fourreau, ou tout au moins pour un margrave.

Voltaire traversa d'abord un vestibule vide, digne de servir de préambule au palais de la Belle au Bois-Dormant, monta un escalier croulant dont chaque marche fléchissait sous le pied comme une touche de piano, et trouva au sommet de l'escalier une porte fermée, et devant cette porte un page endormi sur une valise.

— Le roi ? dit-il.

— Là, répondit le page.

Et il reprit son sommeil.

Voltaire souleva le loquet et avança la tête avec prudence. Du premier coup d'œil il crut entrer dans la chambre d'un fantôme ou l'infirmerie d'un couvent. Il entrevoyait confusément dans le jour douteux d'un volet à moitié fermé un mobilier succinct, un grabat à fleur de terre ; près du grabat une table de sapin, ornée d'un bougeoir de fer-blanc et d'un pot de tisane ; au pied du lit, une chaise de paille, et sur cette chaise, pêle-mêle, une culotte, un habit, un chapeau et une épée. Une paire de bottes à l'écuyère montait majestueusement la garde devant la défroque de l'hôte invisible de cette cellule.

— Voltaire ! cria-t-il au hasard dans le désert pour annoncer lui-même sa venue.

A ce nom de Voltaire le grabat vacilla, la couverture tressaillit, et du fond du sépulcre un buste humain surgit, enveloppé d'un drap de lit comme d'un linceul.

— Approchez, mon ami, dit une voix vibrante, que je presse enfin sur mon cœur le précepteur de l'humanité.

— Et moi le héros, riposta Voltaire.

Le poëte et le monarque confondirent leur enthousiasme dans une longue accolade.

A cette première étreinte de la royauté et de la philosophie succéda un moment de silence. Le précepteur et le héros de l'humanité étudiaient attentivement face à face le mystère respectif de leur physionomie.

Un rayon de lumière glissant de l'ouverture du volet sur la figure de Frédéric, en modelait avec vigueur chaque détail. Le roi de Prusse avait le front largement développé d'une tempe à l'autre, le sourcil haut de la maison de Brandebourg, le bas du visage aiguisé en pointe, le coin de la bouche plissé, la lèvre fine, onduleuse et amorcée d'une perpétuelle épigramme.

Voltaire éprouva, en contemplant le Salomon du Nord, une invincible émotion de malaise.

— Cet homme est encore un roi, pensait-il dans le secret de sa conscience.

Frédéric, de son côté, interrogeait avec inquiétude ce masque maigre du révolutionnaire de la pensée, clavier tourmenté d'une âme multiple, ce front en saillie, taillé pour le défi, ce regard pétulant, cette bouche largement ouverte pour donner passage aux cataractes de la parole et ensevelir les préjugés d'un monde sous des flots de vérité.

On eût dit que la Providence avait pétri d'avance ces deux hommes pour une œuvre à part dans l'humanité, et qu'elle avait écrit le secret de leur destinée dans chaque muscle de leur visage. Ils sentirent au fond de leur cœur comme une révélation sourde de leur antipathie de nature, car ils représentaient en réalité les deux forces contraires de la civilisation. Aussi, après l'effusion de cet embrassement judaïque, éprouvèrent-ils l'un et l'autre un véritable embarras. Frédéric rompit le premier le silence.

— Mon cher Voltaire, dit-il, vous me surprenez dans un accès de fièvre, mais vous avez le pouvoir d'Apollon comme vous en avez le génie. Votre présence a déjà opéré un miracle, le frisson commence à tomber.

Voltaire tâta le pouls du malade.

— La fièvre tombe en effet. Bientôt vous pourrez quitter l'hôpital.

— De suite, reprit le roi ; vous assisterez à mon petit lever. Mais, à ce propos, vous êtes gentilhomme de la chambre du roi, mon cher Voltaire, vous pourrez me donner une leçon d'étiquette ; car je vous avoue franchement à la honte du métier, que je boutonne moi-même ma culotte.

— J'ai bien l'honneur en réalité de porter le titre quelque peu coûteux de gentilhomme ordinaire de la chambre, mais, hélas ! Sa Majesté Très-Chrétienne m'a toujours trouvé trop mécréant pour m'autoriser à lui administrer au saut du lit sa pantoufle ou sa chemise. De sorte que, gentilhomme *in partibus*, je fais mon service à Cirey, en compagnie d'une marquise qui ne fait pas tant de façon que le roi Très-Chrétien, je vous jure, pour mettre bas un casaquin. Cependant j'ai dû, pour l'obligation de ma charge, étudier le cérémonial d'un petit lever.

— Pourriez-vous le répéter de mémoire ?

— Certainement, de l'alpha à l'oméga, si cela peut amuser Votre Majesté.

— Comment ! m'amuser ? m'instruire, mon ami ; en attendant que cette quinte de fièvre passe tout à fait, j'éprouverai un véritable ravissement à savoir de votre bouche selon quel rituel un roi de France met son bonnet de nuit et attache sa jarretière; ôtez cet habit de cette chaise et asseyez-vous à mon chevet. Je vous écoute, parlez.

XIX

UNE LEÇON D'ÉTIQUETTE.

— Le roi de France, dit Voltaire, indique à son coucher l'heure de son réveil. A cette heure-là, le premier valet approche de son oreiller et lui dit sur un ton de *De profundis* : Voici le moment! et il va ouvrir la porte au grand chambellan et au gentilhomme de la chambre en armée; en armée, terme de métier pour dire de service; il donne ensuite l'ordre au Gobelet et à la Bouche d'apporter le déjeuner de Sa Majesté. Alors la première fleur de la cour a licence de faire irruption dans la chambre de Louis, par ordre de mérite : d'abord la lignée du sang, puis le grand chambellan, puis le premier gentilhomme de la chambre, puis le grand-maître de la garde-robe, puis le premier valet de la garde-robe en quartier, puis le premier médecin du roi, puis le premier chirurgien du roi, toute la haute domesticité en un mot, et la quintessence nobiliaire du royaume admise par faveur spéciale au sacrement du petit lever. C'est l'avant-garde du public titré.

— Mais alors le roi met donc la France entière dans la confidence de sa toilette?

— A peu près. Pendant qu'il repose encore sur son lit dans la langueur du réveil, le premier valet de chambre verse sur chaque main royale un flacon d'esprit-de-vin, et un autre valet reçoit le flot perdu de l'ablution dans une assiette de vermeil. Après quoi le grand chambellan présente le bénitier à Sa Majesté, qui trempe son doigt dans l'eau lustrale, et récite à voix basse l'office du Saint-Esprit. La prière finie, le barbier présente au roi une collection de perruques de différentes dimensions. Le roi désigne la favorite de la journée. Le barbier la met de côté pour le moment de la sortie. Une fois fixé sur le choix de la perruque, le roi soulève sa couverture, pivote sur son centre de gravité, et sort de son lit comme le soleil sort du nuage. Le grand chambellan lui passe sa robe de chambre; Louis XV commet une récidive d'eau bénite et va prendre place dans un fauteuil. Un valet de la garde-robe lui apporte son haut-de-chausse et son épée. Alors commence le petit lever; autrement dit, il fait petit jour chez Sa Majesté.

— Au train dont l'opération marche, il doit faire grand jour, au contraire.

— A ce moment solennel, le grand chambellan enlève le bonnet de nuit de son poste d'honneur, et sur la trace encore chaude de cette mitre majuscule, le barbier en chef donne un coup de peigne, tandis qu'un barbier en sous-ordre tient un miroir devant le visage du patient. Le roi, à cette période de sa toilette, demande la première entrée, et le gentilhomme de la chambre répète l'ordre à haute voix au garde de planton à la porte de l'antichambre, et le planton le redit à la foule amoncelée, de l'antichambre jusqu'au fond du corridor, et du corridor au bas de l'escalier. A cet appel, la seconde fournée de la noblesse a la permission de pénétrer dans le sanctuaire. C'est le tour des ducs, des marquis, des secrétaires du cabinet, des lecteurs de la chambre, des contrôleurs de l'argenterie, des intendants des meubles de la couronne, des chirurgiens ordinaires, des apothicaires en chef, des concierges des tentes, des commandants du petit équipage, des porte-manteaux, des porte-arquebuses, des huissiers du cabinet, de tous les gens, en un mot, patentés à un titre ou à un autre du brevet d'entrée. Le coup de peigne donné, le roi procède à la perpétration de sa toilette. Un valet de la garde-robe lui présente d'abord des chaussons, puis des bas d'étamine, puis des bas foulés, puis des bas de soie, en tout quatre paires de bas au choix pour mettre la jambe royale à l'abri des injures de l'atmosphère. Le roi les chausse lui-même et les attache avec une paire de jarretières à boucles de diamants, après avoir préalablement réchauffé ses tibias au feu de la cheminée.

Le barbier en chef prend ensuite possession du visage de Sa Majesté, et le barbier en sous-ordre, après le dernier coup de rasoir, lui présente le peigne à moustache. Pendant le cours de cette opération critique on cause, on chuchote, on sourit, on devise à voix basse de chasse, de guerre, d'amour, d'intrigue ; si par hasard un éclat de voix intempestif vient à brocher sur le murmure général de la conversation, un huissier crie : Silence ! et la conversation tombe dans le néant. On entendrait une fourmi trotter sur le parquet. Lorsque le barbier a donné le dernier tour de main et passé l'éponge sur son œuvre, le roi intime l'ordre d'apporter son déjeuner. Un premier officier du gobelet lui présente un pain et une serviette pliée entre deux assiettes, et un second officier un verre escorté de deux carafons, un d'eau claire et l'autre de chambertin ; sitôt que le roi demande à boire, le grand chambellan égoutte le verre dans un essai de vermeil doré, y verse un doigt de vin, une idée d'eau, et fait faire l'essai à l'officier du gobelet ; l'innocence du breuvage dûment constatée, le roi remplit lui-même son verre, et après l'avoir royalement vidé d'un trait, le repose sur le plateau. Le premier gentilhomme de la chambre apporte au duc de Bourbon la serviette destinée à essuyer la bouche de Sa Majesté, et le duc de Bourbon, pour accomplir convenablement l'office de la serviette, remet son chapeau au grand maître de la garde-robe.

— Mais, mon ami, c'est toute une litanie que cela ! Le roi de France a donc l'éternité à son service ? Ce prologue de son lever doit le conduire jusqu'à midi.

— Patience, Sire, nous ne sommes encore qu'à l'*introïbo*. Après le déjeuner, le roi ôte sa robe de chambre, le maître de la garde-robe lui tire la camisole de nuit par la manche droite, le premier valet de la garde-robe par la manche gauche, et un troisième acolyte reporte la dépouille sacrée au vestiaire ; un valet de garde-robe apporte ensuite la chemise du roi, chauffée à point, et couverte d'un morceau de taffetas ; il la passe au duc de Bourbon, et le duc de Bourbon l'offre à Sa Majesté ; et à défaut du duc de Bourbon la chemise tombe en partage au prince de Conti, et roule ainsi de cascade en cascade jusqu'au dernier prince du sang ; car une main princière a seule le droit de toucher cette toile bienheureuse, qui doit toucher de si près elle-même la chair sacrée de cette seconde divinité. Pendant ce changement de chrysalide, deux estafiers, debout de chaque côté du fauteuil, tiennent une pièce d'étoffe tendue sur l'acte de métamorphose, pour soustraire la nudité d'un roi au regard du public. De la chemise, Sa Majesté passe à la culotte, de la culotte à la veste, et de la veste à l'épée. Le grand maître lui coule sur la poitrine le cordon bleu en sautoir, et l'habit, dénoûment du drame, vient compléter l'habillement.

— Est-ce tout ? dit Frédéric. Votre maître est véritablement une pagode et son caleçon un culte public.

— J'oubliais un détail important, la cravate. Après la prise de possession de l'habit, un officier de la garde-robe du roi apporte au roi une corbeille remplie d'une douzaine de cravates émaillées de divers rubans, amaranthe, jonquille, puce, isabelle. Le fils aîné de saint Louis choisit la couleur de son cœur pour ce jour-là, et passe lui-même à son cou le collier de dentelle. Un autre officier apporte ensuite un assortiment de mouchoirs de batiste sur une salve ou manière de soucoupe en vermeil. Et voilà le roi complet, et prêt, de la tête aux pieds, à régner. Reste, à la vérité, l'article de la canne et du chapeau. Mais auparavant il va plier le genou dans la ruelle de son lit sur un carreau de velours. Il fait une seconde prière en silence, et après un quart d'heure de tête-à-tête avec le Seigneur, le grand aumônier chuchote l'oraison *Quæsumus omnipotens Deus*. Si ce jour-là Sa Majesté a résolu de faire une partie de chasse, elle prend de surérogation un surtout et un manchon. Alors arrivent à la file le grand écuyer, le premier écuyer, le grand veneur, le grand fauconnier, le grand louvetier, le capitaine général des toiles, de chasse et de l'équipage du sanglier.

— Que de grandeurs, mon ami, accumulées les unes sur les autres, et de cérémonies, et de courbettes et de génuflexions ! En vérité, si j'étais roi de France, je nommerais un autre roi pour faire toutes ces grimaces à ma place et passer mes matinées à ma fantaisie.

— Votre Majesté m'accordera cependant que Louis XV joue bien son rôle de monarque.

— Pas si bien que Baron, répondit Frédéric.

XX

UNE COMÉDIE AU SAUT DU LIT.

Frédéric aspira une prise de tabac, et regardant Voltaire d'un air attendri, il ajouta :

— Quant à moi, mon ami, puisque le hasard m'a jeté sur le trône d'un coup de pied, comme Jupiter lança autrefois Vulcain dans l'espace, j'entends exercer mon état avec la simplicité d'un Spartiate, à l'exemple de Julien le Philosophe. Toujours debout le premier, je donnerai un quart d'heure à ma toilette ; car du lever au coucher du soleil, je songerai que chaque minute de mon temps appartient à mon royaume, et, chaque matin, en mettant la main sur le premier bouton d'habit, je dirai en moi-même : Tu règnes sur trois millions de sujets créés à ton image, pétris du même limon que toi, que feras-tu aujourd'hui pour leur bonheur? Voyons, mon cher Voltaire, vous avez beaucoup réfléchi sur la destinée de l'humanité ; je veux prendre conseil de votre sagesse, et grâce à votre propre inspiration, toujours présente à mon esprit, régner de moitié avec la philosophie ; puisque je vous tiens là en ce moment, je vous prie de refaire à mon usage l'examen de conscience d'un roi que le romancier de Salente fit autrefois à l'intention du duc de Bourgogne.

— Vous me demandez conseil, Sire ; je n'en ai qu'un à vous donner. Abandonnez-vous corps et âme à vos vertus. Ce seront toujours vos meilleures Egéries.

— Les vertus ne sont pas des lumières ; avec beaucoup de vertus un souverain ignorant peut infliger à son peuple beaucoup de calamités. Voyez plutôt le bon Stanislas, votre voisin de campagne.

— Puisque vous avez la bonté de faire d'un profane comme moi le conseiller d'Etat de votre conscience, daignez adopter pour devise ces deux mots seulement : Paix et tolérance ; et vous prendrez place dans l'histoire à côté de Marc-Aurèle, et la Prusse bénira votre nom jusqu'à la dernière postérité.

— Qu'entendez vous par tolérance? Mais comprenez bien ma question : si je vous demande votre opinion sur ce chapitre, c'est plutôt pour la suivre à la lettre de la première à la dernière virgule.

— La tolérance est la condition d'existence de l'humanité. Nous sommes tous pétris de faiblesses et d'erreurs. Pardonnons-nous réciproquement nos sottises ; c'est la première loi de nature. Qu'à la bourse d'Amsterdam ou de Londres, ou de Surate ou de Bassora, le guèbre, le banian, le juif, le mahométan, le déicole, le Chinois, le bramin, le chrétien grec, le chrétien romain, le chrétien protestant, le chrétien quaker trafiquent ensemble ; ils ne lèveront pas le poignard les uns sur les autres pour gagner des âmes à leur religion. Pourquoi donc nous sommes-nous égorgés sans interruption depuis le premier concile de Nicée? Il est clair que tout particulier qui persécute son frère parce que son frère ne partage pas son opinion, est un monstre à rejeter de la société. Le malheureux égaré par le fanatisme a besoin de superstition comme le gésier du corbeau a besoin de charogne. Je l'ai déjà dit ailleurs, et je ne cesserai de le redire, si vous avez deux religions chez vous, elles se couperont la gorge ; si vous en avez trente, elles feront bon ménage. Voyez le Grand Turc, il gouverne des guèbres, des banians, des grecs, des nestoriens, des romains; le premier qui veut exciter du tumulte est empalé, et tout le monde est tranquille. Tolérons toutes les sectes sans exception. laissons-les pulluler au besoin. Je veux encore pousser l'honnêteté plus loin : sachons comprendre, sachons aimer, dans une certaine mesure, toutes les théologies. Je dirai à mon frère le Turc : Mangeons ensemble une bonne poule au riz en invoquant Allah ! ta religion me paraît très-respectable; tu n'adores qu'un Dieu, tu es obligé de donner en aumône tout les ans le denier quarante de ton revenu, et de te réconcilier avec tes ennemis le jour du Baïram. Je dirai à mon frère le Chinois : Soupons ensemble sans cérémonie, car je n'aime pas les simagrées, mais j'aime ta loi, la plus sage de toutes, et peut-être la plus ancienne. J'en dirai à peu près autant à mon frère l'Indien. Mais que dirai-je à mon frère le juif? lui donnerai-je à souper? Oui, pourvu que pendant le repas l'âne de Balaam n'ait pas l'impertinence de braire, qu'Ezéchiel ne mêle pas son déjeuner avec notre souper, qu'un poisson ne vienne pas avaler un convive, et surtout qu'un juif ne fasse pas le tour de la maison en sonnant de la trompette, et ne m'égorge pas moi, mon père, ma mère, ma femme, mon fils, mon chat et mon chien, selon l'ancien usage de la Judée. Allons, mes amis, la paix, disons notre bénédicité.

— Je le dis avec vous de cœur, mon cher Voltaire, et je vous promets, non parole de roi, mais parole de philosophe, qu'aussi longtemps que je régnerai, chacun logera son âme à l'auberge où il voudra, et fera comme il l'entendra sa prière ; mais sur l'article de la paix, j'aurai besoin d'un éclaircissement ; car la guerre me paraît aussi une loi de nature.

— Hélas ! je reconnais que la guerre est la pratique courante de l'humanité. A la frontière du Canada, homme et guerrier sont synonymes. Dans notre hémisphère, qui dit pillage dit armée. Manichéens, voilà votre excuse. Le plus déterminé flatteur d'un conquérant conviendra sans peine que la guerre traîne toujours à sa suite la peste et la famine, pour peu qu'il ait vu les hôpitaux des armées d'Allemagne et qu'il ait passé par des villages illustrés par quelque grande victoire. Un généalogiste prouve à un prince qu'il descend en droite ligne d'un comte dont les parents avaient fait un pacte de famille, il y a trois ou quatre cents ans, avec une maison dont la mémoire même a disparu. Cette maison avait des prétentions éloignées sur une province dont le dernier possesseur est mort d'apoplexie. Le prince et son conseil voient son droit évident. Cette province, qui est à quelques centaines de lieues de lui, a beau protester qu'elle ne le connaît pas, qu'elle n'a nulle envie d'être gouvernée par lui ; que, pour donner des lois aux gens, il faut au moins avoir leur consentement, ces discours ne parviennent pas seulement aux oreilles du prince, dont le droit est incontestable. Il trouve incontinent un grand nombre d'hommes qui n'ont rien à perdre ; il les habille d'un gros drap bleu à cent dix sous l'aune, borde leurs chapeaux avec du gros fil blanc, les fait tourner à droite et à gauche, et marche à la gloire. Les autres princes, qui entendent parler de cette équipée, y prennent part chacun selon son pouvoir, et couvrent une petite étendue de pays de plus de meurtriers mercenaires que Gengiskan et Tamerlan n'en traînèrent à la queue de leur cheval. Des peuples assez éloignés entendent dire qu'on va se battre, et qu'il y a cinq ou six sous par jour à gagner pour eux s'ils veulent être de la partie ; ils se divisent aussitôt en deux bandes comme des moissonneurs, et vont vendre leurs services à quiconque veut les employer. Le merveilleux de cette entreprise, c'est que chaque chef des meurtriers fait bénir des drapeaux et invoque Dieu solennellement avant d'aller exterminer son prochain. Si un chef n'a eu que le bonheur de faire égorger deux ou trois mille hommes, il n'en remercie point Dieu; mais lorsqu'il y en a eu environ dix mille exterminés par le feu et par le fer, et que, pour comble de grâce, une ville a été détruite jusqu'à la dernière pierre, alors on chante à quatre parties une chanson assez longue, composée dans une langue inconnue à tous ceux qui ont combattu, toute farcie de barbarismes. La même chanson sert pour les mariages et pour les naissances, ainsi que pour les meurtres, ce qui n'est pas pardonnable, surtout dans la nation la plus renommée pour les chansons nouvelles.

Frédéric regarda attentivement son interlocuteur, avec l'expression indéfinissable d'un diplomate qui cherche à déchiffrer le sens caché d'une parole ; mais prenant aussitôt le ton attendri d'un philosophe de profession, et passant la main sur sa paupière :

— Mon cher Voltaire, vous avez raison. Mon émotion vous le dit assez. La guerre pour la guerre, la guerre pour la conquête est une abomination, et de plus, une erreur de calcul, une sottise d'État. Les ambitieux devraient considérer que la science militaire a fait partout les mêmes progrès en Europe, et que le système des alliances par raison d'équilibre rétablit pour l'ordinaire l'égalité des forces entre les parties. Le plus grand avantage que les princes peuvent raisonnablement attendre de la victoire, dans le temps où nous vivons, consiste tout au plus à acquérir, par une série accumulée de succès, quelque petite ville sur la frontière, ou quelque banlieue qui ne rapporte pas les intérêts des dépenses de la guerre, et n'approche pas en population du nombre des citoyens exterminés dans les campagnes. Aussi, par inclination comme par sagesse, bien que mon père m'ait légué une magnifique armée, je compte laisser l'épée au fourreau et cultiver en paix la philosophie.

Voltaire saisit la main du roi, et la collant sur sa lèvre avec vivacité :

— J'aurai baisé avant de mourir la main d'un roi philosophe !

— Oui, d'un roi philosophe : c'est le titre que j'ambitionne le plus, et l'épitaphe que je demande pour mon tombeau. Cependant, j'ai en ce moment une petite querelle à vider avec un évêque du voisinage.

— De théologie ? Dans ce cas, je plains Votre Majesté.

Frédéric sourit.

— Non, une querelle à main armée. J'ai hérité, en vertu d'un pacte de famille, fait précisément il y a quatre cents ans, du duché de Juliers.

— Ah ! Sire, déjà ! que disions-nous donc tout à l'heure ? mais, si ce n'est qu'un évêque...

— Oui, un évêque, reprit Frédéric; monsieur de Liége, comme ils disent, me dispute un lopin de mon royaume. J'ai chargé mon conseiller Rambonnet de rédiger contre lui un manifeste pour expliquer au monde la justice de ma réclamation ; mais Rambonnet a l'imagination rétive, et, à l'heure qu'il est, je doute qu'il ait encore élucubré la première phrase de son protocole. D'un trait de plume, si le cœur vous en dit, vous aurez débrouillé cette affaire. Je mets donc de plein saut votre talent à contribution. Vous pouvez me prêter votre prose en toute sûreté de conscience. J'ai le droit de mon côté. Jamais, de mémoire d'homme, la diplomatie n'aura si bien parlé français.

— Dictez, Sire, j'obéis, trop heureux que le divin Frédéric daigne me choisir, ne fût-ce qu'une minute, pour le secrétaire de sa pensée; mais je crains bien que notre dialectique ne sonne sur une tête de prêtre comme la balle sur la cuirasse. Cela frappe, mais n'entre pas; et, en définitive, vous aurez perdu votre peine et moi mon français.

— Je connais comme vous la surdité chronique d'un prince mitré à la voix de la raison. Mais je tiens quelque part un dernier argument en réserve.

— Je comprends : l'argument tiré du droit canon. L'Eglise comprendra j'espère le calembour.

— Un bataillon suffira. Je pense que, pour ce cas particulier, vous pourrez faire une infidélité d'un quart d'heure à votre théorie sur la guerre et la gloire à un sou par jour au son du clairon.

— La guerre à un évêque, cria Voltaire, est la guerre sacrée, et je voudrais avoir la taille requise pour servir au premier rang en qualité de grenadier !

Frédéric laissa échapper un sourire d'ironie. Il venait de surprendre la philosophie en délit de contradiction.

Voltaire rédigea un savant manifeste contre l'évêque de Liége, persuadé d'avance qu'un roi qui l'appelait son ami devait avoir raison. Il prouva pertinemment que Frédéric descendait en droite ligne d'un comte ou d'un duc de Juliers, lequel comte ou duc de Juliers avait fait, au temps du roi Jean, un pacte de famille avec la maison de Brandebourg.

Le conseiller Rambonnet mit le mémoire dans sa valise, monta sur un cheval de louage, chevaucha toute la nuit à travers la campagne, et le lendemain, à la pointe du jour, instrumenta solennellement contre l'usurpateur. En même temps, un bataillon parti de Cassel appuya la sommation du conseiller et leva une contribution, par avancement d'hoirie, sur le duché de Juliers.

Voltaire et Frédéric reprirent ensuite chacun le chemin de son foyer, l'un au nord, l'autre au midi ; le philosophe retourna à Cirey et le monarque à Berlin.

— Que pensez-vous du roi de Prusse? dit la marquise du Châtelet à son amant.

— Quand je lui ai parlé de guerre, il a pleuré, le tigre, et il fera la guerre à outrance.

A peine de retour à Berlin, Frédéric disait dans son intimité :

— J'ai vu enfin ce fameux Voltaire. La cervelle du poëte est aussi légère que le style de ses ouvrages. Son apparition m'a coûté en un jour cinq cents écus. C'est payer bien cher un fou. Jamais bouffon de grand seigneur ne toucha pareille gratification.

XXI

MARLBOROUGH S'EN VA-T-EN GUERRE.

Quelque temps après la visite de Voltaire à Frédéric, ou bien, au choix, de Frédéric à Voltaire, l'empereur d'Autriche mourut et laissa la couronne impériale à la décision du hasard. L'électeur de Bavière la réclama au nom de la ligne masculine, et Marie-Thérèse au nom de la ligne féminine. Le principe d'hérédité a toujours eu la chance de mettre le monde en coupe réglée. Le dix-huitième siècle a eu, pour sa part seulement, deux guerres de succession. La France prit parti pour l'électeur de Bavière, en vertu, sans doute, d'une exportation légèrement abusive de la loi salique, et l'Angleterre pour Marie-Thérèse, en vertu de la pragmatique sanction. Frédéric, pendant ce temps-là, jetait un coup d'œil sur la carte décousue de la Prusse, et la voyant flotter en longue lanière de Kœnisberg à

Wesel, il dit au maréchal d'Anhalt : cela ressemble à une jarretière et tient plus de l'électorat que du royaume. Il profita du tumulte de l'interrègne pour glisser la main dans l'ombre entre la ligne masculine et la ligne féminine. Or, pendant que de part et d'autre on rédigeait protocole sur protocole et qu'on expédiait courrier sur courrier, il concentrait à la dérobée son armée et l'acheminait en pleine paix à la conquête de la Silésie.

— La route est mauvaise, lui dit l'ambassadeur d'Autriche.

— J'en serai quitte pour me crotter, répondit Frédéric.

La crotte est rarement effrayante pour la conscience d'un conquérant. En mettant le pied à l'étrier, Frédéric dit au marquis de Beauvau :

— Je vais jouer le jeu de la France. Si les as me viennent, nous partagerons.

Les as vinrent en effet, mais Frédéric garda les bénéfices.

Et interpellant ensuite Maupertuis :

— Vous avez servi? dit-il.

— Oui, Sire, dans la cavalerie.

— Avez-vous assisté à quelque bataille?

— Jamais.

— Eh bien! suivez-moi, je pourrai peut-être vous donner à l'occasion quelque crâne autrichien à disséquer pour vérifier votre théorie sur l'âme humaine, si jamais Autrichien toutefois a logé une âme dans sa cervelle.

Maupertuis enfourcha un bidet et suivit la campagne en qualité de volontaire.

Frédéric entra en Silésie sans brûler une amorce et prit Breslau à la première décharge de canon. Après ce coup de main sur la propriété du voisin, il écrivit poliment à Marie-Thérèse :

— J'occupe maintenant la Silésie ; je vous prie de la laisser de bonne amitié à votre serviteur ; car si vous essayez de la reprendre, vous le mettrez dans l'obligation de la défendre ; je pourrai courir le risque de vous déplaire en bataille rangée, et j'en éprouverais du regret, car avec une femme de bonne maison, j'aime à payer de courtoisie.

Le roi de Prusse professa le premier la théorie du fait accompli. Il justifiait l'acte par l'acte lui-même, ou bien, à volonté, par le succès. A cette prétention hautaine assaisonnée d'ironie, Marie-Thérèse sentit tout son sang royal et tout son sang impérial monter à la fois à son visage.

— Comment ! dit-elle dans son indignation de suzeraine outragée, ce marquis de Brandebourg, mon premier chambellan par la constitution de l'empire, ose porter la main à ma couronne au lieu de me tenir chaque matin le bassin ?

Elle adressa des lettres déhortatoires au roi de Prusse, des lettres avocatoires à tous les vassaux de l'empire au service de Frédéric, des lettres monitoires, excitatoires et inhibitoires à tous les cercles d'Allemagne, à tous les princes électeurs et au corps équestre ; et toutes ces procédures de la diplomatie germanique religieusement accomplies, elle mit Frédéric au ban de l'empire et envoya le maréchal Neuperg exécuter la sentence à la tête d'une armée de cent mille hommes.

Frédéric avait prévu la réponse, et pour répliquer en personne il prit le commandement de son armée.

Enfin il allait faire une campagne ! enfin il allait livrer une bataille, cette bataille inédite, si souvent, si longtemps préparée, méditée, caressée, corrigée la nuit, le matin avant le chant du coq, à la lueur de sa lampe, dans sa solitude à Reinsberg ! L'heure était donc venue où il pouvait jeter loin de lui le masque de la philosophie, le masque de la philanthropie, et montrer le successeur en ligne directe du génie de Condé et du génie de Gustave-Adolphe !

La troupe du maréchal Neupert débouchait en Silésie, Frédéric marcha rapidement sur elle pour la surprendre au défilé de la frontière. Mais, avant d'engager l'action, il voulut passer une revue générale de son armée.

C'était la veille de la bataille de Molwitz, par une matinée brumeuse de printemps. Le soleil à moitié voilé dans la vapeur flottait sur la colline comme l'auréole sanglante d'une nouvelle gloire à l'horizon. La troupe prussienne, rangée sur une seule ligne, occupait le fond d'une vallée. Le roi de Prusse, accompagné du maréchal Schwerin, marchait lentement sur le front de bandière, penché à la crinière de son cheval, sérieux, concentré, ét comme savourant d'avance dans une sorte d'extase muette la volupté intime de la victoire. On eût dit qu'il comptait tête par tête chacun de ces colosses, de ces Atlas vivants, destinés à porter sans broncher le choc de l'Europe, colligés avec tant de soin au midi et au septentrion, façonnés, avec tant d'amour, à coups de canne, au métier de héros, et il les regardait et il les couvait de la pensée, et il semblait leur dire : Allez mourir, mes amis, j'ai besoin de vos cadavres pour mettre à mon nom le sobriquet de Grand et planer de plus haut sur la boule de la mappemonde.

Il y avait au régiment du roi un grenadier qui avait gagné une chaîne de montre au pillage. La montre avait passé ailleurs par droit de conquête. Néanmoins le grenadier étalait avec orgueil la chaîne d'or à la ceinture de sa culotte. Une balle de fusil, à la vérité, remplaçait l'heure absente dans son gousset. Frédéric avait appris du colonel le profond néant de cette coquetterie de troupier, et, pour mettre sa vanité à l'épreuve, il lui dit en passant :

— Grenadier, nous avons, à ce qu'il paraît, l'esprit d'économie, pour avoir acheté, sur notre solde, un pareil joyau.

Puis, tirant sa montre, il ajouta :

— Ma montre marque sept heures : dis-moi quelle heure marque la tienne, que je voie si nous marchons d'accord.

Le grenadier exhuma gravement de sa cachette la balle de fusil.

— Ma montre, dit-il, ne marque ni sept heures ni huit heures, mais elle me dit à chaque instant que je dois mourir pour Votre Majesté.

— Tu as bien parlé, reprit Frédéric.

Et il glissa sa montre dans la main du grenadier.

— Tu sauras du moins à quelle heure tu mourras à mon service.

A la fin de la revue il aperçut une femme entrelardée à un bataillon. Il aimait modérément à voir dans la guerre le jupon mêlé à l'uniforme. Il aborda rudement cette beauté de caserne, et l'apostrophant par les derniers noms du vocabulaire :

— A qui appartiens-tu, catin ?

Elle regarda fièrement le roi, et, le poing sur la hanche, au port d'armes d'une harengère de faction devant son baquet :

— A vous, Sire.

— A moi, gueuse, me prends-tu pour un tambour ?

— A vous-même, avec votre permission.

— Comment cela ?

— Je fais partie du régiment.

— En quelle qualité ?

— De vivandière.

— Dans ce cas retourne au bagage.

— Pardon, Sire, je sais aller au feu, moi aussi.

— Pourquoi faire, mon enfant ?

— Pour distribuer la goutte, et au besoin donner l'exemple.

— Va au diable ou au feu! Et si en chemin tu attrapes quelque éclaboussure...

— Eh bien! je crierai: Vive le roi!

— Décidément, reprit Frédéric, je crois que je pourrai faire la conquête du monde comme César; car je vois qu'homme et femme, tout le monde ici a la tête montée à la Romaine.

A un pas de là il rencontra une recrue encore imprégnée de la candeur de son village et timide au maniement du fusil. Le pauvre diable, roide comme une momie, portait son arme singulièrement dérangée de la perpendiculaire et inclinée au couchant.

— L'arme droite! dit Frédéric.

A cette brusque interpellation, le conscrit sentit passer dans chaque fibre de son corps la commotion électrique d'un coup de tonnerre, et, dans le trouble de sa pensée, imprima à son fusil un tel mouvement en sens inverse que l'arme inclina cette fois au levant.

— Colonel, reprit Frédéric, renvoyez ce godelureau à l'école de peloton.

L'honneur du corps était compromis, le colonel mordit sa moustache de colère.

— Tiens, drôle, dit-il d'une voix étouffée au soldat.

Et il lui appliqua le pommeau de sa canne en pleine figure. Le patient poussa le rugissement sourd du bœuf à l'abattoir. Le coup lui avait crevé un œil, et le sang jaillissait du fond de l'orbite.

Le colonel tira froidement de sa poche un petit écu.

— Voilà, dit-il, pour remettre la vitre cassée.

Frédéric mit son cheval au trot et passa. Il avait trop le respect de la discipline pour protester contre un officier qui avait cassé une vitre, à la vérité, mais aussi avait généreusement réparé le dommage. Le régiment gardait le silence : pas un murmure, pas même un léger frémissement. Sur la physionomie farouche de chaque soldat, la schlague semblait avoir écrit de tout temps le mot de résignation.

Après la revue, l'armée défila devant Frédéric; pendant le défilé, le roi avait l'air absorbé, et inclinant la tête du côté du maréchal Schwerin, il lui dit à l'oreille :

— Vous voyez cette armée, maréchal, eh bien ! franchement, qu'est-ce que vous admirez le plus en ce moment ?

— La beauté de la tenue et la précision de la manœuvre.

— Bah ! reprit le roi, avec de l'argent et du temps, on parvient toujours aisément à lever une bonne troupe et à la façonner au métier.

— Votre Majesté alors me permettra-t-elle de lui retourner la question ?

— Ce que je vois de plus admirable ici, mon cher cousin, c'est que vous et moi nous y soyons en sûreté. Voilà soixante mille hommes, rangés là devant nous, tous vos ennemis, tous les miens, depuis le premier jusqu'au dernier. Il n'en est aucun qui ne soit plus fort et mieux armé que vous, que moi, et cependant, lorsqu'ils tiennent notre vie au bout de leur baïonnette, ils tremblent devant nous, et ils ont l'air de mourir pour nous avec plaisir. Vous venez d'entendre tout à l'heure ce grenadier et ensuite cette vivandière. A quelle magie secrète attribuez-vous ce renversement d'idées ?

— A l'obéissance passive.

— Vous avez dit le mot du miracle.

Frédéric rentra au quartier pour donner le dernier coup de plume à son plan de bataille. Le lendemain, le dé jeté en l'air allait décider de sa destinée.

XXII.

UN ROI COUVERT DE FARINE.

Au lever du soleil, la Prusse et l'Autriche, à portée de canon l'une de l'autre, échangeaient çà et là un boulet, comme pour préluder au massacre et allumer l'inspiration. La Prusse avait la meilleure infanterie de l'Europe; mais, en revanche, l'Autriche possédait la meilleure cavalerie.

Le maréchal de Neuperg déchaîna sur l'armée prussienne, pour son entrée en matière, un ouragan de Pandours et de Varasdins. Le tourbillon culbuta sur son passage la cavalerie de Frédéric et chargea son infanterie à bras raccourci. L'infanterie répondit à cette charge forcenée par un feu roulant comme à la parade. Des files entières de bataillons tombaient sous le sabre des cuirassiers; les feux de peloton continuaient toujours, et toujours avec la même précision et la même justesse. L'oreille la plus exercée aurait cherché en vain à distinguer une détonation d'une autre dans le magnifique unisson de l'orchestre. C'était le chef-d'œuvre de l'art du tir sur le champ de bataille. L'Europe militaire en parla longtemps avec admiration.

Cependant, malgré son habileté d'instrumentation, l'armée prussienne commençait à plier sous le choc de cette tempête de cavalerie; l'aile droite battait en retraite. Frédéric, posté sur un mamelon, jetait de temps à autre un regard de côté au maréchal Schwerin. Le maréchal, recueilli en lui-même, bourrait continuellement son nez de tabac; il attendait sans doute le dieu intérieur pour prendre un parti. Frédéric crut devoir enfin l'arracher à sa rêverie, et lui demanda conseil.

— Partie perdue, dit-il, n'est-ce pas, mon cousin?
— Pas tout à fait, mais compromise.

Le maréchal reprit sa méditation; mais un instant après, il retrouva la parole comme si un oracle avait parlé dans sa pensée.

— Il y aurait peut-être moyen de gagner encore la bataille.

— Dites votre secret.

— C'est un coup désespéré. Si, par malheur, l'ennemi vient à deviner la manœuvre, alors adieu la Silésie; toute l'armée reste prise comme sous un filet, à commencer par Votre Majesté.

— J'aime mieux courir l'aventure de cette manœuvre *in extremis* que de donner l'ordre de la retraite.

— Je le comprends; mais pour exécuter ce mouvement, j'ai besoin de toute ma liberté d'esprit. Si j'ai à sauver à la fois l'armée et la monarchie, c'est trop de moitié, Sire, et, je l'avoue humblement, je fléchirai sous le poids de la responsabilité.

— Que faut-il faire pour vous rendre votre liberté de pensée?

— Reprendre de votre personne la route de Breslau.

— Reprendre la route de Breslau ! mais on dira que j'ai fui, mon cousin, et que, pour mon début, j'ai tourné le dos à l'ennemi et joué de l'éperon.

— Peu importe la voix qui passera dans le vent après votre retraite. Si nous perdons la bataille, c'est moi qui l'aurai perdue, et si nous la gagnons, au contraire, qui donc pourrait accuser le vainqueur d'avoir fui devant son propre succès?

Frédéric délibéra un instant avec lui-même, comme pour prendre conseil de sa fortune.

— Faites, maréchal, je vous passe procuration; montrez à ce coquin de Neuperg un tour de votre gibecière, et donnez sur l'oreille de l'Autriche.

Et prenant Maupertuis pour toute escorte, le roi de Prusse tourna bride et reprit la route de Breslau.

— Allons philosopher plus loin, mon ami. Nous trouverons peut-être une autre fois matière à disséquer.

Mais à une heure du champ de bataille, le roi tomba dans un parti de cavalerie autrichienne.

— Sauve qui peut! cria-t-il.

Frédéric donna du talon et lança son cheval au galop. Un Pandour, monté sur un barbe de l'Ukraine, né du vent et du feu, comme dit la légende, suivait Sa Majesté à la piste, le mousqueton sur l'épaule. De temps à autre, Frédéric tournait la tête et laissait souffler son cheval. Le Pandour éternel le suivait toujours et le gagnait de vitesse. Le roi fit volte-face et attendit l'ennemi de pied ferme :

— Housard, dit-il, veux-tu faire une bonne action?

Le housard arma son fusil.

— Et en toucher la récompense? reprit Frédéric.

Le Pandour examina le tentateur avec attention ; et croyant retrouver sur sa figure le calque vivant d'un portrait du roi de Prusse qu'il avait entrevu en passant à la cheminée d'une auberge d'Allemagne :

— Quelle récompense? dit-il.

— Une place de lieutenant.

Le housard laissa retomber son mousqueton.

— Tope! dit-il.

— A revoir, répliqua Frédéric.

Au cri de sauve qui peut! Maupertuis avait essayé aussi de dévorer l'espace. Mais il montait un cheval hongrois qui avait fait campagne au service de l'Autriche. Le coquin, sans doute, comprit qu'il était en pays de connaissance, et, par esprit de patriotisme, refusa de prendre le galop. Maupertuis abandonna son cheval à son amour pour Marie-Thérèse, et voyant de toutes parts la campagne balayée par des nuées de coureurs, il prit le parti de monter sur un arbre pour échapper, dans la patrie des singes, au sabre de l'ennemi. Malheureusement, il portait ce jour-là un habit vert-pomme, galonné d'or sur chaque couture. L'éclat de son costume le dénonça, à travers le feuillage, aux regards des deux batteurs d'estrade.

— Vois-tu cet oiseau? dit l'un d'eux à son camarade.
— Un loriot de calibre, répondit l'autre.
— Fais feu, reprit le premier.
— Non pas, répondit le second, j'aime mieux le prendre vivant et en tirer pied ou aile sous forme de rançon.

Les deux Pandours sommèrent Maupertuis de descendre de son observatoire, et le débarrassèrent, à la descente, de son habit, de sa culotte, de sa montre et de son chapeau. Mais comme ils étaient, après tout, des hommes civilisés, et même des chrétiens, ils lui laissèrent charitablement la chemise. Dans cet état d'ingénuité, ils le poussèrent devant eux à coups de fouet au quartier du maréchal de Neupert. Le maréchal l'emballa pour Vienne, pour expédier du moins à Marie-Thérèse un astronome pris sur la branche, à défaut d'autre trophée.

Frédéric poussa d'une traite jusqu'au village de Ratibor et passa la nuit dans un moulin. Nuit d'angoisse, nuit d'incertitude; car, pendant que la meule tournait sur sa tête, Frédéric posait à sa conscience, au bruit du tic-tac, cette grave question: Suis-je un fanfaron ou un héros, un Villeroi ou un Turenne?

De l'autre côté de l'horizon, le canon avait déjà sans doute résolu le problème, mais Frédéric ignorait la solution. Enfin, le matin, de bonne heure, un courrier frappa à la porte du moulin. C'était un aide de camp du maréchal Schwerin.

— Eh bien! dit le roi en cherchant à lire sur le visage de l'officier le mot du destin.

— Ah! Sire, quelle canonnade!

— Je l'ai entendue; ensuite?

— Oui, entendue au commencement; mais à la fin c'était bien autre chose. Pan, pouf! Un coup n'attendait pas l'autre. Jamais, depuis le déluge, la terre n'a entendu un pareil tintamarre.

— Mais enfin qui a gagné la partie?

— La partie? reprit l'officier étonné de la question, ah bien oui! Pan, pouf! vous dis-je. J'ai encore l'oreille remplie du bruit d'un million de tonnerres. Il faut avouer que l'artillerie autrichienne était bien servie.

— Au diable ton pan et ton pouf, parle donc, dis-moi donc si le maréchal a exécuté sa manœuvre?

— A merveille! Sire; il a porté son aile gauche à droite et tourné ainsi l'armée ennemie, et, à peine en ligne, l'aile gauche a ouvert un feu d'artillerie. Ah! Sire, pan, pouf! Je suis sûr que toutes les collines des environs en tremblent encore.

Frédéric saisit l'officier au collet, et le secouant avec violence:

— Mais la bataille, maraud, dis-moi donc qui a gagné la bataille?

— L'ennemi, d'abord...

Frédéric pâlit.

— Attendez donc, Sire ; il l'a gagnée jusqu'à midi, mais à une heure sonnant, l'armée prussienne l'a frotté.

Le roi repoussa l'officier contre la muraille.

— Que ne parlais-tu plus tôt?

Et il lança au ciel un regard de reconnaissance. Définitivement, il remplaçait Gustave-Adolphe. Il avait remporté la victoire en fuyant. Sa gloire commençait par une ironie. Il en prit bravement son parti.

— Sire, vous vous êtes couvert de gloire, lui dit un courtisan.

— Dites plutôt de farine, répondit modestement Frédéric.

L'Europe l'appela ce jour-là le coureur de Molwitz. Malgré son étalage de modestie, il sentit l'aiguillon de l'épigramme. Il couva au fond du cœur une haine inextinguible contre le maréchal Schwerin pour avoir accaparé l'honneur de la journée. Lorsqu'un homme ose acquérir de la gloire sans moi, disait Louis XIV, il fait un vol à ma personne. C'est le mot du despotisme. Frédéric avait avant tout l'âme du despote. Il tint dès lors le maréchal Schwerin en état de disgrâce et chercha honnêtement à le punir de la victoire de Molwitz comme d'une usurpation sur sa propre renommée. A l'affaire de Prague, il le chargea d'enlever de front une redoute inabordable défendue par un marais.

— La position est imprenable, dit le maréchal, mais je puis la tourner.

— Auriez-vous peur? reprit Frédéric avec une expression de mépris.

A ce reproche de lâcheté, le maréchal leva l'épaule.

— Vous allez voir, Sire, comment je sais répondre au soupçon.

Il saisit un drapeau, et, chargeant à la tête de la colonne d'attaque, il tomba frappé d'une balle en pleine poitrine.

Frédéric érigea une statue au vainqueur de Molwitz et rima à sa gloire une pièce de poésie.

XXIII

PLATON CHAMBELLAN.

Frédéric avait enflé la Prusse d'une province de plus, et, pour avoir plus facilement raison de l'Autriche, il avait fait alliance avec la France, et, à l'aide de cette alliance, attiré une armée française au cœur de l'Allemagne. Lorsqu'il crut avoir suffisamment arrondi son royaume, il rompit brusquement l'alliance et fit la paix avec l'Autriche. L'armée française, trahie en quelque sorte sur le champ de bataille, découverte sur son flanc gauche et suspendue dans le vide, opéra une retraite désastreuse sous la conduite du maréchal de Belle-Isle. Le roi de Prusse faisait ainsi un coup double contre les deux premières puissances de l'Europe.

Louis XV lui reprocha sa défection.

— Mon frère, répondit-il, entre gens de notre espèce, un traité n'engage que dans la mesure de notre intérêt. Le jour où vous auriez eu intérêt à rompre le traité, vous l'auriez violé le premier. Je vous ai gagné de vitesse, voilà tout; à charge de revanche, bien entendu.

Comme le cabinet français insistait, Frédéric répondit par une épigramme contre la marquise de Pompadour.

Le coup était fait, la Silésie était prise. Frédéric pouvait rentrer dans la philosophie. Il eut bien encore quelque escarmouche avec l'Autriche, mais seulement pour entretenir sa main et mettre à la montre la force de son armée. Alors il songea sérieusement à compléter son assortiment de philosophes par l'acquisition de Voltaire. Qu'importait le concile de l'incrédulité si le pape manquait à l'Eglise ! Il lui écrivait donc coquetterie sur coquetterie pour l'amener à Potsdam.

« Si j'approchais de la divine Emilie, lui écrivait-il
» en parlant de la marquise du Châtelet, je lui dirais
» comme l'ange de l'Annonciation : Vous êtes bénie
» entre toutes les femmes, car vous possédez le plus
» grand génie de l'Europe. J'oserais encore lui dire :
» Marie a choisi le bon parti, elle a embrassé la philo-
» sophie. »

Mais la divine Emilie, plus intraitable que sa première grand'mère, au compliment du serpent, entendait garder Voltaire comme son bien, sa chose, par droit de conquête aussi ou de premier occupant. Elle écrivait d'ailleurs à ce moment-là conjointement avec lui un traité en règle sur l'essence du feu, et ces deux génies sur le retour, montés en graine l'un et l'autre, avaient besoin, pour une dissertation aussi ardue, de mettre leurs idées en commun. Alors Frédéric, désespérant d'acquérir Voltaire à fonds perdu, prenait le parti de l'emprunter sur gage à la marquise.

« Si Mme du Châtelet est une femme à composition,
» écrit-il, je lui propose de lui emprunter son Voltaire
» sur nantissement. Nous avons ici un cyclope géomètre,
» nous le lui engagerons contre le bel esprit ; mais
» qu'elle prenne au galop une décision, car il y a péril
» en la demeure : il ne reste plus qu'un œil à notre
» homme, et une courbe nouvelle qu'il calcule en ce
» moment pourrait le rendre aveugle avant la conclu-
» sion du marché. »

Le géomètre borgne que Frédéric offrait troc pour troc à la marquise portait le nom d'Euler. Mais l'amour est aveugle de sa nature, et la divine Emilie préférait un amour en règle avec la mythologie à un amour à moitié route seulement de la perfection. Elle refusa de mettre Voltaire au mont-de-piété. Le poëte toutefois pour adoucir convenablement à Frédéric la cruauté du refus, prit le parti de mourir. Il mourait à volonté. Il n'avait plus qu'un souffle, le temps de faire son testament. Il priait Frédéric de lui envoyer une cargaison de pillules authentiques d'un Berlinois du nom de Stahl, lui demandant pardon par la même occasion de la liberté grande qu'il prenait à son dernier soupir de faire d'un roi son apothicaire.

« Vous daignez vouloir, lui écrit-il, que je sois as-

» sez heureux pour aller vous faire ma cour à Potsdam.
» Moi, voyager pendant l'hiver dans l'état où je suis !
» Plût à Dieu ! Mais mon cœur et mon corps ne sont pas
» de la même espèce. Et puis, Sire, pourrez-vous me
» souffrir ? J'ai eu une maladie qui m'a rendu sourd
» d'une oreille ; les eaux de Plombières m'ont laissé
» languissant. Voilà un plaisant cadavre à transporter à
» Potsdam et à passer à travers vos gardes. Je vais me
» tapir au coin du feu. Le roi mon maître a la bonté de
» me dispenser de tout service. Si je me raccommode
» un peu cet hiver, il serait bien doux de venir me
» mettre à vos pieds dans le commencement de l'été. Ce
» serait pour moi un rajeunissement ; mais puis-je l'es-
» pérer ? »

Frédéric n'était pas homme à laisser la phrase suspendue sur un point d'interrogation. Il envoya au poëte mourant une livre de pilules de Stahl garanties fabriquées à Berlin, et le persiflant par la même occasion de croire encore aux drogues quand il ne croyait pas aux médecins. Quant à l'agonie du poëte, il la trouva une mauvaise excuse. La maladie ne saurait empêcher un pur esprit de voyager à sa fantaisie. Le mot de Voltaire, « le roi mon maître, » lui donna un moment de jalousie.

« Vous êtes comme l'éléphant blanc, lui dit-il, pour
» lequel le roi de Perse et l'empereur du Mogol se font la
» guerre, et dont ils augmentent leurs titres quand ils
» sont assez heureux pour le posséder. Adieu ! Si vous
» venez ici, vous verrez à la tête des miens : *Frédéric*,

» *par la grâce de Dieu, roi de Prusse, électeur de Brande-*
» *bourg, possesseur de Voltaire.* Venez donc, je vous en
» prie ; on fait aller le corps comme l'on veut, lorsque
» l'âme dit : Marche ! il obéit. »

Mais l'âme du poëte, loin de dire au corps : Marche !
laissait au contraire ce malheureux corps à la discrétion
de la marquise du Châtelet. Voltaire continuait poliment de mourir par correspondance. Le roi de Prusse
croyait, du haut de l'épaule, à une agonie escortée de
tant de gaieté. Il accusait le poëte de vouloir ainsi trépasser une fois par semaine, parce qu'il avait la certitude, après sa mort, de prendre place au Panthéon :
Quand on a comme vous son apothéose en poche, on
peut bien ajourner pour un ami l'heure de sa divinité, et supposant que le poëte craignait le célibat à
Berlin, il lui offrit la chance d'une dame d'honneur.
Voltaire repoussa la tentation.

« Si les pilules dont Votre Majesté a honoré ma ca-
» ducité peuvent me rendre quelque vigueur, je n'irai
» pas chercher une fille d'honneur. Une fille à moi?
» c'est bien là ce qu'il me faut vraiment. J'ai besoin
» d'une fourrure en été et non d'une chambrière. Il
» me faut un bon lit, mais pour moi seul, une seringue
» et le roi de Prusse. L'espèce féminine ne me ferait
» pas faire une lieue ; j'en ferai mille pour vous faire
» encore ma cour. Après cela, je mourrai content,
» et je pourrai bien me faire enterrer dans votre
» église catholique. Un Anglais fit mettre sur son tom-
» beau : Ci gît l'ami du chevalier Sidney. Je ferai met-

» tre sur le mien : Ci gît l'admirateur de Frédéric. »

Frédéric tenait cette fois l'insaisissable Protée. Voltaire avait engagé sa parole : il devait honorablement aller chercher un tombeau dans l'église catholique de Berlin. Mais la marquise du Châtelet, on ne sait pourquoi ni comment, avait eu la curiosité d'accoucher encore une fois à l'heure déjà sonnée de la quarantaine. Or, bien que Voltaire ne fût ni médecin ni sage-femme, comme il le dit lui-même, il était ami et il ne voulait pas quitter une femme qui pouvait mourir dans le cours de l'opération. Frédéric maudit Lucine, mais accepta l'excuse. Il ajourna la promesse de Voltaire à la délivrance de la marquise. La marquise accoucha, et Voltaire notifia ainsi l'événement à son intimité, c'est-à-dire à l'Europe :

« Mme du Châtelet, dit-il, étant cette nuit à son
» secrétaire, selon sa louable habitude, et griffonnant
» son Newton, a dit : Mais je sens quelque chose. Elle a
» appelé une femme de chambre, qui n'a eu que le
» temps de tendre son tablier et de recevoir une petite
» fille qu'on a portée dans son berceau. La mère a ar-
» rangé ses papiers, s'est remise au lit, et tout cela dort
» comme un liron. »

L'infortunée marquise mourut, hélas ! de cette surprise faite à son arrière-saison. Voltaire pleura convenablement ce grand homme en cornette, comme il le dit lui-même, qui n'avait d'autre défaut que d'être femme, et il alla ensevelir le deuil de son veuvage au milieu des fêtes, des soupers et des spectacles de Paris. Frédéric désespéra du coup d'amener à composition cette Philis incorrigible, qui amorçait toujours son poursuivant et le laissait toujours à l'état d'espérance. Il tenta, en dernière analyse, de piquer le poëte au jeu, de remuer la fibre sensible. Il affecta de faire l'éloge de Crébillon, et comparant d'Arnaud à Voltaire, il dit, dans une pièce de vers circulaire à l'adresse de Paris : *D'Arnaud à son aurore et Voltaire à son couchant.*

A la lecture de cette épigramme, Voltaire bondit :
— D'Arnaud à son aurore? dit-il avec indignation, et moi à mon couchant? Je veux partir aujourd'hui même pour Berlin, et montrer à ce Welche, à ce Sicambre, que j'ai encore un esprit en plein midi.

Il allait donner l'ordre d'atteler sa chaise de poste ; mais, à seconde réflexion, il pensa qu'en bonne justice le roi de Prusse devait payer le voyage. Il lui demanda un léger à-compte de quatre mille écus pour frais d'étape, et une demi-aune de ruban noir pour passeport. Cette demi-aune de ruban noir représentait la croix du Mérite, cette fausse-monnaie destinée, de l'avis de Frédéric, à payer la vanité du talent.

Le roi de Prusse envoya au poëte une lettre de change de quatre mille écus; mais quant à la demi-aune de ruban noir, elle resta un cas réservé; article à revoir à Berlin. Voltaire répondit à Frédéric :

« La vieille Danaé, inondée de la pluie d'or de
» Jupiter, ira retrouver son dieu au mois de juillet. »

La vieille Danaé partit effectivement au mois de

juillet. La Prusse avait enfin dévalisé la France de son génie.

Avant de mettre pied à terre à Berlin, Voltaire songea, du premier abord, à prendre ses précautions avec un roi naturellement enclin à rompre ses alliances. Il négocia avec lui de puissance à puissance, et conclut un traité en forme, dûment signé et contre-signé.

Par ce traité de garantie mutuelle, sous signatures privées, le roi de Prusse assurait à Voltaire :

Premièrement, la demi-aune de ruban ;

Secondement, la clef de chambellan, avec le traitement attaché au brevet ;

Troisièmement, un logement au second étage du palais ;

Quatrièmement, un carrosse de l'écurie de Sa Majesté ;

Cinquièmement, une table de six couverts ;

Sixièmement, le bois de chauffage à discrétion ;

Septièmement, un paquet de bougies par semaine ;

Huitièmement, une pacotille mensuelle d'épicerie, café, thé, sucre, et chocolat, etc.

A ces conditions, Voltaire consentait à faire élection de domicile à Potsdam, à souper avec le roi à toute réquisition, à dire le mot pour rire au dessert, et à éponger la prose et la poésie, encore au berceau, de son amphitryon.

— Je lui ferai avaler jusqu'à la dernière goutte la lie de son avarice, dit Frédéric après ce traité. Quand on a pressé l'orange, on jette l'écorce.

Et, en effet, le roi de Prusse tint parole.

XXIV

LA MATINÉE D'UN ROI.

Frédéric avait invité à souper le ban et l'arrière-ban de la philosophie à sa solde, sous le titre honnête de chambellan ou d'académicien, et dans le paquet, et pour la variété, un pasteur et un abbé, le pasteur Formey, l'abbé Bastiani.

Or, précisément, ce jour-là, il avait fait son métier en conscience, ou plutôt ses trois ou quatre métiers, car il avait dans son sac royal autant de talents de rechange que sa pendule avait d'heures marquées sur le cadran.

A cinq heures du matin, son valet de chambre avait tiré le rideau de l'alcôve et crié à haute voix :

— Debout! Sire, il est temps de régner.

Sire dormait profondément.

— Debout! répéta le coq chargé de sonner l'aurore

à l'oreille du monarque ; la Prusse attend Sa Majesté.

Sa Majesté dormait toujours.

Le coq chanta encore une troisième fois, et une troisième fois encore un souffle intermittent comme le rhythme de l'innocence répondit à son appel.

Alors l'impitoyable réveille-matin alla tremper une serviette dans un lavabo toujours rempli d'eau par mesure de précaution, et la placardant toute ruisselante sur la figure de l'Epiménide royal, immobile sous sa couverture :

— Régnez donc, Sire, vous avez déjà perdu cinq minutes.

A cette dernière interpellation par voie de fait, tout un monde de coussins sauta de droite et de gauche, comme la crête d'une redoute au moment de l'explosion d'une mine, car, de temps immémorial, Frédéric dormait enseveli sous un monceau d'oreillers pour réchauffer sa goutte au bain-marie et l'écouler de nuit dans un flot de transpiration. La tête du roi, encore lourde de sommeil, émergea lentement du chaos et parut à la lumière.

— Régnons ! dit-il en étouffant à moitié un bâillement.

Et il enfonça courageusement la jambe gauche dans une botte à l'écuyère, la jambe droite dans une autre botte, car il avait tellement contracté à la manœuvre l'esprit de méthode que jamais il ne partit du pied droit, même au saut du lit, dans le vague crépuscule du réveil. Il passa ensuite un uniforme troué sur une chemise déchirée, exécuta pour la forme une ablution sommaire d'une oreille à l'autre et livra sa joue au barbier.

Ce barbier était un nouveau frater encore à son coup d'essai avec une barbe monarchique. Il y allait timidement pour son entrée en matière, avec la discrétion d'un homme qui tient sous le fil de son rasoir cette tête olympienne, cette effroyable mappemonde vivante, ombragée d'une perruque et bouillonnante intérieurement de rêves de guerre, de rêves de mort, de coups de canon et d'écroulements d'Etats.

— Tu trembles, lui dit le patient.

— Pas plus que si je rasais un garçon d'écurie.

Et, en effet, la main de l'artiste, piquée d'amour-propre, prit le galop et courut la poste sur l'épiderme de Sa Majesté. A partir de ce moment, le menton de Frédéric put passer sans flatterie pour le menton le plus vite expédié de la chrétienté.

Certes, j'admire le despotisme de confiance. J'aime mieux croire à l'apothéose du despote sur parole que d'aller discuter de trop près le mérite de l'idole ; mais je n'ai jamais compris qu'un dieu de chair soumît son visage à la savonnette. Il y a là en conscience une diminution de sa divinité. Comment vous figurer, en effet, avec un respect convenable le visage d'un maître du monde, renversé sur un dossier de chaise, la pommette écumante de savon, le bout du nez délicatement tenu entre le pouce et l'index de l'opérateur et la narine tournée en forme d'entonnoir du côté du plafond? C'est à en devenir athée au dogme de la monarchie. Le despotisme, pour sa gloire, devrait rester barbu à la façon du bouc Mendès, changé plus tard en Jupiter. Le moindre goujat marche sur le pied d'égalité avec un homme qu'on peut raser. Pierre le Grand a menti à son principe en faisant la barbe à l'autocratie. Le Nicado du Japon, ce pape couleur de nankin, a seul compris la question. Il laisse une forêt vierge ruisseler en toute liberté sur sa poitrine, et dans la forêt vierge la vermine errer à l'abandon.

A six heures, Frédéric, botté, éperonné, rasé de frais et poudré à neuf d'un doigt de farine pour la grâce de Dieu, procédait au dépouillement de sa correspondance.

Une espèce d'estafier, nommé secrétaire d'État lui apporta dans une corbeille le courrier du matin. Le roi attaqua courageusement cette montagne de paperasse officielle, lettre par lettre, dépêche par dépêche. Il levait lui-même l'enveloppe après avoir préalablement examiné la cire à la loupe, pour constater la parfaite virginité du cachet. Ensuite il lisait, annotait, cornait, déchirait ou jetait au feu ce fatras épistolaire de la main de deux classes de correspondants, les mendiants et les espions : mendiants titrés à la vérité, généraux, maréchaux, ducs, princes, margraves; et il faut bien le dire aussi, espions de bonne compagnie. Les moindres étaient ambassadeurs, chargés d'affaires, résidents, plénipotentiaires. Frédéric traitait lestement les uns et les autres, mais plus lestement encore les mendiants par raison d'économie. Il griffonnait volontiers une bouffonnerie en marge de leur pétition.

Un commis de finance ruiné à son service lui adressait une demande d'indemnité.

— Je l'avais mis au râtelier, répondit le roi en tête de la supplique, il n'avait qu'à tirer le foin ; néant à la requête.

Un jour il reçut un billet ainsi libellé sur papier brouillard :

« Comme il n'a pas mieux réussi cette année, il » faut bien que vous le receviez tel que je l'avons. Moi » et mon mari j'avons cherché le meilleur et je les » avons empaquetés dans de la paille tant bien que j'a- » vons pu. Mangez-les en bonne santé. »

Un panier de pommes reinettes accompagnait cette singulière missive, signée Suzanne Thesen et terminée par la confidence en *post-scriptum* d'une dette de cent-vingt écus, dix gros et six fenins.

Frédéric remercia courrier par courrier Suzanne Thesen de sa bourriche de pommes reinettes et paya des deniers de sa chatouille la dette de cent-vingt écus, dix gros et six fenins, mais avec recommandation expresse à Suzanne Thesen de ménager une autre fois le lard dans sa marmite.

A six heures, il sentit l'inspiration poétique monter à son cerveau, et il rima d'une haleine une satire en vers de huit syllabes contre le docteur Coccenius, sous la rubrique suivante : *Pour avoir failli tuer un goutteux à force de le faire suer.* Or, le goutteux était le poëte lui-même, et la satire une revanche de sa royale personne régulièrement étouffée chaque nuit à l'étuvée par ordonnance de son médecin. La versification en était médiocre et l'épigramme à l'avenant. Frédéric remerciait Esculape de l'avoir changé en eau courante et soustrait par cette métamorphose à la tyrannie de la médecine. La pièce terminée, il envoya chercher le docteur pour lui servir la primeur de l'épigramme.

— Combien avez-vous tué de gens? lui dit-il ensuite.

— Moins que vous, Sire, répondit Coccenius.

A sept heures, il avait pris sur le pouce une tasse de chocolat et jeté par-dessus la tasse un verre d'eau pour précipiter la digestion. Le vin, disait-il, mettait sa goutte en campagne et lui donnait un avant-goût de l'estrapade. Il attribuait au cru du Rhin la crampe inamovible du roi Guillaume, et à cette crampe inamovible son insatiable démangeaison de bastonnade. Or, pour tenir son âme en paix et sa main en repos, il avait, en langue classique du temps, disgrâcié Bacchus de sa table, et, comme une réforme en amène toujours une autre, il avait ajouté Vénus à la lettre de cachet. Jamais son ambition en fait de femme ne monta plus haut que la cheville de la Barbérine.

A huit heures, un page lui avait apporté le billet suivant de Voltaire :

— Les Autrichiens pourraient bien vouloir reprendre la Silésie.

Frédéric saisit une plume, et fredonnant un air illustre de pont neuf, il écrivit au bas du billet :

— Ils seront reçus, biribi, à la façon de Barbarie, mon ami.

Et il renvoya le page à Voltaire.

Un instant après, le page redescendit avec cette réponse :

— Mais si vous avez fait violence une première fois à la Silésie, elle pourrait cette fois y mettre plus de façon.

— Allez, mon ami. La Silésie est une Lucrèce de bonne composition; elle aime à être traitée à la housarde. Un brigand arrêta un soir la princesse de Conti dans la forêt de Bondy. Il commença par la débarrasser galamment de son luxe princier. Après quoi, ce diable d'homme eut la curiosité de savoir jusqu'à quel point la roture de grand chemin pouvait contribuer à la propagande du sang royal. Savez-vous ce que fit la princesse?

Le page disparut de nouveau avec ce point d'interrogation par l'escalier dérobé, et reparut en un tour de main avec la réponse de Voltaire.

— La princesse cria : Au voleur !

— En qualité d'historiographe du royaume, répondit Frédéric, vous devriez mieux connaître l'histoire. La princesse avait trop d'esprit pour crier : Au voleur ! par la raison que pour le vol il ne suffit pas qu'il y ait un voleur, il faut encore quelque chose à voler. Elle pensa que cette question de sang royal pouvait à l'occasion tomber dans le domaine commun. Elle passa son bras sur l'épaule de son prince de bruyère et lui murmura tendrement à l'oreille:

Mon cher brigand!

La Silésie aussi, mon ami, m'appelle son cher brigand, vous pouvez compter sur sa résignation.

XXV

LA JOURNÉE D'UN ROI.

A neuf heures, Frédéric avait entonné un air de flûte et couru de chambre en chambre, l'instrument sur la lèvre, comme un sylvain à la recherche d'une dryade.

Or, sa dryade était la solution de quelque problème de politique et de diplomatie; car, tout en circulant de porte en porte et en jetant d'un doigt distrait aux échos du palais la complainte amoureuse d'un opéra-buffa, il méditait quelque nouveau projet de desséchement ou quelque plan de campagne. Sa flûte l'inspirait, l'exaltait, le conseillait, le dirigeait à chaque pas et pour chaque coup de tête de son ambition; c'est la flûte en main qu'il régnait véritablement, c'est sur la clef de sa flûte qu'il trouvait le secret de son génie, c'est du tuyau de sa flûte que la guerre sortait à l'improviste, c'est au son de sa flûte, enfin, que l'Europe croulait en mesure en *la* majeur ou en *si* bémol.

Le chambellan virtuose égaré dans quelque corridor entendait à travers la muraille une ariette à la cantonade et admirait le doigté savant de Sa Majesté. Or, cette ariette avec son rire folâtre était en réalité quelque chose comme la campagne de Silésie ; il entendait ensuite un menuet, et ce menuet était le partage de la Pologne. C'est ainsi que le sorcier met l'univers sens dessus dessous avec un branle de tireliron.

A dix heures, Frédéric avait donné audience à l'ambassadeur anglais. L'Angleterre cherchait en ce moment à détacher la Prusse de la France, et pour rallier Frédéric à sa politique, elle employait l'éloquence britannique par excellence, la promesse d'un subside. Le subside miroitait voluptueusement au regard du roi, mais l'Angleterre venait de perdre la bataille de Fontenoy.

— Mon pauvre Mitchel, dit le roi au résident anglais, vous avez mal débuté en Flandre. Vous avez fait une déplorable campagne.

— Nous espérons, avec l'aide de Dieu, en faire une meilleure l'année prochaine.

— Avec l'aide de Dieu ! Monsieur, je ne vous connaissais pas cet allié-là.

— C'est cependant celui qui nous coûte le moins cher, n'en déplaise à Votre Majesté.

— Aussi vous en donne-t-il pour votre argent.

A onze heures, il avait surpris un page en flagrant

délit de maraude. Le maraudeur, saisissant au vol le moment précis où le roi écrivait à son bureau, avait traîtreusement imprimé en douceur un quart de conversion au couvercle d'une tabatière oubliée sur une console et insinué le bout du doigt dans la volupté en poudre réservée au nez de Sa Majesté. Le roi avait aperçu la manœuvre dans une glace, et, tournant brusquement la tête :

— Comment trouves-tu ce tabac?

Le coupable paya d'effronterie :

— Excellent.

— Dans ce cas, mon garçon, garde la tabatière. Elle est trop petite pour deux, et tâche désormais de tenir ton nez dans la limite du chacun chez soi, du chacun pour soi, car si tu le risquais une autre fois en lieu défendu, tu pourrais courir à ce métier le danger de la pichenette.

A midi, il avait procédé à l'interrogatoire d'un savant nommé Lambert, expédié de Suisse par le coche pour figurer à l'Académie de Berlin.

— Vous savez la géométrie?

— Oui, Sire.

— Qui vous l'a enseignée?

— Moi-même.

— Vous êtes donc un second Pascal?

— Un autre Pascal, avec votre permission.

— Que savez-vous ensuite?

— Tout.

— Et le reste aussi, probablement!

— Le reste aussi.

— Comme Pic de la Mirandole?

— Mieux que Pic de la Mirandole?

— Alors je ne vois d'autre parti à prendre, avec votre génie universel, que de vous relier en veau et de vous mettre en vente à la place du *Dictionnaire de l'Encyclopédie*.

Lambert semblait rêver profondément, et tout à coup, comme soulevé par un choc électrique, il tira son épée.

Le roi effarouché du mouvement et convaincu que Pic de la Mirandole avait un coup de marteau, dégaîna aussi de son côté pour mettre sa poitrine à l'abri d'un accès de folie.

— Silence! dit Lambert, je le tiens enfin.

Et il marcha la pointe en avant sur une glace placée en face de lui, puis recula, puis avança, et tout en reculant et en avançant, il murmurait à voix basse une parole de grimoire; on eût dit qu'il cherchait à percer le cœur de son propre fantôme et chuchotait pour le succès de l'entreprise une formule de conjuration.

— Qui diable tenez-vous? dit le roi impatienté de cet acte prolongé de délire.

— Mon problème de réfraction.

Frédéric eut envie d'envoyer Lambert à Bedlam, mais toute réflexion faite, il l'envoya à l'Académie.

A une heure, il avait songé à son dîner, et rédigé de sa main la carte du menu. Voici la copie conforme de cette carte, écrite en français avec l'orthographe allemande : *Premièrement, soupe au salsifis ; secondement, ailles de perdros glacées aux cardons en petit poix : troisièmement, petit pâtés à la romaine ; quatrièmement, des alloëtes ; cinquièmement, des clops de veau à l'anglaise.*

A deux heures, il avait signé l'ordre de pendre un curé. Ce prêtre tenait une paroisse sur la frontière de Silésie. Pendant la dernière campagne, le colonel Fouqué avait posté une sentinelle à la porte du presbytère. Le curé, exaspéré d'entendre crier toute la nuit : Qui vive! au préjudice d'un sommeil agréable au Seigneur, complota dans son for intérieur d'escamoter la sentinelle.

Militairement parlant, l'opération offrait quelque difficulté, car il n'avait que son bréviaire à mettre en ligne, et la sentinelle jouissait d'un fusil bourré d'une cartouche. Pour rétablir en sa faveur la chance du combat, il eut l'inspiration de planter une corne sur sa tête, une queue à l'autre pôle, de jeter une peau de bouc sur le reste du corps, de prendre une fourche et d'aborder le factionnaire en criant : Je suis le diable !

Malheureusement, le factionnaire avait dans la judiciaire une bouffée de l'esprit fort qui soufflait en ce moment sur le siècle ; et en vrai grenadier philosophe au-dessus de la crainte de l'enfer, il appréhenda le diable au collet et le conduisit au corps de garde. Le colonel Fouqué ordonna une perquisition au domicile de Satan.

Satan, hélas ! entretenait une correspondance avec

l'Autriche. Il passa devant un conseil de guerre qui le condamna d'une haleine à la potence. Cependant, comme la hart au cou d'un curé méritait réflexion, le colonel en référa à Frédéric. Frédéric répondit courrier par courrier.

Pendez ce polisson !

Et il signa.

A trois heures, il dîna de bon appétit et sonna ensuite son cocher. Ce cocher était le plus magnifique bloc de chair en long et en large qui ait jamais posé par la base sur le siége d'un carrosse.

— Quelle taille as-tu ? dit le roi au colosse.

— Sept pieds, Sire, pour vous servir.

— Non, pas moi, parbleu ! mais l'impératrice de Russie. Sept pieds !... As-tu de l'esprit ?

— Quelquefois.

— Diable ! ceci est un inconvénient. Cependant tu m'as versé un jour dans un fossé.

— Que voulez-vous, Sire, chacun dans le monde peut perdre sa bataille !

— Soit, mais fais-moi le plaisir désormais de manquer tout à fait d'esprit.

— Oserais-je demander à Votre Majesté le motif de cette défense ?

Je veux te nommer ambassadeur à Pétersbourg.

— Ambassadeur, moi, tuez-moi plutôt.

Et le cocher recula d'un pas comme s'il avait marché sur un serpent.

— Tu parais à la cour de Catherine en veste d'écurie.

— En veste d'écurie ! Votre Majesté veut essayer sur mon dos quelque nouvel accès de goguette.

— Catherine aime le parfum kalmouk, elle te respire, elle te regarde, et sur la fin de la soirée, elle te retient pour vider avec elle une bouteille d'eau-de-vie en comité secret... tu comprends le dénoûment. Or, pour peu que tu aies le talent de la convaincre de ta bêtise, tu pourras bien à l'occasion lui arracher quelque secret.

— Alors je vous prie de me prêter votre régiment.

— Pourquoi?

— Pour tenir tête à l'impératrice.

— Je vois que tu n'as pas le cœur à monter seul à la brèche après le coup de rogomme. Je chercherai d'un autre côté quelque neveu de Gargantua pour tenter l'aventure.

Et il congédia son cocher.

A quatre heures, il mit la tête à la fenêtre. La foule stationnait devant le portail de l'église. Frédéric appela l'officier de service.

— Allez voir ce que fait cette cohue.

L'officier descendit sur la place de Potsdam.

— Sire, dit-il au retour de sa mission, cette canaille lit un placard contre votre Majesté.

Frédéric tira sa longue-vue, et après avoir constaté par lui-même l'exactitude du rapport :

— C'est bien, dit-il en refermant d'un coup de paume la lunette dans son étui. Vous allez prendre au corps de garde quatre hommes de bonne volonté.

— Je ferai charger les fusils?

— Vous laisserez les fusils au râtelier.

— Je comprends, Votre Majesté préfère le bâton.

— Pas plus le bâton que le mousquet. Vous fendrez la foule à la tête de votre escouade, et vous mettrez ce placard plus bas pour qu'on puisse le lire commodément.

L'officier restait pétrifié sur place de la chute inattendue de cette péroraison.

— Savez-vous, reprit le roi, pourquoi la poudre fait explosion dans la bombe, tandis qu'à l'air libre elle fait à peine une flambée?

— Le dernier enfant de troupe pourrait vous répondre : Parce qu'elle est renfermée.

— Eh bien! il en est de même de la haine ; elle n'est dangereuse qu'autant qu'elle est concentrée dans l'âme d'une nation. Laissons-la évaporer en plein vent, et elle fera moins d'effet qu'une fusée.

Alors Frédéric parut remarquer pour la première fois que l'officier avait une balafre profilée en diagonale sur la figure.

— A quel cabaret, dit-il, avez-vous attrapé cette estafilade?

— Au passage de l'Elbe, où Votre Majesté paya l'écot.

Frédéric avait, en effet, ce jour-là subi un échec.

— Eh bien! puisque vous étiez au passage de l'Elbe, vous devez savoir qui a montré le plus de cœur à cette journée.

— Votre Majesté.

— Non.

— Alors votre serviteur, sans forfanterie.

— Vous vous trompez encore. C'est un fifre que j'ai bien trouvé vingt fois sous le pied de mon cheval. Depuis la première jusqu'à la dernière minute du combat, il n'a cessé de souffler dans son turlututu. Une balle lui traversa la poitrine, et il rendait son âme à Dieu que le turlututu allait encore. Donnez une épaulette de maréchal à ce drôle, et l'histoire compterait un héros de plus dans son mémorial.

A cinq heures, Frédéric avait fait l'inspection de son régiment et envoyé un capitaine au cachot pour un bouton de guêtre ajusté de travers.

A six heures, il avait pris un volume de Platon et avait dormi au second feuillet.

XXVI

LA SOIRÉE D'UN ROI.

A sept heures, il avait examiné avec le marquis d'Argens le plan du parc de Sans-Souci. Une ferme, jetée à la traverse de la principale avenue, troublait l'harmonie de la perspective. Frédéric manda le propriétaire, et posant d'entrée la question :

— Combien estimes-tu ta métairie?

— Deux mille florins.

— Je t'en offre dix mille payés comptant.

— Vous en mettriez vingt mille que j'entendrais garder ma maison.

— Eh bien! va au diable, toi et ta pétaudière!

Le fermier sortit.

— Voilà un contre-temps fâcheux, dit Frédéric, il faut changer le tracé de cette allée.

— Pourquoi donc? dit le marquis d'Argens. Votre

Majesté veut-elle me permettre de lui raconter un précédent à ma connaissance parfaitement concluant dans l'espèce !...

— Racontez, mais sans ornement provençal, je vous prie, car j'ai une question à vider avec mon chancelier.

— Le marquis de Cavoie, reprit d'Argens, avait de l'esprit, et, ce qui ne saurait nuire à l'esprit, une terre en Anjou. Une magnifique avenue conduisait au château, mais à l'extrémité, et dans l'axe même de l'avenue, un tailleur avait bâti sa maison, creusé un puits, installé sur la margelle une grue le nez toujours en l'air avec un seau en suspension. De sorte que le marquis de Cavoie avait devant lui à l'horizon la voluptueuse contrefaçon d'une potence ornée de son complément. Il voulut, lui aussi, acheter ce hors-d'œuvre à son plan de décoration; mais, à toutes ses offres, le tailleur répondit impitoyablement: Nenni. Nenni est une façon rustique de prononcer *non* en français.

— Abrégez, marquis.

— J'abrége. A quelque temps de là. Cavoie aborde son impitoyable voisin:

— J'ai la livrée de ma maison à changer.

— Vous pouvez compter sur mon coup de ciseaux.

— Je consens même à payer double, mais à une première condition.

— Voyons, Monseigneur, la première clause du traité.

— Que tu auras brassé toute la besogne dans une semaine.

— Je ferai tout ce qu'un honnête tailleur peut faire du lundi au dimanche. Quelle serait maintenant, Monseigneur, votre seconde condition?

— Que tu travailleras en chartre privée et dormiras au château, car je sais combien tu as le pied leste sur le chapitre du cabaret le jour, et la nuit, de la poule mal gardée, de sorte que si je te laissais ta liberté de mouvement, l'aiguille pourrait bien rester dans la couture.

— Je travaillerai et je dormirai au château.

— Marché conclu.

— Pressez donc le pas, dit Frédéric.

— J'arrive, Sire. Cavoie garda le tailleur sous clef toute la semaine. Sur le soir du huitième jour, il le retint à souper, le poussa de vin mousseux de Saumur, le grisa complétement et le lâcha ensuite dans l'espace.

Le tailleur enfile résolûment l'avenue de ce pied jovial, plein de fantaisie, qui exécute sur le sol mouvant le tracé légèrement saccadé d'une ligne de circonvallation autour d'une place assiégée; mais, parvenu à l'extrémité de l'avenue, à la clairière même où sa maison planait sur la colline, et où la grue pointait vers l'étoile, il regarde, il cherche... plus de grue, plus de maison. Un ciel sombre pesait en ce moment sur la campagne. Il tâtonne, il tourne sur lui-même à travers l'obscurité, rien ne sort de l'ombre que le cri de l'orfraie. Il croit d'abord, autant qu'il peut avoir le droit de croire, que dans le premier enthousiasme de la blanquette de Saumur il a dépassé la latitude de son gîte et fait une pointe dans la bruyère. Il bat en retraite et rentre sous l'avenue, et, pas plus au reflux qu'au flux, il ne parvient à saisir la moindre trace visible de la pierre encore debout une semaine auparavant pour abriter sa tête de la pluie et du soleil. Enfin, las de chercher le néant dans la nuit, il prit philosophiquement son parti.

— Si le diable a emporté ma maison, reprit-il, il me la rapportera peut-être demain matin.

Sur cette espérance, il roula au pied d'un arbre et dormit d'un profond sommeil. Le lendemain matin, suffisamment rafraîchi par un bain de rosée, et sain de corps et d'esprit, il reprit sa course à la recherche de sa chaumière, changée sans doute en Proserpine. A la place où elle trônait, il trouva la terre fraîchement remuée. C'était à croire qu'elle avait fui par le centre de la terre à l'antipode.

— Marquis, reprit Frédéric impatienté, votre histoire a l'air de prendre le même chemin.

— J'ai fini. Cependant le soleil montait à l'horizon. Lorsqu'il eut dissipé le brouillard, le tailleur aperçut à sa droite, à une portée de fusil, peut-être même de canon, dans un coin de la lande, où jamais figure de mur n'avait paradé de mémoire d'homme, un toit de chaume qui semblait à distance le *fac-simile* exact de son propre réduit. Il marche sur ce bouge, improvisé par quelque opération de sorcellerie, avec la secrète terreur de voir le fantôme de maison reprendre à son approche la route de l'espace. Il arrive enfin devant le phénomène enchanté. C'était bien le Sosie de son domicile ; aucun épisode ne manquait à l'illusion, pas même la grue avec son balancier levé. Il glissa sa clef dans le trou de la serrure ; la serrure et la clef semblaient avoir eu de tout temps une harmonie préétablie. Il ouvre la porte, et il trouve son lit, son établi, son coffre, son bahut, sa marmite, son mobilier en un mot, tel qu'il l'avait et à la place où il l'avait laissé, sans une pincette de plus ou de moins, ni une salière, une fourchette ou une lèchefrite. Évidemment, sa maison avait voyagé. Pendant son absence, Cavoie l'avait fait démolir pierre à pierre et reconstruire en lieu plus respectueux pour son avenue.

— Ce Cavoie m'a volé une idée, reprit Frédéric ; mais comme j'ai rayé le plagiat de ma pratique, je respecterai à l'égard de cette ferme le principe du *statu quo*, et, pour échapper à la tentation de faire un coup de tête, je changerai le cours de mon avenue.

Mais, au bas de l'escalier, le propriétaire récalcitrant avait fait réflexion sur l'énormité qu'il y avait à refuser à un roi un prix raisonnable de sa maison. Il remonta donc dans le cabinet de Frédéric, et prenant un air contrit :

— Sire, dit-il, ma maison vous plaît...

— Non, me déplaît.

— Vous plaît ou déplaît, peu importe ; vous la voulez, la voici. Tout à l'heure j'ai manqué à mon roi, je reviens à résipiscence.

— Je comprends, tu regrettes maintenant les dix

mille florins. Tu as manqué le coche, j'ai changé d'idée.

A huit heures, Frédéric avait éprouvé un violent accès de colère contre son chancelier Coccei, cette fois-ci pour une histoire de moulin. Un meunier avait une querelle avec son seigneur :

— Ce cours d'eau, disait-il, coule pour mon tic-tac en amont comme en aval.

— En amont, je le veux bien, répondit le seigneur, mais au-dessous je nie la conséquence; Quand l'eau a mis ta roue en branle, elle coule ensuite pour l'univers, et en ma qualité de voisin j'en fais mon profit.

Le seigneur gagna son procès, et en bonne justice il devait le gagner.

Frédéric croyait médiocrement au miracle en général. Il y crut encore moins dans ce cas particulier. Un seigneur avoir raison contre son vassal, et son vassal oser plaider contre son seigneur sans avoir dix fois pour une le droit de son côté, le fait lui parut le pôle nord à la place du pôle sud et le monde à la renverse. Il cassa l'arrêt de son autorité privée et renvoya la cause à la chancellerie. La chancellerie, après enquête, confirma le premier jugement.

A quelque temps de là, un paysan en bottes fourrées de foin et en bonnet de peau de renard aborde un officier de planton devant la porte du palais de Potsdam :

— Pourriez-vous m'indiquer, dit-il, le moyen de voir Sa Majesté?

L'officier sourit.

— Suivez-moi, dit-il.

Il conduisit le paysan au quartier et il appela le perruquier du régiment.

— Tu vas donner à cet homme un coup de fer à friser.

Et il glissa son mot à l'oreille de l'artiste.

Le paysan prend place sur la sellette; le perruquier lui relève la chevelure au sommet de la tête, en forme d'aigrette, la relie au sommet comme une botte d'asperges, retape, pommade et poudre à foison le fantastique édifice.

L'officier ramène au palais la victime ainsi parée en Huron sur le départ pour quelque bataille, et lui montrant l'escalier d'honneur :

— Monte, dit-il, et gratte à la première porte à main droite du vestibule.

Le paysan monte et gratte à la porte; personne ne vient lui ouvrir. Il gratte encore; même silence. Il donne un coup de poing; un page ouvre enfin, et à la vue de Riquet à la Houpe jette un éclat de rire.

Au bruit de l'explosion de cet accès de gaieté, Frédéric lève la tête, et gardant toute la solennité de sa figure :

— Qui es-tu? dit-il au Huron.

— Le meunier Scherben.

— Eh bien ! mon garçon, tu as gagné ton procès?

— Je l'ai encore perdu.

— Perdu, malgré ma recommandation? Le fait est impossible. Qu'on aille me chercher le chancelier.

Un instant après, le chancelier entrait dans l'antre du lion.

— Comment! lui dit Frédéric, vous avez condamné le meunier Scherben, uniquement parce qu'il est meunier et que son adversaire est baron. Mais sachez, monsieur Coccei, qu'un paysan, fût-il mendiant, est pétri du même limon que le premier monarque de la chrétienté.

— Ce n'est pas le chancelier, Sire, c'est la loi qui l'a condamné.

A cette réponse, le roi crut devoir improviser une scène de fureur. Il bondit de son fauteuil et apostropha cruellement le chef de la justice, à la façon et avec la gesticulation effrénée par en haut et en bas de Polichinelle. La botte royale figura même dans l'apostrophe, figure de rhétorique assurément déplacée à l'endroit de la simarre.

Le chancelier reçut solennellement la bourrasque, et après l'averse alla rajuster à la glace sa perruque.

— Vous osez faire votre toilette ici! cria Frédéric.

— Il le faut bien, répondit le chancelier, par respect pour Votre Majesté,

— Comment par respect?

— Oui, pour qu'en me voyant sortir la livrée de l'antichambre ne puisse pas soupçonner votre action.

Ce n'est pas, mon Dieu, que Frédéric, trop plein du Dieu intérieur, comme son père, succombât en cette circonstance à la violence de l'inspiration. Toujours maître de lui-même, il éprouvait la colère à volonté et la plaçait convenablement à intérêt. Il avait tenu cette fois-ci à donner au paysan un certificat authentique de sa tendresse sur l'épaule de son chancelier.

Il aimait donc le paysan? Assurément, comme le loup aime l'agneau. C'était l'homme de la glèbe, en effet, qui faisait le fonds de son armée; c'était sur la glèbe qu'il levait l'impôt du sang, Dieu sait avec quelle largeur de marge. Chaque paysan né sur le territoire prussien était soldat de plein droit, jusqu'à ce qu'il tombât de vieillesse sous le harnais.

Le recrutement enlevait régulièrement chaque année la septième partie de la jeunesse. Lorsqu'on met une classe en coupe réglée, et qu'on la mène avec cette générosité à la boucherie, on doit, par mesure de prudence, lui montrer beaucoup d'intérêt et lui prodiguer autant d'affection. Le paysan peut bien consentir à être tué, mais en même temps il veut être flatté. Le gladiateur saluait l'empereur avant de mourir, l'empereur lui rendait son salut avec un sourire gracieux, et le héros du Cirque mourait gaiement sur cette marque de politesse. Frédéric avait profondément médité ce trait d'histoire et l'appliquait en toute occasion au paysan. Il eut bien garde de le relever du servage, car on fait plus facilement de la chair de la glèbe une chair à canon. La servitude de naissance est d'ailleurs une excellente initiation à la servitude de l'armée.

Mais il brûlait pour Jacques Bonhomme d'un perpétuel feu de Saint-Jean de philanthropie; mais il étalait pour Jacques Bonhomme une amitié, une partialité, une bonté, une attention incessante, infatigable, à l'épreuve de n'importe quel retour, de n'importe quel découragement. C'était chez lui mieux qu'un amour de cœur, c'était un amour de système. Jacques Bonhomme perdait son procès, Frédéric fustigeait son chancelier; Jacques Bonhomme voulait garder sa ferme, Frédéric éloignait la ligne de son avenue; Jacques Bonhomme laissait sa terre en friche, Frédéric rédigeait une ordonnance pour lui recommander paternellement de semer ici la luzerne et là l'esparcette; Jacques Bonhomme languissait au fond de quelque colonie militaire de la nostalgie du célibat, Frédéric mettait en réquisition toute les jupes à marier de la province voisine et faisait d'un coup une distribution gratuite de deux mille femmes aux laboureurs dépareillés de ses domaines.

La manœuvre pouvait passer pour une opération de traite, sans calomnie; mais lorsqu'on en fit l'observation à Frédéric, il répondit par le texte de la Genèse :

Dieu fit l'homme mâle et femelle, et il ajouta : Croissez et multipliez.

XXVII

LE SOUPER DE POTSDAM.

Après une journée aussi laborieuse, aussi longue que la nuit qui accoucha d'Hercule, Frédéric éprouvait le besoin de secouer son âme à l'air libre et de la remettre en verve de philosophie. Il siffla Biche et descendit avec elle au jardin, pour jeter un tour de parc entre le règne et la soupe à la polenta.

Biche était la sultane favorite de Potsdam, la levrette d'ailleurs la plus capricieuse, la plus épicurienne, la plus fantasque, la plus spirituelle de l'Europe. Si régner consiste à faire sa volonté et à pratiquer à la lettre le protocole : Tel est notre bon plaisir, Biche régnait plus que le roi, puisqu'elle régnait sur le roi lui-même, couchait avec lui, mangeait dans son assiette, lui arrachait la dentelle de ses manchettes par manière de coquetterie, lui retirait de la main l'ordonnance encore toute fraîche au moment solennel de la signature et la traînait sur le tapis, au milieu d'un intarissable feu d'artifice de cabrioles. Le roi, émerveillé de cette prodigieuse fécondité de coups de jarrets, de bonds, de sauts, de soubresauts, souriait dans sa barbe de voir la loi du royaume gambader ainsi, au sortir de l'œuf, à travers l'appartement.

Frédéric avait la couleur rose en sympathie, et par cette raison il avait garni son mobilier de soie aurore. Biche partageait la passion de son maître pour la soie aurore et la témoignait indiscrètement en mettant le mobilier au pillage. Lorsqu'on faisait au roi quelque représentation sur l'indiscipline de sa levrette.

— Bah! disait-il, elle coûte moins cher qu'une Pompadour.

Malheur au courtisan qui eût effleuré en passant un poil de cette seconde majesté ; il tombait sans rémission en disgrâce. Une figure de solliciteur entrait-elle pour la première fois dans le cabinet du roi, Biche allait flairer cette nouveauté à la hauteur du mollet ; si après cette expertise à vue de nez elle rebroussait chemin, le dos en arbalète, le solliciteur était suspect ; si elle levait la patte et la baissait perpendiculairement, avec précaution, avec lenteur, à la façon d'un piston, comme pour marcher sur les charbons ardents, alors il était irrémissiblement condamné ; Frédéric le priait poliment de chercher fortune d'un autre côté. Le général Laudon lui avait offert dans le temps son épée ; mais Biche trouva le fumet du général douteux. Néant à la requête. Laudon passa au service de l'Autriche et battit Frédéric.

Quand le roi Jean Sobieski livrait une bataille, il laissait sa femme dans les bagages ; mais au milieu de la mitraille il pensait toujours à sa chère Mariette et il lui écrivait régulièrement au débotté de la victoire. Frédéric y mettait encore plus de galanterie : il menait sa chère Mariette au feu, couchée sur le pommeau de la selle en porte-manteau. Un jour, il eut son bucéphale tué sous lui d'un boulet de canon. Le héros et l'héroïne roulèrent pêle-mêle dans un fossé.

La cavalerie autrichienne chargeait en ce moment. Le roi saisit à bras-le-corps sa levrette, à moitié évanouie de terreur, et chercha un refuge sous une arche de pont jeté à un pas de là par la main de la Providence. Toute la charge passa sur le pont et repassa un instant après, ramenée par un retour offensif de la cavalerie prussienne. Pendant l'éternité de ce double défilé, Frédéric tenait Biche serrée sur son cœur et coiffée de son pan d'habit, pour l'empêcher de sonner l'alarme. Un aboiement, un bâillement, un soupir, un murmure, et le refuge du roi était trahi, et le roi était pris, et le royaume était perdu ! A quoi tient souvent le salut de l'État ? Mais Biche avait compris la gravité de la question ; elle garda le silence. La Prusse lui doit un autel. Elle eut, ce jour-là, autant d'esprit que l'oie du Capitole, plus d'esprit même ; car à la vue du danger il est plus aisé de crier que de garder son émotion.

Cependant l'heure du souper avait sonné, et la philosophie en corps attendait son amphitryon dans la salle à manger. Cette salle appelée la *Confidence,* et savamment combinée pour le secret, aurait pu passer à Syracuse pour une oubliette du roi Denys, et partout ailleurs pour une cave à fabriquer la fausse monnaie.

Une épaisse maçonnerie sans fenêtre, comme pour cacher la vue du ciel à ce cénacle de l'incrédulité, semblait vouloir étouffer et sceller sous la pierre jusqu'au bruit de la conversation. Une porte vitrée ouvrait seule sur une terrasse perdue à l'extrémité du château. Au bout de la terrasse une sentinelle montait la garde, le mousquet chargé, avec ordre de faire feu sur l'indiscret assez abandonné de Dieu pour oser aventurer un bout d'oreille dans le voisinage.

Le mobilier de ce mystérieux triclinium portait lui-même un air de mystère. Une double rangée de chaises et un espace vide au milieu représentait à peu près toute la dépense de l'ameublement. La pièce principale, c'est-à-dire la table, faisait défaut ou plutôt, comme la métaphysique, flottait dans l'espace. Seulement derrière chaque chaise il y avait une espèce de meuble en forme de tambour, intitulé : *Servante.* Cette *servante* était une console miraculeuse qui, à la simple pression du doigt sur un ressort, avait le don de monter au plafond et d'en descendre à volonté pour faire en ligne perpendiculaire le service du souper. Car aucun laquais, bien entendu, aucun écuyer tranchant n'avait le droit d'officier, la serviette sur le bras, dans ce sanctuaire de la sagesse. Les plats et les vins tombaient du ciel dans la main des convives.

Malgré sa tiédeur pour la peinture, Frédéric avait tenu à décorer de tableaux les murs de la salle de la *Confidence*. Il avait dicté les sujets; Pène, son peintre en chef, les avaient exécutés.

Ces tableaux représentaient trois ou quatre polissonneries dans le goût royal de Sa Majesté, imaginations aventurées d'un despote blasé qui laissait sa femme veuve dans un coin du palais depuis le premier jour de son mariage et cherchait une indemnité à la nature outragée dans la débauche du regard.

C'était donc à la face des boucs en goguette et des chèvres de bonne composition, des nymphes émancipées à tirer la barbe des satyres et des satyres acharnés à prendre leur revanche, que Frédéric venait chaque soir revendiquer inter *pocula et scyphos* les droits sacrés de la raison.

Il vint plus tard ce soir-là que d'habitude. On était au mois de juillet. Le ciel, à la fin de la journée, avait tourné à l'orage. Un nuage chargé d'électricité passait lentement sur Potsdam. A chaque moment la porte vitrée de la salle flamboyait au brusque battement d'aile d'un coup de tonnerre. La pluie commençait à tomber à torrents. Le roi semblait avoir oublié la première politesse de son état.

La philosophie, rangée au poste d'honneur depuis une heure d'horloge, désespérait déjà de la venue de Frédéric, lorsqu'il apparut tout à coup dans la flamme d'un éclair, la perruque de travers et le chapeau à la main, pour donner sans doute au volcan royal encore en ébullition plus de facilité à évaporer sa fumée. Biche suivait son maître d'un air inquiet; depuis sa dernière campagne elle avait horreur de toute espèce de bruit approchant du bruit de l'artillerie.

— Messieurs, dit le roi en entrant, je vous annonce le déluge et le jugement dernier. Nous pourrons disserter sur la fin du monde en connaissance de cause jusqu'à demain matin, si demain toutefois le monde existe encore; à table, mes amis! et tâchons de faire bonne contenance au hourvari universel prédit par l'Apocalypse.

Le roi donna un coup de sifflet.

A ce signal le plafond sauta en l'air, et par l'ouverture du cratère une table, chargée de cristaux et de bougies allumées, descendit lentement, majestueusement, avec un bruit sec et strident, méthodique et mesuré de cliquet. Lorsqu'elle eut touché le sol, chacun prit place à sa convenance, par raison d'affinité. Les *servantes* voltigèrent dans l'espace pour aller chercher à l'étage supérieur les unes un potage, les autres une tranche de pâté, et, dans le *convivium* de la philosophie affamée par l'attente, on n'entendit plus pendant une demi-heure qu'une symphonie confuse de poulies et de fourchettes : de poulies occupées à verser les mets du haut du plafond et de fourchettes acharnées à les piquer.

Si le jeu des manivelles, assez primitif pour répéter mot à mot le refrain et pour défiler le chapelet d'un tourne-broche, faisait médiocrement honneur au talent du machiniste, le gala en revanche pouvait rivaliser avec le souvenir de Trimalcion, grâce au génie culinaire d'un certain Joyard, natif de Lyon, la première main de la chrétienté sur l'article de la polenta.

Après le congé accordé à la première ferveur de l'appétit, Frédéric reprit la parole :

— Vous entendez, n'est-ce pas, autour de vous les trompettes de la vallée de Josaphat? Nous sommes tous ici de vieux pécheurs, nous devons au plus vite songer à notre salut, et nous convertir séance tenante à la véritable religion. Mais quelle est la véritable religion sur cette terre de dispute? Nous allons tenir, pour décider cette question, le concile œcuménique de la philosophie.

— Sous la présidence de Marc Aurèle, cria un convive.

— Tais-toi, Pœlnitz. Marc Aurèle n'a rien à faire ici. Je suis et je dois être simplement à cette table frère Frédéric, frère lai, le dernier des derniers, digne tout au plus de vous offrir l'écuelle. Allons, mes amis, invoquons l'Esprit-Saint et recueillez votre pensée.

L'assistance regardait Frédéric pour chercher sur

sa physionomie l'intention cachée de ce nouveau plat de son métier ; Frédéric, de son côté, faisait de l'œil la revue du banquet pour étudier à la ronde l'impression de sa parole. Enfin, Biche allongeant sur la nappe sa longue figure insinuante, examinait à tour de rôle son maître et les convives, et les convives et son maître, et fatiguait sa minerve à deviner par quel excès de bonhomie ces autres animaux en perruque, rangés devant elle en rang d'oignons, restaient la bouche béante pendant que l'ambroisie fumait encore dans leur assiette.

XXVIII

LA MEILLEURE RELIGION.

— Je vais recueillir les opinions, reprit Frédéric. Lamettrie, vous tenez le bout de la table ; à tout seigneur tout honneur. Vous avez assurément le plus à expier ici.

Lamettrie, médecin de profession et philosophe d'occasion, était un petit homme rond et bossu, mais sans le revenant-bon attaché à sa bosse, c'est-à-dire un excédant d'esprit. Philosophe cynique chassé de Paris pour avoir commis çà et là certain tour de gibecière dans l'exercice de son état, il avait joué au martyre et tiré pension de Frédéric.

Sa philosophie consistait à nier, avec l'outrecuidance particulière à l'ignorance infatuée de son propre mérite, ce que l'homme respecte et doit respecter ici-bas, depuis qu'il a rompu toute espèce de rapport avec le singe, son voisin de figure. Il n'y avait pour lui ni bien ni mal, ni vice ni vertu. Un crime n'était, au regard de sa théologie, qu'un accident de nature, un défaut de conformation, qui ne devait pas plus entraîner de conséquence pour le coupable et tourner à sa honte qu'une verrue sur le nez de Cicéron, ou qu'une protubérance sur le dos de Lamettrie.

Lui parliez-vous de liberté de conscience, il vous répondait invariablement : Qu'est-ce que la conscience, qu'est-ce que la liberté? et il vous sommait d'étaler à la minute, montre en main, votre définition. Comme on ne porte pas en général une définition toute taillée dans sa poche sur chaque mot du dictionnaire, on pouvait hésiter, balbutier ; Lamettrie triomphait de l'embarras du premier moment, et passant fièrement la main sur son jabot, et renversant la tête en arrière avec la majesté de César au Capitole, il croyait avoir réduit l'interlocuteur à l'impuissance. Aviez-vous, au contraire, la simplicité de répondre à la sommation, alors il ergotait à perte de vue sur la formule ; il prenait la querelle au mot pour une réfutation de l'idée.

— Pardon, répliqua-t-il à Frédéric, avant de faire droit à votre demande, j'aurai d'abord besoin...

— D'une définition, n'est-ce pas? reprit Frédéric.

— Oui, claire, précise, pertinente, concluante...

— Autrefois, reprit le roi, un charpentier marchait, une poutre sur l'épaule, dans la rue d'Athènes. Il heurta un passant par maladresse en pleine poitrine.

— Prends garde ! lui cria-t-il ensuite.

— Prends garde toi-même ! repartit le passant.

Et il allongea au charpentier un coup de bâton.

— Définissez vous-même la religion, dirai-je à mon tour, comme vous voudrez, mais répondez. Je vous ai donné la parole.

— Je la repasse à mon voisin.

— Pourquoi ?

— Parce que c'est aujourd'hui vendredi et que parler de religion ce jour-là porte malheur.

— Je prends l'événement sous ma garantie ; voulez-vous plutôt un sauf-conduit ?

— Mais, Sire, j'en suis encore à ma première bouteille.

— Quel rapport trouvez-vous entre une bouteille et ma question ?

— C'est que pour y répondre dignement j'ai besoin d'être en fonds de gaieté.

— Répondez toujours, vous n'êtes jamais plus gai que lorsque vous êtes sérieux.

— Vous l'ordonnez ?...

— Vous savez bien qu'ici je n'ordonne pas, je ne fais que prier.

— Eh bien ! la meilleure religion, à mon avis, c'est la tête libre le matin, une poularde à midi, la récidive à souper, l'amitié d'un roi au dessert, et, après cela, bonsoir, je souffle la bougie et la nuit garde le secret.

— Cette chienne en pourrait dire autant.

— Oui, Sire, à l'exception du dernier article. Car, à vrai dire, le privilége de l'espèce humaine sur le reste de la création, c'est de pouvoir allumer le fagot en toute saison.

— Vous pourriez vous tromper, car je connais plus d'un chat de gouttière qui appelle la nuit sa Philomèle d'une voix plaintive, sur un pied de neige.

— Si jamais vous avez entendu un chat conter fleurette à Minette au mois de décembre, vous pouvez gager d'avance que ce chat a été un homme ou qu'il le deviendra à la troisième génération.

Un coup sec comme un coup de canon suivi d'un long craquement emporta la fin de la phrase. Les verres tintèrent sur la table au choc de l'explosion. Les vitres de la porte volèrent en éclats. Les convives entendirent un cri étouffé : *Jesu Maria!*

Lamettrie venait de sombrer comme la statue du commandeur.

— Voilà la charge d'athée du roi vacante! cria Voltaire.

Un éclat de rire accueillit cette saillie.

A ce bruit rassurant, une figure effarée émergea de dessous la table comme du fond de l'abîme. Lamettrie, foudroyé par la peur, osait ressusciter. Il reprit sa place au banquet et levant le regard au plafond :

— Jupiter, tu te fâches, dit-il, donc tu as tort. Je vous avais averti, Sire, que le vendredi portait malheur.

— Passez à votre seconde bouteille; mon ami, vous avez besoin de remettre votre âme en équilibre. A votre tour, Formey. Vous avez étudié la théologie, à Genève, à la vérité. Mais enfin, en votre qualité d'oint du Seigneur qui a pesé le pour et le contre et frisé plus d'une fois le tison, vous devez avoir fini par trouver la véritable voie du salut.

— Je l'ai trouvée, en effet.

— Quelle est-elle, monsieur le pasteur, que nous fassions immédiatement notre valise?

— Celle-là même que je prêche chaque dimanche à la chapelle du château.

— Un apothicaire peut vendre à tout venant la drogue de sa boutique sans croire pour cela à l'efficacité de sa rhubarbe.

Formey garda le silence.

— Franchement, monsieur le pasteur, lorsque vous avez comparé, dimanche dernier, notre âme à une chrysalide, est-ce que vous ajoutiez foi à votre métaphore?

— Si Votre Majesté avait assisté au prêche, j'ose espérer qu'elle rendrait hommage à la sincérité de ma conviction.

— Assister à votre prêche? Dieu m'en préserve! car vous autres prophètes du Très-Haut, vous traitez les pauvres diables de mon étoffe comme les pierres du chemin. Ainsi, dans votre homélie sur la vie future, vous avez dit que roi mort, que savetier mort, tout cela était exactement la même canaille chrétienne devant la face du Seigneur au jour du jugement dernier. Or, je vous avoue que j'aime médiocrement à recevoir en pleine église un certificat en règle de canaille pour le jour où je croirai devoir mourir.

— Chrétienne, Sire, j'ai ajouté chrétienne ; l'épithète ici corrige l'expression.

— Chrétienne ou non, je vous déclare, monsieur le pasteur, que si jamais vous interpellez encore de la sorte une chrysalide royale, appelée peut-être un jour, — qui sait? la miséricorde du Seigneur est si grande, — à devenir, elle aussi, un papillon du paradis, je vous traiterai haut la main comme j'ai traité mon chancelier Coccei.

Formey gardait encore le silence.

— Mais parlez donc! Qu'avez-vous à dire pour votre excuse? Dans quel chapitre, dans quel texte de l'Écriture avez-vous lu qu'un roi, pour avoir fait la chose la plus naturelle du monde, c'est-à-dire pour avoir passé de vie à trépas, tombe nécessairement du coup au rang de la populace?

— Sire, je baisse la tête sous le poids de votre parole. Je vous raconterai seulement, si vous voulez bien, une anecdote du temps de ma jeunesse.

— Racontez, répondit Frédéric ; pendant le récit ce pauvre Lamettrie aura peut-être le temps de reprendre connaissance.

— Un batelier de la Sprée, dit Formey, avait fait un trou à la lune et grièvement offensé le Seigneur. Le consistoire chargé de la police d'Israël le somma de venir tête nue, pieds nus, demander pardon à Dieu et aux hommes, en présence de l'Eglise assemblée, du scandale qu'il avait donné à la ville de Jérusalem.

— De Berlin, répondit le roi, respectons au moins la géographie.

— Quand la ville de Berlin fait acte de piété, elle passe à l'état de nouvelle Sion. Donc le pasteur Beausobre admonesta durement le batelier et promena sans pitié le fer rouge sur son péché. Le malheureux subit sa pénitence avec une évangélique résignation : pas un geste, pas un murmure; seulement il pâlissait et rougissait tour à tour. A l'expiration de ce pilori moral, il prit son chapeau d'un air tragique et sortit précipitamment de l'église.

Evidemment il couvait une pensée de vengeance.

A quelque temps de là le pasteur Beausobre eut un malade à visiter de l'autre côté de la Sprée, et pour cette traversée transatlantique, car la rivière à cet endroit, grâce à un lac jeté en travers, a bien la largeur d'une mer, il choisit précisément la barque de l'homme qu'il avait si cruellement marqué au front et flagellé *coram populo* à la barre du consistoire.

C'était par une soirée sinistre d'automne; le soleil, enveloppé d'un linceul de vapeur, expirait tristement au couchant. La Sprée coulait à plein bord, morne et tachée d'un reflet de sang avec un lugubre et mystérieux murmure. On eût dit qu'elle roulait un crime dans son courant.

Le batelier conduisit le pasteur en silence jusqu'au milieu de la rivière, et lorsque la rive eut disparu des deux côtés dans la brume, il laissa flotter son aviron au fil de l'eau, et debout, la tête au vent, comme l'ange de la vengeance, il mit un pied sur le bord de la barque, un pied sur l'autre bord, et il imprima à la frêle planche un violent mouvement de balançoire.

— A mon tour maintenant, dit-il.

Il croisa les bras sur sa poitrine.

— Que faites-vous là, malheureux ? cria le pasteur ; le bateau va couler.

— C'est mon consistoire à moi, répliqua le batelier.

Et appuyant tantôt sur une jambe, tantôt sur une autre, il accélérait impitoyablement son opération de roulis.

Le pasteur fit sa prière.

Lorsque le bourreau crut avoir suffisamment effrayé sa victime, il reprit tranquillement son aviron.

— Un rendu pour un prêté, dit-il.

Et il continua sa traversée.

— Sire, le monde est ainsi fait ; aujourd'hui le tour du pasteur, demain la revanche du batelier. J'ai eu mon heure dimanche dans la chapelle de Votre Majesté ; Votre Majesté a la sienne en ce moment. Cette salle est votre consistoire. Vous remboursez mon sermon. Je baisse la tête et j'accepte l'expiation. J'ai fini l'apologue.

— Mon cher Formey, dit le roi en souriant, je

vois qu'il n'y a aucun parti à tirer de Calvin. Je passe à l'abbé Bastiani. Vous avez beaucoup vécu, monsieur l'abbé, vous avez connu le monde, dit la messe, porté le mousquet, confessé le tiers et le quart, glissé le pied dans l'ombre de la secte de Loyola et distillé à la lèvre de plus d'une pénitente l'élixir béni de la doctrine de Suarez, car, avouez-le franchement, vous étiez jésuite avant de passer grenadier sur cette terre d'hérésie.

— J'aurais voulu avoir assez de vertu pour mériter cet honneur.

— De vertu ? vous avez dit de vertu, Dieu me pardonne ; il n'y a qu'un jésuite au monde pour imaginer une semblable réponse. Décidément vous avez fait partie du troupeau d'Ignace ; par conséquent, mon révérend père, vous pourrez indiquer la voie du salut, la voie large, la voie facile — il la faut large et facile pour de malheureux piétons comme nous, toujours essoufflés au premier pas — la voie de Marie, la voie semée de fleurs et de roses, de concerts et de chérubins, d'indulgences et de dispenses, d'agnus et de chapelets. Allons, parlez, monsieur l'abbé. Donnez-nous la véritable version revue, augmentée, corrigée et adoucie de l'Evangile.

L'abbé Bastiani remplit son verre jusqu'au bord, et le vidant d'un trait :

— La meilleure religion, dit-il de la voix vibrante d'un capitaine de cavalerie à la manœuvre, est la religion figurée quelque part sous la forme que voici.

Et mettant les deux mains en tuile, l'une contre l'autre, il traça dans le vide la figure d'une tiare.

— Par quelle raison?

— Cette religion-là n'a pas besoin de raison; sa raison est dans sa permanence, sa perpétuité, son ubiquité sur la surface du globe entier. Depuis dix-huit cents ans, la philosophie l'attaque, l'incrédulité l'injurie, et depuis dix-huit cents ans, toujours debout, toujours inébranlable, elle répond aux ennemis conjurés contre elle par un seul mot : J'existe. Et quand vous me montrerez parmi les vôtres une croyance qui ait existé aussi longtemps que moi, alors peut-être je consentirai à entrer en explication.

— Votre manière de raisonner, monsieur l'abbé, me rappelle l'histoire de la maréchale de Grancey. Un chevalier mécontent l'appela un jour coquette, en français du temps de Rabelais.

— Eh parbleu! dit-elle, voilà trente ans que je l'entends dire, et j'espère l'entendre dire trente ans encore.

— Je vois avec plaisir que vous suivez à la lettre la recommandation du père Canaye : Point de raison. Vous donnez gaiement congé à la petite sotte de Pascal. C'est là une bonne disposition en matière d'orthodoxie. Aussi, pour vous récompenser de cette obéissance passive à l'Église, la première vertu du catholique romain, je veux vous nommer à l'évêché de Magdebourg.

— Je vous prends au mot, Sire, et le jour de ma

nomination je vous promets d'écrire un livre intitulé : *De l'utilité de la religion*, et de le dédier à Votre Majesté.

— Oui ; mais une fois le pied à l'étrier, vous brûlerez bientôt la politesse à l'Allemagne. Je vous connais, vous avez de l'ambition, et pour la soutenir la meilleure cervelle de l'Italie. Une mitre, qu'est-ce que cela pour vous? A peine un commencement. Vous voudrez monter en grade, tâter de l'éminence ; et vous en tâterez, je vous le prédis. La pourpre fera bonne mine sur votre épaule.

L'abbé Bastiani, virtuose consommé dans l'art de la pantomime italienne, fit le plongeon comme un homme qui reçoit la bastonnade, et cria d'une voix lamentable.

— Grâce, Sire! pitié pour votre serviteur !

— Vous voilà cardinal, reprit Frédéric, c'est bien ; mais il y a quelque chose de mieux encore : c'est un palanquin au Vatican, le droit de circuler entre ciel et terre sur l'épaule d'un monsignor rouge comme un hocco du Brésil ; le droit de fendre l'air en quatre du bout du doigt et de donner la bénédiction à la ville et à l'univers. Vous sortirez donc de l'urne au prochain conclave, non plus Bastiani comme devant, non plus simple mortel, mais représentant de Dieu, mais un dieu de chair, mais un dieu par intérim sur la terre, Clément, Grégoire treizième ou quatorzième, et le monde à genoux vous saluera du nom de saint-père. Alors vous oublierez le roi de Prusse, ce petit gueux de roi perdu dans un coin de la Germanie, et quand j'irai vous rendre visite et baiser votre pantoufle, vous détournerez la tête avec horreur et vous direz à votre camérier : Quel est ce petit homme-là prosterné devant mon éternité? Et votre camérier répondra comme l'almanach papal : *marchese di Brandeburgo*, et vous répliquerez : Que veut ce marquis impie, ce marquis hérétique? Je le maudis, je le damne lui et sa race jusqu'à la dernière génération

L'abbé Bastiani avait mis une assiette sur sa tête comme un bouclier, et criait d'une voix encore plus lamentable :

— Assez, Sire! Pitié, encore un coup! c'est trop grêler en conscience sur le persil.

— Non, saint-père, car vous êtes déjà saint-père, croyez-moi, je sais tirer un horoscope; je veux, pendant que je vous tiens encore, savoir de votre bouche quelle réception, quelle allocution vous me ferez le jour où j'irai humblement, la corde au cou, comme l'empereur Henri IV de piteuse mémoire, déposer sur votre gros orteil le cachet de mon repentir. Vous avez entendu tout à l'heure l'apologue du batelier. Vous serez là dans votre consistoire. Voyons, que direz-vous?

L'abbé Bastiani baissa les yeux, et croisant les mains avec componction :

— Je vous dirai : Grand aigle, couvre-moi de ton aile et préserve-moi de ton bec. Puis je vous donnerai ma bénédiction.

— Votre bénédiction, reprit Frédéric piqué de la réponse de l'abbé, vous la donnez d'une manière trop chiche en conscience, avec les deux doigts seulement, tandis que moi je la donne généreusement avec les cinq doigts de la main et de toute la longueur du bras. Monsieur l'abbé Bastiani, vous avez trop d'esprit pour siéger avec avantage sur la chaise percée de Saint-Jean de Latran. Vous gâteriez le métier.

— Hélas ! Sire, je mérite mon châtiment. J'avais oublié l'histoire de Pimentel.

— Où allez-vous pêcher ce Pimentel?

— C'était un ministre de Philippe d'Espagne. Un jour, au sortir de l'Escurial, il dit à sa femme :

— Fais ma valise.

— Quel crime avez-vous donc commis?

— J'ai dit au conseil un mot heureux.

XXIX

UN CHAPON DANS LA MARMITE.

— Il faut bien payer son esprit en ce bas-monde, répondit Frédéric. Définitivement je donne l'évêché de Magdebourg à Pœlnitz. Mais, diable il pourrait y avoir empêchement. Quelle est votre dernière religion, mon cher Pœlnitz?

— Ma dernière, Sire. Je n'ai pas de dernière religion.

— Est-ce que tu n'as pas commencé par être luthérien?

— Oui, Sire, car il faut bien commencer par quelque chose. Je suis né luthérien et j'ai été baptisé luthérien. Un honnête homme doit toujours être aspergé à sa naissance, de façon ou d'autre, en latin ou en allemand. Je n'ai connu dans ma vie qu'un mécréant assez malheureux pour avoir échappé à cette formalité. C'était un officier écossais de la suite du Prétendant. Sa mère, élevée à bonne école dans la société de Ninon, vivait encore. Je lui faisais un jour reproche de sa négligence.

— Comment, Madame, votre fils n'a pas reçu le baptême?

— Bah! répondit-elle, il ne l'a jamais voulu.

— Mais depuis lors, tu es allé à la messe?

— Que voulez-vous, Sire, je vivais à la cour de Versailles, et il faut bien hurler...

— Avec les rois. Mais, dis-moi, as-tu approché Louis, et, en style d'huissier, parlé à sa personne?

— Oui, Sire, j'ai eu cet honneur.

— Et il t'a dit sans doute : Retire-toi, faquin!

— Louis XV est trop poli pour traiter ainsi un gentilhomme.

— Et toi aussi, Pœlnitz, tu te mêles d'avoir de l'esprit. En vérité, je crois voir un cheval de fiacre au galop. Reprenons le cours de tes métempsycoses. A ton retour en Prusse tu as embrassé le calvinisme?

— Toujours par la même raison.

— Ainsi le calvinisme est ton dernier symbole de croyance?

— Non pas, Sire. Hier, c'était mon dernier; mais aujourd'hui c'est le catholicisme, si vous voulez bien aider à ma bonne intention.

— En te donnant l'évêché de Magdebourg, n'est-ce pas? Eh bien, mon ami, je n'ai rien à te refuser. Mais, une fois évêque, tu finiras par te faire circoncire; tu auras ainsi embrassé à tour de rôle toutes les religions.

— Par esprit de tolérance.

— Et sous bénéfice d'inventaire.

— Votre Majesté fait injure à votre serviteur. J'ai voulu réconcilier toutes les croyances dans ma personne. Je les ai forcées à vivre charitablement dans ma conscience ; j'ai donné le bon exemple, le suivra qui voudra. Si votre royaume était comme mon esprit, chacun vivrait en paix avec le prochain, sans que jamais celui-ci eût la vélléité de quereller celui-là, parce que l'un communie sous une espèce et l'autre sous deux espèces. J'ai lu dans le temps une lettre de M. de Voltaire, ici présent, qui raconte d'un mot, en passant, toute ma destinée.

Une dévote en colère disait à sa voisine : Je te jetterai ma marmite à la tête.

— Qu'as-tu dans ta marmite ? répondit l'autre.

— Un chapon.

— Eh bien, mangeons-le ensemble.

— Tu mangeras le chapon, Pœlnitz ; car, pour peu que le pape y veuille mettre un grain de complaisance, je verrai volontiers la mitre sur la tête d'un relaps. Mais tu viens de réveiller tout à l'heure un écho dans ma pensée. Depuis quelque temps je caresse le projet de bâtir un temple à ton image, un Panthéon sur le modèle du Panthéon romain, de forme circulaire par conséquent, la forme la plus compréhensive et la plus sympathique, pour y loger tous les cultes à la fois, catholique, luthérien, calviniste, arménien, morave, grec, juif, turc même, si le sultan veut m'envoyer de la graine de Mahomet. Chaque religion aura son autel, sa chaire, son heure pour cérémonier, prêcher, prier à sa convenance. Ce sera l'église polyglotte du genre humain : Dieu pour tous, et tous l'adorant dans leur liturgie. Je parle sérieusement. Que pense Platon de cette idée?

En posant ce point d'interrogation, Frédéric regardait Voltaire.

— Si Platon vivait, répondit Voltaire, il penserait que votre église polyglotte serait la tour de Babel. Enfermer les cultes rivaux dans la même rotonde, autant vaudrait confondre les lions et les panthères dans la même cellule de ménagerie. Vous auriez des combats et des hurlements du cirque au lieu de pacifiques coups d'encensoirs et de chansons religieuses tournées en prières. Vous verriez, d'un côté, un monsieur en rabat, fraîchement débarqué de Genève, montrer du doigt son voisin le capucin comme le fils de l'Antechrist, et le capucin, de son côté, tirer de dessous sa robe une figure de laiton, en criant à tue-tête : Ce monsieur a menti. *Ecco il vero pulcinello.*

Voulez-vous que je vous dise, à mon tour, la meilleure de toutes les religions? C'est la religion, Sire, je me trompe, frère Frédéric, la religion toute simple, sans épithète, ou plutôt avec une seule épithète, la religion naturelle, née avec nous, née en nous, vieille comme le monde, durable comme lui, fonds premier, fonds commun de tous les autres cultes, car tous les autres cultes, sans exception, n'en sont que les dérivations, quelquefois les difformités. Nous n'avons pas besoin, pour la comprendre ou pour l'aimer, de livres, de textes, de gloses, de commentaires, d'exégèses, de catéchismes, d'hymnes, de cloches, de chants, de processions, de litanies, de reliques, de peintures et de parfums ; nous n'avons qu'à descendre en nous pour la lire écrite de la main de Dieu lui-même dans toutes nos facultés, et formulée en quelques mots, à la portée du savant comme de l'ignorant : Aime le Créateur, aime ton prochain, espère dans une autre vie, fais le bien pour toucher un jour ton salaire, et, ne devrais-tu pas le toucher, fais toujours le bien, car le bien est le mot de ta destinée.

Et à toute heure et partout où nous allons, que nous marchions ou que nous rentrions dans notre repos, cette religion, non pas extérieure, mais intime, nous suit, nous conseille, nous assiste, nous protége contre nous-mêmes ou les piéges de l'existence. Avec elle et grâce à elle, la canne à la main ou dans notre chambre, nous faisons acte de piété, et sur chaque route et à chaque borne de la vie, aussi souvent que nous formons en nous une bonne pensée, ou que nous contemplons d'un cœur ému une beauté de la création. Que parlez-vous de temple, de Panthéon? Le temple de la religion naturelle, c'est la voûte du ciel ; son Panthéon, c'est l'univers ; et quand le matin sur la montagne.........

Voltaire jeta un coup d'œil à Frédéric ; le roi dormait.

Vaincu par la fatigue de la journée, il avait laissé tomber sa tête sur sa poitrine. Biche avait profité de l'occasion pour prendre à côté de son maître sa part de sommeil. Roulée en cercle, comme le serpent, elle trahissait à chaque instant je ne sais quelle agitation intérieure de son âme par un hurlement subit et un spasme continu de toutes les cordes et de tous les muscles de sa machine. L'âme de son maître avait sans doute passé en elle, par un procédé inconnu de métempsycose.

— Le roi Denys dort, dit Voltaire, Syracuse peut continuer de souper.

Déjà le jour commençait à poindre, et sa pâle clarté à blanchir la porte vitrée de la salle du banquet. La fraîcheur de l'aube réveilla Frédéric. Il sortit un instant sur la terrasse. L'orage de la nuit était dissipé ; le ciel étincelait du premier sourire du matin ; les fleurs, ranimées par l'ondée, répandaient une délicieuse ivresse dans l'atmosphère ; les sentinelles ailées du soleil, cachées dans le feuillage du parc, chantaient à gorge déployée le retour de leur compagnon d'amour.

— Il paraît, dit Frédéric, que la fin du monde est définitivement ajournée : nous ferons pénitence une autre fois. Les oiseaux chantent encore, les fleurs ont toujours leur parfum ; nous pouvons pour le moment nous passer de religion. Allez dormir maintenant, Messieurs; moi je vais régner, c'est-à-dire monter à cheval.

Le roi salua la compagnie, mais revenant aussitôt sur ses pas, il ajouta :

— J'oubliais de vous donner le mot d'ordre. A midi, dans mon cabinet; nous avons à juger quelqu'un. Je compte sur votre exactitude; je vous attends : au revoir.

Et Frédéric sortit la tête haute, en faisant résonner l'éperon sur le pavé, pour aller reprendre le cours de son règne à la tête de sa garnison.

— Cet homme-là a beau faire, dit Voltaire, ce ne sera jamais qu'un roi. *Et incessu patuit... Deus.*

— Le texte porte *Dea*, répartit Maupertuis dans un élan de pédantisme.

— Prenez-vous donc Frédéric au féminin? répliqua Voltaire. Quant à moi, je laisse au page favori de Sa Majesté le soin de commettre cette faute de latin.

Le trait était sanglant.

Maupertuis le nota dans sa mémoire.

— Maintenant, dit-il avec la satisfaction de l'envie, d'un mot je puis perdre Voltaire.

La philosophie leva la séance; mais au moment où elle battait en retraite, on entendit tout à coup, au bout de la table, le bruit d'un sanglot.

C'était Lamettrie qui venait de tomber le front sur la nappe comme foudroyé une seconde fois. Pendant toute la durée de la discussion il avait ingurgité en silence un pâté entier de foie de Strasbourg. L'indigestion avait monté au cerveau, et l'avait frappé d'apoplexie. Lorsqu'on le releva pour le porter au grand air, il avait la face injectée, l'œil éteint, la joue pourpre, la langue séchée. Il essaya de parler, mais la parole expira sur ses lèvres dans un flot d'écume. Il mourait en règle, au champ d'honneur, de la conséquence même de sa doctrine.

Il vécut cependant quelque temps encore, ou plutôt il languit, spectre de lui-même, sans jamais avoir recouvré complétement connaissance. Il errait lentement au bras d'un domestique, l'œil hagard, dans un état voisin de l'idiotisme ; ont eût dit un cadavre debout. Enfin, un jour il coula insensiblement dans le néant, il rendit à la grande alchimie universelle tout ce qu'il lui avait emprunté — un peu de matière : il ne pouvait pas mourir, il était mort depuis longtemps.

— Tant va la cruche à l'eau... cria Voltaire en apprenant la mort de Lamettrie.

— Dites plutôt un tonneau, répondit Frédéric.

Telle fut l'oraison funèbre de l'Epicure glouton qui avait pris la digestion pour la première fonction de l'humanité, et la pensée pour une variété de la digestion.

XXX.

LE ROI HÉRODE.

Midi sonnait à l'horloge du château de Potsdam, avec ce flegme allemand qui semble vouloir tirer en longueur jusqu'au pas précipité et au rhythme haletant de l'heure sur le timbre de la cloche, lorsque les habitués de la salle de la Confidence, fidèles à la consigne donnée et rafraîchis par une matinée de sommeil, débouchèrent processionnellement, à la suite les uns des autres, dans l'antichambre de Sa Majesté.

Un heiduque de service leur ouvrit à deux battants la porte du cabinet, et faisant jusqu'à terre une profonde révérence :

— Entrez, Messieurs.

Un homme les attendait debout devant la cheminée, l'air recueilli, le corps enseveli sous le manteau noir d'un pasteur en petite tenue, le chef couvert d'une perruque prolongée jusqu'à mi-côte, couverte elle-même du respectable bonnet carré d'un docteur en théologie.

C'était Frédéric. Voltaire soupçonna le premier le monarque sous son travestissement.

— Il paraît, dit-il à son voisin, qu'il en est de Berlin comme de Venise, le carnaval y dure toute l'année.

— Messieurs, dit Frédéric avec la prononciation traînante d'un prédicateur sur l'estrade, nous sommes tous en ce moment ministres de la parole du Seigneur. ou vénérables, ou diacres ou proposants. Voici sur le canapé des manteaux, des collets, des rabats, des perruques évangéliques ; prenez le costume de votre état, et rappelez-vous que vous représentez le consistoire ou synode supérieur de toutes les Églises du royaume ; rangez-vous à ma droite et à ma gauche autour de ce tapis, nous allons juger un frère égaré, qui a trébuché sur la doctrine et manqué à la charité, en injuriant le roi de Prusse et en l'appelant un second Hérode, envoyé par la colère du ciel pour renouveler chaque année le massacre des innocents. Vous, Voltaire, jetez sur votre tête cette crinière rousse, que je vois d'ici surnager sur le chaos ; elle vous donnera l'air d'un saint germanique ; vous ouvrirez la séance et vous direz la prière. Vous, d'Argens, vous prendrez cette soutanelle de frère morave, et vous garderez tout le temps l'œil baissé, comme un quaker dans la contemplation de l'Écriture. Vous, Maupertuis, vous engloutirez votre figure sous ce chapeau à large rebord de vénérable, et vous croiserez les mains et vous ferez tourner vos pouces autour l'un de l'autre pour vous donner une contenance. Vous, d'Argens, asseyez-vous devant ce guéridon, vous remplirez l'office de greffier, vous rédigerez le procès-verbal. Vous, Pœlnitz, vous endosserez cette casaque de bedeau, vous prendrez cette canne à pomme d'argent, vous irez chercher le délinquant au corps de garde et vous l'amènerez devant la vénérable assemblée. Vous, Formey...

— Pardon, Sire, interrompit gravement le pasteur, la sincérité du costume me dispense du travestissement.

— Assurément, Monsieur, *non bis in idem*.

— Votre Majesté aura, sans doute, compris le sens de ma réclamation.

— J'ai compris que l'élu refuse de siéger avec le réprouvé; vous pouvez aller faire un tour sur la place du palais.

Frédéric avait payé de sa personne; l'assistance suivit son exemple. Chacun puisa au vestiaire apostolique le costume dans l'esprit de son rôle, et prit place dans l'hémicycle d'une table disposée en fer à cheval.

Le roi occupait le fauteuil, en face d'un pupitre orné d'un in-folio, qui, pour un œil naïf, pouvait être à la rigueur une Bible, mais qui était en réalité un Dictionnaire de Bayle, ouvert à l'article Hérode. Il inclina la tête de côté et d'autre comme pour saluer ses assesseurs, et agita une sonnette.

A cet appel, Pœlnitz entra solennellement, en livrée de sacristain, la canne haute, traînant sur ses talons un petit vieillard, le front calme, le regard ferme, un visage de puritain du temps de Cromwell.

— Invoquons l'Esprit-Saint, dit Frédéric.

Et debout, la main levée au ciel, il semblait murmurer sentencieusement une invocation.

Puis, tournant la tête du côté de Voltaire :

— Mon frère, dit-il, récitez l'Oraison dominicale.

Voltaire récita la prière de Pope en anglais.

— Amen! dit d'Argens.

— Amen! répéta l'assistance.

— Mon frère, approchez, dit Frédéric au petit vieillard. Le consistoire ici présent vous a cité à comparaître pour répondre devant lui de certain sermon suspect que vous auriez prêché, à en croire la rumeur, le jour de la Pentecôte. Mais, pour procéder par ordre à votre interrogatoire, comment vous nommez-vous?

— Daniel Piffenbach.

— Greffier, dit Frédéric à d'Argens, écrivez : Daniel Piffenbach.

— Votre profession!

— Ministre de l'Évangile.

— Greffier, écrivez la réponse de l'accusé.

— Où exercez-vous votre ministère?

— A Greiffenberg.

— Où placez-vous ce Greiffenberg?

La figure du vieillard trahit une certaine surprise de cette question.

— En Poméranie!...

— C'est bien. Vous jurez sur l'Écriture de dire la vérité et rien que la vérité?

— Je le jure, répondit le veillard en étendant la main sur l'in-folio, à coup sûr étonné d'entendre un homme de foi jurer au nom de Bayle.

— Maintenant veuillez recueillir vos souvenirs, et songez que Dieu vous entend. Vous avez prêché, n'est-ce pas, le jour de la Pentecôte, dans l'église de Greiffenberg?

— Oui, monsieur le président.

— Et vous avez prêché contre le roi Hérode?

— Pas précisément, j'ai pris seulement pour texte de mon sermon ce verset de l'Évangile : « Et alors Hérode ayant envoyé ses gens mit à mort tous les enfants qui étaient dans Bethléem. »

— Et pourquoi avez-vous pris à partie le roi Hérode?

— Parce qu'il était un tyran.

— Quel mal ce tyran peut-il vous faire aujourd'hui?

— Aucun par lui-même, sans doute; mais il a légué à la Prusse un fils sinon de sa chair, du moins de son esprit.

— Quel est ce fils, monsieur Piffenbach?

— Le roi de Prusse, actuellement régnant.

— Faut-il écrire? cria d'Argens.

— Passez, répondit Frédéric.

— Est-ce que le roi de Prusse actuellement régnant, reprit-il, aurait ordonné, par hasard, un nouveau massacre des innocents?

— Un massacre? Non pas un, mais deux, mais trois, mais des massacres à perpétuité; car chaque année, à l'époque du printemps et de la vie en fleur, il ramasse d'un coup de filet toute la jeunesse valide du royaume, lui met un mousquet sur l'épaule et lui dit : Marche à la boucherie; car depuis que ce roi philosophe, ce roi impie, a pris, pour la désolation d'Israël, la place du bienheureux Guillaume, Dieu bénisse sa mémoire! le monde est au pillage; on ne parle que de villes brûlées, de femmes éventrées, de maris massacrés, d'enfants écrasés, de maisons ravagées, d'horreurs enfin à faire crouler les étoiles du ciel, si le Tout-Puissant ne retenait sa droite.

— Ah! malheureux! que dites-vous là? Si le roi vous entendait en ce moment...

— Il m'écouterait comme vous m'écoutez, monsieur le président, et il me regarderait de cet œil terrible qui porte la foudre, à ce qu'on dit, dans notre province de Poméranie; et il me mettrait la main sur le brasier et le cou sous la hache du bourreau, que je dirais et crierais encore que le roi Hérode est ressuscité en sa personne et qu'il est l'Hérode de l'Allemagne, l'ordonnateur à perpétuité d'un massacre.

— Calmez-vous, mon frère, le roi de Prusse ne vous mettra jamais à l'épreuve; vous n'avez à craindre avec lui ni le brasier ni le billot. Mais dites-moi, auriez-vous par hasard une armée de cent mille hommes à votre disposition ?

— Monsieur le président veut railler sans doute un pauvre desservant de campagne.

— Eh bien ! si vous n'avez pas une armée à votre disposition, vous pouvez parler à votre aise du roi de Prusse ; il ne redoute que la conversation de l'artillerie. Revenons à la question. Quand vous avez fulminé contre Hérode *ex cathedra*, quel Hérode entendiez-vous frapper d'anathème ?

— Hérode, roi de Judée.

— Sans doute ; mais, encore un coup, quel Hérode ? car il y a eu plus d'un roi de ce nom, comme vous devez le savoir.

— Plus d'un roi de ce nom ! balbutia le pasteur d'un air embarrassé. Je n'en ai jamais aperçu qu'un seul dans l'histoire.

— Vous vous trompez, mon frère ; il y a eu dans le temps deux Hérode parfaitement distincts, parfaitement connus l'un et l'autre : Hérode père et Hérode fils, Hérode l'Ascalonite et Hérode Antipas.

— Hérode père ou Hérode fils, Ascalonite ou Antipas, peu importe, répondit le malheureux pasteur, de plus en plus troublé ; l'Hérode que j'ai dénoncé à la malédiction de l'Église est celui des deux qui a ordonné le massacre de tous les enfants.

— A quel âge le sacrificateur avait-il exempté la victime du couteau ?

— L'Écriture garde le silence sur ce chapitre.

— Le silence ! Que dites-vous là, mon frère ? Oseriez-vous l'assurer sur votre salut ? En vérité j'admire votre présomption. Où avez-vous étudié la parole du Seigneur ?

— A Iéna.

— A quelle époque ?

— En l'année 1716 du Seigneur.

— Sous quel prorecteur ?

— Sous le docteur Fœrtsch, premier professeur de théologie.

— Quels étaient vos autres professeurs ?

— Buddée, Dantz, Weissenborn, Walck.

— Avez-vous étudié la biblique ?

— Une année.

— Quels cours avez-vous faits encore ?

— J'ai fait la thétique et l'esthétique sous le docteur Fœrtsch ; l'herméneutique polémique sous le docteur Walck ; l'hébraïque sous le docteur Dantz ; l'homilétique sous le docteur Weissenborn ; la pastorale et la morale enfin sous Buddée.

— Mon frère, reprit le roi, vous avez perdu votre temps à Iéna. Le consistoire supérieur voit avec une douleur infinie que votre paroisse nous a fait sur votre compte un rapport entièrement exact, trop exact, hélas ! Malgré Weissenborn et Dantz, et Walck et Buddée, vous ignorez jusqu'au rudiment de l'Écriture, que le dernier enfant de Poméranie sait sur le doigt au sortir du cathéchisme. Comment, malheureux, plongé comme vous l'êtes dans la nuit de votre insuffisance, avez-vous osé assumer sur votre tête la redoutable fonction de conduire des brebis au salut ? Toutes nos fautes ici-bas, toutes nos erreurs, vous le savez bien, viennent uniquement de notre ignorance. Qu'un simple fidèle pécha par ignorance, il se damne sans doute, mais il ne damne que son âme, tandis que vous, pasteur, en vous damnant vous entraînez avec vous votre troupeau dans l'abîme de perdition. Quand le sel perd sa saumure, avec quoi saler la terre désormais ? Vous avez charge d'âmes, monsieur Piffenbach ; vous répondrez devant Dieu de ces consciences égarées qui vous interpelleront au jour du jugement et qui vous diront : Pourquoi nous as-tu trompées ? Si nous écoutions aujourd'hui la voix de la justice, nous devrions vous interdire, ou tout au moins vous suspendre ; mais, nous souvenant que l'esprit de l'Évangile est un esprit de douceur et de charité, nous voulons bien ajourner cet acte de rigueur, dans l'espérance toutefois que vous parlerez désormais de choses que vous aurez apprises, et que pour les apprendre vous donnerez chaque minute de votre journée à l'étude. Vous nous promettez ici, sur votre âme et sur votre salut, de travailler sans relâche à édifier autant votre troupeau par votre science et votre retenue, que vous l'avez scandalisé par votre ignorance et votre témérité. Allez en paix maintenant, mon frère ; retournez dans votre paroisse, humiliez-vous, confondez-vous devant le Seigneur, et rappelez-vous que le vénérable consistoire aura toujours l'œil ouvert sur vous et la main tendue sur vous, pour vous dépouiller de votre robe à la première nouvelle que vous avez persévéré dans votre faute ou retourné à votre vomissement.

Le pasteur essaya de balbutier une réponse.

— La cause est entendue, dit froidement Frédéric.

Pœlnitz reconduisit le malheureux jusqu'au perron du palais.

XXXI

LA CHAIR A CANON.

Le pasteur éconduit gagnait rapidement du pied, avec le bouillonnement intérieur d'un homme condamné à tort, lorsqu'il avisa Formey au milieu de la place publique de Potsdam, et croyant reconnaître à son collet un membre de la tribu de Lévi, il l'aborda sans cérémonie :

— Vons prêchez l'Évangile ?
— Oui, Monsieur, répondit Formey.
— Pourriez-vous me dire combien il y a d'Hérodes dans l'Écriture ?
— Qu'il y en ait un, qu'il y en ait mille, du diable si je tiens à le savoir.
— Alors, retournez à Iéna.
— Pour quelle raison ?
— Pour votre salut.

— Vraiment !

— Et pour le salut de votre troupeau.

— Aime ton prochain comme toi-même, voilà la loi et les prophètes, et après cela Dieu nous tient quitte d'Hérode.

— D'Hérode? Que dites-vous là? Il y a plusieurs Hérodes : Hérode Asclépiade, Hérode Antipas. Nous devons les nommer par leur nom et prénom, sous peine d'hérésie.

— Qui a mis ce nouveau paragraphe dans le catéchisme?

— Un simulacre de tribunal de l'inquisition appelé le consistoire supérieur. Quel est, je vous prie, ce vampire de consistoire endiablé? car voici bientôt quarante ans que je distribue le pain de l'Évangile, et jamais je n'ai soupçonné l'existence d'un semblable synode. Il y avait là un monsieur assis à l'écart, qu'on intitulait un greffier; mais jamais un être mondain comme un greffier n'a fait partie d'une réunion d'Église.

Formey sourit.

— Je connais en effet ce synode.

— Vous avez tâté de sa juridiction?

— Pas précisément.

— Je vous en fais mon compliment, car pour peu que vous ayez la mémoire courte sur la généalogie d'Hérode, et que vous confondiez Hérode Asclépiade avec Hérode Antipas, vous passerez sous la férule d'un petit homme au cou tors, à tête penchée, noyé sous une perruque d'une aune de longueur, docteur sec, docteur rêche, qui vous interroge sans respect et vous sabre sans pitié, un dragon plutôt qu'un pasteur, un visir plutôt qu'un confrère. Croiriez-vous qu'il a eu l'impolitesse de m'accuser d'ignorance, de m'appeler ignorant, moi qui, en l'année 1716, ai fait un cours de thétique et d'esthétique sous le docteur Fœrtsch; d'herméneutique polémique sous le docteur Walch; d'hébraïque sous le docteur Dantz; d'homilétique sous le docteur Weissenborn; de pastorale et de morale sous Buddée, le grand Buddée, l'adversaire de Wolf, l'adversaire de Leibnitz. Comment nommez-vous ce doyen du tribunal, ce docteur morose, ce docteur acharné à la poursuite d'un malheureux sur une pointe d'aiguille?

— Titus, répondit Formey.

— Pourquoi Titus? c'est le nom d'un empereur romain.

— Parce que le juge dont vous vous plaignez en ce moment vient d'ajouter une nouvelle scène à la clémence de Titus?

— Qu'est-ce que cette clémence de Titus?

— Une comédie.

— Monsieur, repartit Piffenbach, regardez-moi au visage.

Formey regarda son interlocuteur.

— Vous avez une figure honnête, dit-il.

— Ce n'est pas là ce que je demande; regardez-moi là, 'entre les deux sourcils, là, vous dis-je, au centre de Minerve.

Et Piffenbach mettait le doigt sur son front pour mieux poser la question.

Formey le regarda encore.

— Eh bien! est-ce que j'ai l'air égaré? reprit le pasteur poméranien.

— Nullement.

— C'est donc vous alors qui êtes le fou, car l'un de nous deux bat la campagne. Je dis martre et vous répondez zibeline.

— Eh bien! pour vous tirer d'embarras, je dois vous avouer ici charitablement, mais sous le sceau du secret, que cette séance d'un prétendu consistoire supérieur dans le palais de Sa Majesté est simplement une arlequinade jouée à votre intention, et que l'homme au cou tors, l'homme rêche, l'homme sec, pourrait bien être.... cherchez.... vous l'avez sans doute deviné?

— Le roi de Prusse, peut-être!

Piffenbach leva la main au ciel, avec une expression de terreur.

— Je suis un homme perdu!

— Pourquoi?

— Je l'ai appelé Hérode.

— N'est-ce que cela?

— Je l'ai appelé aussi tyran.

— Et il a froncé le sourcil?

— Non, il a souri.

— Alors vous êtes sauvé. Mais, croyez-moi, le pavé de Potsdam doit vous brûler les pieds en ce moment. Fuyez, partez aujourd'hui même pour la Poméranie, et toutes les fois que les uns ou les autres vous parleront du roi de Prusse, mettez le doigt sur votre lèvre, car un roi a toujours plus ou moins le don d'ubiquité; il voit, il entend partout, et à la première dénonciation de sa police, il pourrait bien vous envoyer rouler la brouette dans la citadelle de Spandau.

— Adieu, dit le pasteur Piffenbach.

Et il serra affectueusement la main de Formey; puis le regardant d'un air mystérieux, il ajouta à voix basse :

— Et pourtant le roi de Prusse est un second Hérode.

— Taisez-vous, malheureux!

— Je sais ce que je dis.

Il prit le bras de Formey.

— Allons plus loin, dit-il, l'ombre de ce palais porte la malédiction. Je veux vous raconter une histoire pour la décharge de ma conscience. J'ai à Greiffenberg une nièce du nom de Marguerite, une orpheline, hélas! de père et de mère, mais ma fille d'adoption; c'est une créature née dans un jour de grâce, douce et simple, pieuse devant Dieu et charitable au prochain; tous la bénissent, tous l'aiment, car partout où elle passe, elle répand autour d'elle comme un parfum de vertu; lorsqu'elle entre dans une maison, la joie de l'Evangile y entre avec elle, et lorsqu'elle marche dans un sentier, il semble que de chacun de ses pas, comme disait un apôtre de la Réforme, il doit naître une violette.

Il y avait au village en ce temps-là un maître d'école, jeune encore, pieux comme elle était pieuse. Il venait chaque soir faire la lecture de la Bible au presbytère. En entrant, il saluait Marguerite, il la saluait en partant, mais sans jamais lui adresser la parole; seulement un jour, en lisant la légende de Jacob et de Rachel, sa voix trembla tout à coup, un sanglot étouffé interrompit le récit ; il ferma la Bible et partit avant l'heure. Je regardai Marguerite; elle avait l'œil baissé. Le lendemain, Daniel ne revint pas; je fis la lecture à sa place; mais au lieu d'écouter attentivement la parole d'en haut et de filer, en l'écoutant, sa quenouille, Marguerite laissait pendre son fuseau au bout de son doigt et suivait d'un regard rêveur l'inquiétude de la flamme de la lampe. Je compris sa rêverie. Or, le dimanche suivant, prenant Daniel par la main, je le conduisis à Marguerite.

— Mes enfants, leur dis-je, Dieu a fait l'homme et la femme pour les unir ; vous paraissez vous aimer, donnez-vous votre foi l'un à l'autre, et au jour de la Pentecôte vous signerez devant Dieu votre union.

Daniel pâlit, puis rougit. Marguerite jeta brusquement sa figure dans sa main comme si je l'avais surprise en faute; mais, les rapprochant l'un de l'autre, je leur dis : Regardez-vous. Ils échangèrent à la dérobée un regard. Je crus saisir au passage de part et d'autre comme l'ombre d'un sourire. Ils étaient heureux : ils pleuraient avec effusion. Je vous ennuie, n'est-ce pas, Monsieur?

— Continuez, répondit Formey.

— Marguerite prépara le trousseau de noces, et tout en travaillant elle m'embrassait une fois plus souvent. C'était un à-compte qu'elle payait sur son bonheur. Un matin cependant qu'elle causait à sa fenêtre, elle entendit le tambour dans le village. Elle jeta un cri et laissa tomber son aiguille.

— Qu'as-tu donc? lui dis-je.

Elle mit la main sur son cœur.

— Entends-tu? dit-elle.

— C'est le tambour.

— Il vient chercher mon fiancé.

— Tranquillise-toi, mon enfant. C'est en effet l'appel du recruteur qui sonne en ce moment; mais voici bien des années qu'il passe dans ce village, et toujours Daniel a échappé au danger; on l'a toujours trouvé trop court d'un doigt pour faire un héros.

Elle secoua la tête avec tristesse et pleura en silence. Un beau soleil de printemps inondait la fenêtre; je la baisai au front, et lui montrant le rayon qui jouait à travers les barreaux de la cage de son sansonnet :

— Crois-en ce présage, lui dis-je, c'est Dieu qui te l'envoie comme un messager de bonheur; le ciel a trop de bonté pour vouloir te manquer de parole.

Mais l'amour, comme le doigt de Dieu posé autrefois sur une tête d'élection, communique aussi le don de prophétie. Marguerite avait eu un pressentiment : l'armée prussienne avait souffert dans la dernière campagne, et, pour la rétablir sur le même pied, un décret du roi avait abaissé le niveau de la taille requise pour mourir convenablement sur un champ de bataille. Daniel entra dans un régiment. En partant, il serra la main de Marguerite.

— Je reviendrai, dit-il.

— Je t'attendrai, répondit-elle.

Puis elle l'accompagna jusqu'à la sortie du village et le suivit du regard jusqu'à ce qu'il eût disparu derrière la colline.

Et chaque jour que le bon Dieu fit elle revint à la même place, et regardait longtemps la route en silence.

Daniel fit bravement la guerre contre l'Autriche. A la suite d'une action d'éclat, le roi lui demanda un jour :

— Quelle récompense veux-tu?

— Mon congé après la campagne.

— Tu l'auras, répondit Frédéric.

Déjà la campagne tirait à sa fin, l'armée allait prendre son quartier d'hiver. Un soir, Frédéric, pour dérober une marche à l'ennemi, donna l'ordre d'éteindre la lumière dans chaque tente. Mais Daniel avait hâte d'annoncer à sa fiancée la bonne nouvelle de son retour ; il alluma en secret une lanterne à minuit et la couvrit de son manteau, de manière à concentrer la lumière sur son papier; par malheur un rayon égaré filtra à travers une fissure de la toile et trahit au dehors l'infraction à la discipline. A cette heure-là précisément le roi faisait la ronde à la tête d'une patrouille. En voyant une étincelle scintiller sur la toile, il entra et dit à Daniel :

— Que fais-tu là, malheureux?

— J'écris à ma femme.

— Eh bien! écris-lui que demain tu auras vécu.

Et en effet le lendemain, au petit jour, la sentinelle avancée du camp entendit un feu de peloton derrière un taillis, et tout fut dit : Daniel avait comparu devant le Seigneur. Pas une main pieuse ne jeta seulement une poignée de terre sur le cadavre.

Marguerite va toujours attendre son fiancé à la même place ; mais elle passe maintenant la journée entière à contempler l'horizon : la pauvre enfant a perdu la raison, Dieu merci! avec la folie, elle a retrouvé l'espérance ; elle me dit souvent :

— Quand donc viendra la Pentecôte?

Puis, répondant elle-même à la question, elle ajoute :

— C'est aujourd'hui.

Alors elle met sa robe de fiancée et va cueillir un bouquet au jardin. Les femmes du village, en la voyant ainsi, pleurent d'attendrissement. Elle les regarde d'un air étonné.

— Pourquoi pleurez-vous? dit-elle, c'est jour de fête.

Et elle sourit doucement.

— Ce sourire me brise le cœur, Monsieur, et maintenant chantera des *Te Deum* qui voudra, dressera qui voudra des arcs de triomphe aux œuvres des conquérants ; je redirai éternellement dans tous les vents de la solitude et aux feuilles des forêts, s'il le faut : Ces œuvres sont faites de larmes, sont faites et pétries de lambeaux de chair humaine, d'affections brisées, de gémissements et de soupirs. Adieu, Monsieur, ce palais est encore trop près de moi ; j'ai besoin de fuir à l'autre bout du royaume ; je vais retrouver ma pauvre affligée. Mais avant de vous quitter, vous que je n'ai vu qu'une fois, que je ne retrouverai plus sur mon chemin, laissez-moi vous remercier. Vous m'avez écouté, cela me suffit ; cela a endormi ma douleur. C'est le verre d'eau de l'Évangile, Dieu vous en tiendra compte.

— Embrassons-nous, mon ami, dit Formey, ému de l'émotion de l'humble pasteur du village, et puisque nous avons ici-bas mission de prier Dieu, prions-le tous les deux d'envoyer des hommes de paix aux nations pour les gouverner.

XXXII

LA DÉVOTION D'UN CHEVAL.

A quelque temps de là, un peu plus tôt, un peu plus tard, peu importe la date, Frédéric partit en poste pour la Silésie, de compagnie avec Guillaume de Brunswick, son neveu de prédilection ou plutôt son autre lui-même de bouture. Il en dirigeait avec amour la culture et en échenillait avec soin chaque bourgeon.

— Tu seras mon testament vivant, disait-il, *tu Marcellus eris.*

Funèbre horoscope. Le Marcellus de Brunswick mourut, hélas! comme son aîné de Rome, avant l'heure de la floraison.

Les deux princes voyageaient tête à tête dans l'éternel carrosse de Sa Majesté, éternel de toute façon, en lui-même d'abord, et ensuite par la difficulté du chemin. Car Frédéric, tout sceptique qu'il était, et précisément parce qu'il était sceptique, tenait garnison d'idées préconçues, et, entres autres idées, il avait inscrit sur l'airain deux articles sacrés comme des versets du Coran : le premier, de ne jamais raccommoder sa voiture de voyage ; le second, de ne jamais réparer les routes du Brandebourg.

Il regardait son véhicule comme un tel miracle de l'art, un tel chef-d'œuvre de quelque Stradivarius inconnu de la carrosserie, que si jamais une main profane, à l'entendre, avait osé en changer une cheville, cette cheville corrigée aurait détruit immédiatement la savante harmonie du premier artiste ; un coup de marteau à cette précieuse berline, marquée pour lui au sceau de l'immortalité, lui eût paru un sacrilége aussi lamentable que la retouche d'un barbouilleur à une toile de Raphaël.

Cependant, comme le caprice d'un roi ne saurait communiquer au bois vermoulu le privilége de l'*ære perennius* d'Horace, il fallait bien, de temps à autre, sous peine de naufrage, radouber la carène à bout de patience du gothique édifice ; mais une providence cachée procédait à cette opération de radoub mystérieusement, dans l'ombre, absolument comme partout ailleurs on commet un guet-apens ; ce qui permettait ensuite à Frédéric de dire en toute conscience : Vivent les carrossiers d'autrefois ! tous les charrons de nos jours sont des fripons ; voici un siècle que cette voiture roule d'un bout de l'Allemagne à l'autre et jamais elle n'a eu besoin d'un rajeunissement de toilette.

Quant aux routes, c'était par raison d'utilité publique que Frédéric professait franchement le système des ornières. Il trouvait qu'une chaussée soigneusement entretenue donnait trop de facilité à l'ennemi pour pénétrer au cœur du royaume. Une route effondrée, au contraire, disait-il dans la langue algébrique de la guerre, c'est une campagne de plus pour l'Etat envahisseur et une armée de supplément pour le peuple envahi. Une monarchie militaire a une façon particulière d'entendre l'économie politique appliquée à la voirie. Pour un roi batailleur, un chemin a d'autant plus de mérite qu'on ne saurait y passer sans danger de verser au premier tour de roue. Le casse-cou est, au point de vue stratégique, la meilleure manière de voyager. La Chine, du moins, a mis plus d'humanité dans ce système de défense, elle a purement et simplement supprimé toute voie de communication.

Le carrosse royal cheminait donc laborieusement sur la route houleuse avec une telle perturbation de la perpendiculaire à chaque pas de l'attelage, qu'elle eût donné le vertige au matelot le plus acclimaté au roulis. La chatouille, lestée d'un million, suivait à distance respectueuse sous l'escorte d'une escouade de dragons. Frédéric pensait, le prince Guillaume rêvait. Ils gardèrent ainsi le silence une partie de la journée ; mais, à l'approche de l'étape, Frédéric, sortant de sa méditation, interpella brusquement son compagnon de voyage :

— A quoi rêvez-vous, mon neveu?

— Il me vient en ce moment une idée.

— Une idée, mon garçon, hâtez-vous de profiter de votre fortune; confiez-la-moi de peur d'accident.

— Sire, j'ai quelque scrupule.

— Un scrupule, allons donc! Une idée est comme une jolie fille, elle doit toujours trouver à qui parler.

— Puisque vous le voulez, je vais vous faire ma confidence.

— Faites, mon neveu.

— Certes, je professe pour Votre Majesté un profond respect...

— Je vous tiens quitte de la précaution.

— Et pour votre génie un profond enthousiasme...

— Passez; respect, enthousiasme, monnaie d'imbécile. Vous croyez parler au roi de France, Dieu me pardonne!

— Je prends volontiers exemple de votre sagesse...

— Pressez le pas, vous dis-je, ou vous allez perdre votre idée.

— Eh bien! j'ai peine à comprendre qu'avec votre sagesse, qu'avec votre génie, vous fassiez de votre palais le quartier général de l'incrédulité. Que la philosophie cherche querelle à la religion, passe encore : jalousie de métier, autel contre autel ; mais que dans la bagarre la royauté prenne parti pour la philosophie, c'est de sa part, en conscience, trop d'abnégation.

— Pourquoi?

— Parce que la religion est la première colonne de l'Etat.

— Vous vous trompez, mon ami. La loi seule est cette colonne ; c'est sur la loi que la société repose tout entière, de la cave au grenier.

— A condition, toutefois, que du haut en bas de la société chacun respecte la loi, non-seulement du bout de la lèvre, mais encore au fond de sa conscience.

— Chacun la respecte, en effet, car chacun a intérêt à la respecter. N'est-ce pas sous la tutelle de la loi et par la grâce de la loi que, petit ou grand, tout le monde va, vient, vit en paix, travaille en paix, jouit en paix du fruit de son travail, cultive son champ, vend sa denrée, dort sous la tuile de son toit, marie sa fille, lègue sa part au soleil à une génération née de son sang et a sa place toujours garantie au banquet de la cité?

— Sans doute, celui-là respecte la loi qui vit honnêtement de son travail, ou du travail antérieur épargné sur sa tête sous le nom de patrimoine ; mais il y a tel vaurien dans la société toujours prêt à chauffer sa marmite avec le bois d'autrui. A cet esprit mal né, né pour le coup de main, on ne saurait serrer la gourmette de trop près, pour l'empêcher de battre l'estrade. Or, la religion seule, à mon avis, peut le brider convenablement en lui inspirant la crainte de l'enfer.

— Contre un drôle de cette trempe, j'ai la ressource

du bourreau. Or, pour refroidir la fougue de son tempérament, la crainte de la potence a bien autant de vertu que la crainte de l'enfer. Belzébuth, à tout prendre, est l'hypothèse, tandis que la corde est la vérité.

— Mais si notre homme est un monomane fatigué de la vie, déterminé à la jouer à pile ou face sur un coup de couteau, à dire : Quitte ou double ! si je gagne la partie, tant mieux ; si je la perds, encore tant mieux. Un quart d'heure de grimace au bout d'un nœud coulant et tout sera dit, j'aurai mis bas mon fardeau. La vie ou la mort pour un gueux, pile ou face, l'une vaut l'autre, en définitive.

— Je répondrai à ce chien enragé par la camisole de force au fond d'un cabanon. Allez, mon neveu, il y a longtemps que les sociétés vivent, longtemps que les monarchies règnent ; et les sociétés ont parfaitement vécu, les monarchies admirablement régné, que la religion tombée des lèvres du Nazaréen dormait encore dans les limbes de l'inconnu.

— Votre Majesté, toutefois, me permettra de lui dire, en toute déférence, qu'une religion qui prêche la soumission au pouvoir établi, qui ordonne de rendre à César ce qui appartient à César, simplifie haut la main la besogne du souverain en versant au fond de chaque cœur l'esprit de paix, l'esprit de charité, l'esprit de résignation, l'esprit de douceur ; en disant à chaque prône, en répétant à chaque catéchisme que le souverain règne sur le peuple par le commandement exprès de Dieu, et qu'obéir au souverain c'est obéir à Dieu lui-même. *Omnis potestas a Deo,* l'Apôtre l'a dit, inclinons-nous. Nous n'avons pas plus, nous autres simples mortels, le droit de raisonner que de marchander notre obéissance. Dieu est là : à genoux !

— Cette obéissance aveugle, mon ami, peut sonner agréablement à l'oreille d'un tyran ; mais un roi digne de ce nom, pour peu qu'il ait le cœur haut placé, préfère l'affection raisonnée de son peuple et l'approbation quand même de la servitude. Le sacerdoce, d'ailleurs, ne met le peuple à la discrétion du souverain que pour mettre le souverain lui-même dans sa propre dépendance. Il lui permet bien, à la vérité, de commander aux autres hommes au nom du ciel, mais il dit en même temps : Comme je suis sur la terre le truchement du ciel, je te donnerai le mot et tu apprendras de ma bouche à régner, sinon, anathème ! et je délie le peuple du serment de fidélité.

Le carrosse fit halte à ce moment-là et le coup de balancier du temps d'arrêt coupa la conversation. Le roi descendit de voiture pour jeter un regard à l'écurie et vérifier par lui-même l'état de la garnison. Un cheval gisait sur la litière ; un garçon agenouillé devant le malade lui murmurait à l'oreille une espèce de patenôtre et lui présentait de temps à autre une hostie enluminée d'une figure. Le cheval regardait le viatique d'un œil mélancolique et refusait obstinément d'y toucher, par un instinct de bête supérieur à l'âme du dévot de profession.

— Qu'a donc attrapé ce cheval? dit Frédéric.

— Le diable seul peut le savoir; un sort, j'imagine, car depuis la dernière guerre, les bêtes tombent comme mouches aux premières gelées d'octobre.

— Et tu lui donnes l'extrême-onction?

— Je lui donne un *Agnus Dei*.

— Pourquoi faire, mon garçon?

— Pour le guérir, parbleu!

— Qui t'a dit qu'un *Agnus Dei* guérissait un cheval?

— Le frère Pacôme.

— Quel est ce frère Pacôme?

— Un capucin.

— De quel couvent?

— Du couvent là-bas, à main droite de la route, de l'autre côté de la colline.

— Le frère Pacôme t'a donné lui-même cet *Agnus*?

— Donné si vous voulez, mais comme le capuchon donne sa marchandise, donnant donnant.

— C'est-à-dire qu'il te l'a vendu?

— Vous l'avez deviné.

— Combien t'a-t-il vendu ce talisman?

— Un fenin.

Frédéric appela le dragon de l'escorte.

— Va chercher le prieur du couvent là-bas à main droite de la route, au pied la colline, et amène-le-moi mort ou vivant.

Le dragon partit au galop.

Pendant ce temps-là, le roi allait et venait silencieusement, comme un homme qui accumule en lui un orage.

Le prieur comparut devant Sa Majesté la tête ensevelie sous son capuchon et le capuchon incliné sur sa poitrine dans l'attitude classique de l'humilité.

La foudre éclata.

XXXIII

UN MOINE EN FLAGRANT DÉLIT.

— Levez la tête, frère capucin, dit Frédéric, quand je parle à quelqu'un, j'aime à voir sa figure.

Le moine dégagea lentement son visage de dessous l'éteignoir, et, la paupière baissée, il attendit le coup du destin.

— Vous êtes le porcher du troupeau?

— Avec votre permission, Sire, je suis le prieur du couvent.

— Vous voyez ce cheval étendu sur la paille : vous allez le ressusciter en ma présence. Je vous donne un quart d'heure pour cette opération...

Le roi tira sa montre.

— Un quart d'heure, vous entendez?

— Sire, Dieu seul a le don du miracle.

— Comment, Dieu seul a le don du miracle ! Et

vous vendez, et vous osez vendre une amulette! Que dis-je, une amulette? l'image du Saint des saints, une hostie, la chair de l'eucharistie, ce qu'il y a de plus sacré dans votre religion; et vous le vendez à vil prix, pour un fenin, sous prétexte que cette pâte bénie, cette pâte divine guérit à volonté la morve et la clavelée, et cela publiquement, et cela au grand jour, le front haut, sans vergogne, sans crainte que cette simonie au premier chef, que cette profanation du Dieu vivant ne crie dans le vent votre hypocrisie et votre avidité. Si encore vous répandiez votre drogue sacrée pour la grâce de Dieu, en veux-tu, en voici, en voilà, prenez et guérissez-vous; la santé de vos chiens, de vos chats, de vos ânes et de vos bidets ne vous coûtera qu'un remercîment ou un baise-main; mais non, vous vendez votre orviétan pour enfler votre tirelire; vous avez dû faire une bonne opération de commerce et avec le temps avoir amassé un trésor.

Le moine étala piteusement sa robe déguenillée, illustrée çà et là d'une pièce de rapport:

— Siré, j'ai fait vœu de pauvreté, et vous pouvez voir écrit sur ces haillons que je tiens religieusement ma promesse.

— Vous avez fait vœu de pauvreté, et vous volez l'argent du pauvre en lui donnant une chimère en échange. Le peuple vous fait l'aumône à plein bissac, vous porte la fleur de son pain et la graisse de la terre; s'il met une oie à la broche, il garde une aile pour un révérend père capucin; s'il tue un goret, la première andouille va au réfectoire; vous rentrez chaque soir au couvent chargés comme des baudets et pliés sous le poids de vos besaces, et vous mangez et vous buvez saintement à tirelarigot; vous fleurissez et vous rebondissez à vue d'œil dans l'abondance et dans la victuaille, et vous avez le courage, après cette taxe en nature sur chaque ménage, sur chaque lèchefrite, de prélever encore une dîme en menue monnaie sur la superstition de la campagne! Que faites-vous de cet argent de contrebande? Vous en achetez sans doute des rubans à vos maîtresses?

Le moine, immobile comme une statue et le regard fixé à terre, gardait le silence du trappiste absorbé dans la volupté du tombeau.

— Mais parlez donc! reprit Frédéric impatienté.

Le fantôme sortit de son néant, et frappant du poing sur la poitrine:

— *Peccavi!* dit-il d'une voix caverneuse, béni soit celui qui humilie!

— Vous avouez donc le délit?

— *Peccavi!* répéta le moine en regardant toujours le bout de sa sandale. J'ai grièvement offensé le Seigneur. J'accepte aujourd'hui avec reconnaissance le châtiment de mon infirmité. Le Seigneur de miséricorde m'en tiendra compte, j'espère, au jour du règlement. Mais si j'ai autrefois succombé à la tentation, je puis assurer ici, sur le sang du Sauveur, que je n'ai jamais commis le crime de simonie. Que ma langue sèche à l'instant, si j'ai menti !

— Taisez-vous, malheureux ! Si ce n'est vous, c'est donc votre frère, un de ces religieux ou plutôt de ces moines irréligieux qui tient boutique à l'autel. L'ignorez-vous ? Vous êtes coupable, car vous devez surveiller votre bercail. Ne l'ignorez-vous pas ? vous êtes encore plus coupable, car vous voyez et vous fermez les yeux. Négligence ou connivence, choisissez : pas de milieu. Je devrais vous faire fouetter devant la porte de cette écurie jusqu'à extinction de chaleur, pour étouffer, sous le retentissement de votre supplice, le scandale de votre conduite ; mais, prenez garde, j'aurai l'œil sur vous, et si j'apprends encore que vous faites du Très-Haut un vétérinaire à un feain la potion, je vous jure, parole de roi, de vous couper la barbe de si près, que du diable si les uns ou les autres vous avez la fantaisie de retourner à votre vomissement.

Le roi, sur cette parole, tourna le dos au prieur et remonta en voiture. Le postillon fit claquer son fouet. L'attelage, exalté par l'avoine, partit au galop.

Le moine, pétrifié comme par un charme et cloué au sol par la plante du pied, sentait un frisson de feu courir sous chaque fibre de l'épiderme.

Le roi fuyait à toute vitesse dans un nuage de poussière, ou plutôt, pour l'œil du moine, dans un tourbillon de fumée, et en fuyant il semblait emporter l'espèce de sort terrible enfoncé plus avant que la pointe du cilice dans la chair de l'infortuné capucin.

Mais lorsque la voiture eut disparu à l'horizon, le saint homme sentit enfin sa langue dénouée, fit le signe de croix, leva le regard au ciel et murmura sourdement :

— Marquis de Brandebourg, vous êtes l'Antechrist, le diable, ou le fils du diable en personne.

Il rentra au couvent, et à peine remisé dans le giron du Seigneur, il jeta un seau d'eau bénite sur son capuchon et il brûla un fagot devant la porte de sa cellule pour chasser l'influence du malin.

Pendant ce temps l'Antechrist roulait à fond de train sur la route de Breslau; mais quand l'attelage eut adopté une allure plus conforme à l'état du chemin, Frédéric reprit la conversation interrompue et rouvrit la parenthèse.

— Vous venez de voir votre client à l'œuvre, dit-il au prince Guillaume, et, par cet échantillon d'escroquerie sacrée sous un roi philosophe, vous pouvez juger de sa désinvolture sous un roi dévot. L'alliance du pouvoir avec le clergé est un lit à deux où le clergé tire sans cesse la couverture. Si le souverain veut simplement exercer le métier de Mogol sur une nation abrutie d'avance à l'usage particulier du despotisme, le clergé consentira sans doute à soulager le peuple du poids de son intelligence et à le ramener à la candeur primitive de l'Eden. Il fera volontiers de chaque homme, par un procédé savant de lui bien connu, une espèce de brute, quelque chose comme le grand enfant niais du Paraguay, toujours prêt à recevoir le fouet d'un air souriant et à baiser ensuite d'un air radieux la main de l'exécuteur, parce qu'il espère toucher largement le prix de la façon et qu'il a ensuite le même intérêt que le despotisme à souffler la chandelle et à laisser le peuple dans l'obscurité.

Le despote sourit au premier moment de cette assurance de garantie mutuelle; le prêtre exécute de point en point la première partie du contrat. Il retire au peuple la pensée en douceur, la pensée et la volonté, et il met à la place une Bible ou un rosaire. Tais-toi et couche-toi là, et le Mogol tond le mouton jusqu'au sang pendant que le complice tient le drap sur la tête de la victime pour l'empêcher de bêler. Mais, après la tonte, vient le partage, et ici le despotisme commence à sentir souffler le vent du désenchantement. Le clergé, naturellement, veut prendre la grosse part et usurper sans cesse sur la part de son associé; car l'Eglise est comme la femme de l'Ecriture : elle ne dit jamais : assez. Le prêtre glissera continuellement la main, sous un prétexte ou sous un autre, dans le domaine du gouvernement. Et alors il n'y a plus de gouvernement; le prêtre règne seul sous le nom d'un mannequin décoré, pour la forme, du titre de souverain.

Au moment où Frédéric entrait à Breslau, il heurta de front une traînée de pénitents noirs, la tête sous le sac et un cierge à la main. Un Christ lugubre couvert d'un crêpe précédait, en guise de bannière, la procession. Derrière le Christ marchait un jeune homme, pieds nus, les mains liées derrière le dos, entre deux moines de la Miséricorde, masqués aussi du sac de la pénitence. Le psaume du *Miserere*, chanté à mi-voix, allait et venait d'un bout de la file à l'autre comme le bruit alternatif du balancier. La tête entonnait son premier verset sur une octave, et la queue reprenait sur une autre octave le verset suivant.

Au bruit de cette psalmodie, Frédéric mit la tête à la portière :

— Que signifie cette mascarade?

Et descendant de voiture, il arrêta d'un geste la procession.

— Où vas-tu? dit-il au patient.

— A la potence.

— Bon voyage, mon garçon! Mais, dis-moi, quel crime as-tu commis pour mériter cette escorte d'honneur?

— Un sacrilége! répondit un frère de la Miséricorde.

— Quel sacrilége?

— Il a porté la main sur la Vierge de la cathédrale?

— Le crime, assurément, mérite le gibet; mais pourquoi, mon frère, ce maraud a-t-il attenté à la majesté de la Vierge?

— Pour lui dérober un bijou précieux, *ex-voto* de la reine de Pologne.

— Comment, drôle, tu as osé voler un joyau à la mère du Sauveur?

— Sire, dit le patient, le moine fait erreur. Je n'ai pas volé le rubis de la reine de Pologne.

— Cet homme ment, reprit le moine; le sacristain a retrouvé la perle dans sa poche d'habit.

— Sans doute, reprit le patient; mais la Vierge me l'avait donnée.

— Comment une statue de marbre a-t-elle pu te faire un cadeau ?

— Sire, veuillez écouter mon histoire, et que ma parole rentre dans ma gorge si je ne dis pas la vérité. J'ai toujours professé pour la Vierge un culte particulier. La Vierge daignait recevoir avec bonté mon adoration. Un matin que j'étais en prière devant son image, à l'heure où la nef était encore déserte, un bruit sourd de tonnerre a retenti sous la voûte de l'église. Une étincelle a jailli du regard de la Vierge, la dalle a frémi sous mon genou, le pilier a tremblé à mon côté. La statue a incliné la tête sur sa poitrine; sa lèvre a remué, et j'ai entendu au dedans de moi une voix douce comme la musique. Cette voix disait : Lève-toi et prends ce gage de ma prédilection. Je me suis levé, j'ai tendu la main, j'ai cru voir que la Vierge faisait un mouvement. Un nuage a passé sur ma vue. J'ai perdu le sentiment de l'existence. A mon réveil je sentis quelque chose dans ma main; une odeur d'encens flottait autour de moi, et j'entendais distinctement un concert séraphique entonner l'hymne *Ave maris stella*. Je tenais le gage de prédilection de la mère du Sauveur et je l'emportais sans penser à mal, lorsqu'un mécréant de sacristain caché derrière un pilier a crié : Au voleur !

Frédéric regarda le chevalier de Marie ; une flamme extatique brillait dans son regard. Le roi crut comprendre un léger dérangement d'idées dans l'âme du coupable au récit de la légende, et interpellant le frère de la Miséricorde :

— Dites-moi, mon père, une statue de la Vierge a-t-elle jamais parlé?

— La Vierge a daigné quelquefois faire ce miracle.

— Par conséquent elle a pu parler à cet homme?

— Le moine secoua la tête.

— A un saint personnage, je ne dis pas ; mais à un soldat !...

— Le soldat vaut bien un frocard.

— Mais, sauf votre respect, celui-ci est un déserteur.

— Un déserteur ! Que ne le disiez-vous? Dans ce cas, je reprends mon bien où je le trouve. Détachez cet homme, je lui rends la liberté. Toi, mon garçon, va rejoindre ton régiment, et si jamais, dorénavant, la Vierge t'offre un bijou, tu le refuseras, entends-tu bien? car si tu l'acceptes encore, je t'enverrais continuer ta conversation avec le ciel par le plus court chemin.

— Il faut avouer, Sire, dit le prince Guillaume, lorsque Frédéric eut repris place dans son carrosse, que vous arrivez partout comme le *Deus ex machina*. Voilà un confident de la Vierge qui pourra brûler ce soir un cierge de longueur à sa patronne.

— Je veux abolir le sacrilége du Code prussien, répliqua le roi ; car Dieu seul a le droit de venger l'offense à la Divinité. Ce malheureux, d'ailleurs, à en juger par son récit, est un visionnaire grisé de mysticisme. Dans l'extase de sa piété, il a pu croire de bonne foi que la Vierge lui avait donné ce qu'il avait pris en réalité. Le régiment le guérira de sa folie; la schlague lui rendra la conscience.

Le lendemain, Frédéric invita à dîner l'évêque de Breslau. C'était un prélat qui visait à la sainteté, et, par cette raison, le roi de Prusse avait réduit de moitié la prébende épiscopale, disant ensuite pour sa justification que la pauvreté était un abonnement au salut.

Au dessert, il crut devoir entreprendre le prélat.

— Monseigneur, lui dit-il, si j'en crois la rumeur publique, vous entrerez de plain-pied au paradis : vous avez en poche votre carte d'admission ; j'espère qu'au premier coup de la trompette de Josaphat vous voudrez bien m'introduire en fraude dans la loge de saint Pierre sous un pan de votre manteau?

— Sire, répondit l'évêque, vous avez tellement rogné ce manteau, qu'en vérité je désespère de pouvoir cacher la contrebande.

Frédéric laissa tomber la réplique, et tournant la tête du côté de Guillaume de Brunswick, il lui dit à voix basse :

— Vous le voyez, mon neveu, il n'y a jamais pour ces gens-là qu'une seule question.

— Laquelle? dit le prince.

— La question du manteau.

XXXIV

UN POÈTE PRIS AU TRAQUENARD.

Frédéric aimait sans doute la philosophie, mais à son heure, mais par manière de passe-temps, comme matière à discussion, comme gymnastique d'esprit, thèse à débatre après boire, au coup du dessert, entre la fumée du ratafia et la mousse du vin de Champagne.

Il l'aimait parce que son père l'avait détestée, parce que son père l'avait persécutée, parce que dans sa jeunesse il avait eu à faire acte de dévotion à la baguette, à paraître croire sans croire réellement, et à courber la tête devant l'autorité du rabat.

Il l'aimait, mon Dieu, de contagion, par entraînement, parce que le vent soufflait à l'incrédulité et que, lorsqu'un vent souffle dans l'ordre moral aussi bien que dans l'ordre matériel, tout le monde, petit ou grand, prince ou savetier, subit plus ou moins, bon gré, mal gré, l'influence de l'atmosphère.

Mais quant aux philosophes en eux-mêmes, quant aux penseurs de profession pris en bloc ou en particulier, à ces éclaireurs de l'humanité, à ces génies prophètes prédestinés à préparer l'avenir, il les tenait en son âme et conscience de roi, de roi avant tout, de roi dans chaque partie de son corps, depuis là jusque-là, depuis l'ongle de l'orteil jusqu'au col de la chemise, pour des astrologues de nouvelle espèce, des variétés de Nostradamus, des évocateurs d'ombres et des tireurs d'horoscope.

Parlait-il des uns ou des autres, la perruque bas, à veste déboutonnée et à cœur ouvert, il leur dressait aussitôt un pilori dans son esprit et leur attachait sans pitié l'écriteau.

Jean-Jacques Rousseau? Qu'est-ce que cela? Un monomane. Montesquieu? Un rêveur. L'abbé de Saint-Pierre? Un jocrisse. Diderot? Un aboyeur à la lune; et ainsi de suite, jusqu'à Linnée, un certain Linnée, disait-il avec mépris, digne tout au plus de manger le foin de son herbier. Savez-vous pourquoi? Parce que Linnée avait entrevu le premier le principe de l'unité de vie sur la planète; homme et cheval, c'est tout un, avait-il dit; de la main au sabot il n'y a que l'épaisseur du doigt. Et Frédéric riait dans sa barbe de la découverte. Rira bien qui rira le dernier, Sire; aujourd'hui la science a donné raison à Linnée.

Voltaire cependant faisait exception. Frédéric le traita d'abord magnifiquement : Mon ami, mon maître, mon Apollon, mon Esculape. Il mettait à contribution toute la mythologie pour faire honneur à son admiration. Mais c'était trop de deux rois dans le même palais, car Voltaire était roi aussi, roi de l'opinion à la vérité, et cette royauté en vaut bien une autre à l'occasion ; car lorsqu'elle dit : Je veux ! qu'est-ce qu'un trône et même une armée ?

Frédéric éprouva donc bientôt pour son collègue du second étage cette fatigue, cette détente d'amitié qui, sans être précisément la rupture déclarée, est en quelque sorte l'état de grâce de la brouillerie. Le vase était plein, il ne lui manquait qu'une goutte d'eau pour déborder. La goutte tomba. Que voulez-vous ? elle aime à tomber

Frédéric avait pris l'engagement, par un traité en règle, de fournir à son hôte une quantité donnée d'épicerie. Il exécuta d'abord religieusement à la lettre la clause du contrat. Café, chocolat, bois et bougie, tout arrivait à souhait dans l'ordre voulu. Voltaire buvait, mangeait, flambait et rayonnait exactement au compte de Sa Majesté. Mais, à la longue, par je ne sais quel malentendu invariable et comme par un fait exprès du hasard, la bougie partie de la cantine royale à l'état de cire montait sur la cheminée du poëte à l'état de chandelle, et le café expédié à l'état de moka changeait en route de nature et coulait dans la porcelaine sous forme de chicorée.

Voltaire protesta contre ce nouveau miracle indéfiniment répété de transsubstantiation. Changer l'eau en vin, passe encore ; mais le vin en eau, c'était prendre l'Evangile à rebours. Frédéric jura le jour même d'envoyer toute la cantine à Spandau, pour la punir de payer la dette du roi en fausse monnaie. Crime dénoncé, crime réparé. Voltaire compta sur la parole de Frédéric à tenir la main à l'exécution du traité, et en même temps il le pria d'effacer de la convention l'article Spandau par raison d'économie. Frédéric trouva bien quelque difficulté à passer l'éponge sur le délit. Il finit cependant par faire miséricorde au pécheur, mais uniquement à la recommandation de Voltaire et par considération d'amitié.

Le lendemain le miracle reprit son cours habituel avec la même désinvolture. Voltaire reçut, comme la veille, une bougie apocryphe tirée de l'abattoir en ligne directe et un café relaps né au potager, côté à côté du persil. Il crut devoir renouveler sa protestation au grand jour contre cette substitution de personne. Cette fois il comptait bien laisser passer la justice du roi et le crime aller la chaîne au cou à la citadelle de Spandau. Frédéric écouta froidement la réclamation du poëte, et, prenant ensuite l'air attristé d'un ami impuissant à venger l'injure d'un ami, il lui dit d'un ton de commisération :

— Je souffre cruellement, mon cher Voltaire, de voir le poëte du siècle condamné, par la félonie des fournisseurs, à descendre à des comptes de cuisinier. Toutes les pensées de Virgile doivent appartenir à ses chefs-d'œuvre, de la première à la dernière minute. Je veux donc mettre bon ordre, dès aujourd'hui, à ces diversions de bas étage, indignes de votre génie. C'est un service à rendre à l'humanité. Je le rendrai, car je dois compte de votre temps à l'Europe.

Il congédia Voltaire. Un instant après, il avait rendu le poëte à lui-même et l'avait à jamais arraché à toute préoccupation d'épicerie; il avait purement et simplement, d'un trait de plume, supprimé l'allocation.

A cette interprétation inattendue de la foi jurée, Voltaire répondit par une déclaration d'hostilité.

— Puisque le monde est au pillage, dit-il, eh bien! à la guerre comme à la guerre; sauve qui peut! c'est le droit de nature.

Et faisant main basse sur les sucriers du cabinet de Frédéric, il bourra ses poches de sucre, il enleva d'autorité les flambeaux de Sa Majesté et les emporta en triomphe comme autant de trophées.

A la vue de cette violation de territoire, Frédéric sourit de pitié; il saura bien au premier jour prendre sa revanche. Seulement, en tacticien consommé, il attendit l'occasion. L'occasion arriva bientôt sous la figure d'un Anglais de naissance, aventurier de profession, qui avait reçu en partage de la fée de son berceau la faculté surnaturelle du père de Sénèque.

Frédéric dressa un paravent dans son cabinet, et après avoir ainsi masqué son mouvement à l'ennemi, il invita Voltaire à souper.

Au café, — authentique cette fois, — il lui dit avec une expression de bonhomie :

— Auriez-vous, par hasard, donné congé à votre muse, que depuis une éternité je n'ai reçu d'elle le moindre petit bouquet?

— Lorsqu'on ne possède plus, comme moi, que cette maîtresse-là, on a bien garde de la mettre à la porte et de jeter son paquet par la fenêtre.

— Alors c'est elle qui vous a donné congé.

Voltaire, blessé au vif, fit un soubresaut sur sa chaise; mais reprenant aussitôt la dignité du génie :

— J'ai quelque raison de croire, au contraire, répondit-il d'un ton ferme, qu'en honnête femme, fidèle à un premier amour, elle daigne encore avoir pour moi quelque bonté.

— En ce cas, je dois conclure de votre silence que vous tenez rigueur à votre meilleur ami.

— Vous tenir rigueur, Sire?... regardez-vous plutôt dans votre conscience. Mais il est écrit au livre de la Sagesse que le battu paye l'amende.

— Que dites-vous là? C'est moi qui la paye sans conteste, puisque depuis une semaine vous me condamnez à l'abstinence en fait de poésie; or, je succombe à ce jeûne-là et j'y perds toute espèce d'esprit.

Voltaire, caressé dans la fibre voluptueuse de la vanité d'auteur, sourit de satisfaction au compliment de Frédéric.

— Qu'à cela ne tienne, répondit-il. J'ai précisément en poche une pièce de vers éclose dans la matinée. Je puis la servir toute fraîche à Votre Majesté ; c'est la muse du saut du lit, comme vous voyez. Vous en aurez la primeur.

Frédéric renversa la tête sur le dossier de son fauteuil et ferma la paupière, comme pour savourer la divine ambroisie dans le laisser-aller du corps et le recueillement de l'esprit.

— Lisez !

Le poëte lut son œuvre avec la verve de l'ouvrier encore vibrant de l'inspiration. C'était le début du poëme de la *Loi naturelle*, un coup de fortune assurément. Voltaire avait droit de compter en conscience sur l'admiration de son auditeur. Par moment même il posait sa voix à la fin d'un passage pour donner à l'applaudissement le temps d'éclater.

Mais au lieu de crier d'enthousiasme à chaque beauté et d'interrompre la lecture par le coup de pistolet à bout portant de l'éloge, Frédéric tournait sa tabatière dans sa main et fronçait le sourcil. A la fin de la lecture il rouvrit la paupière, et regardant Voltaire d'un œil de potentat atteint dans l'inviolabilité de sa couronne :

— Cette pièce de vers est-elle bien de vous, monsieur de Voltaire ?

— Votre Majesté trouve sans doute cette sœur cadette indigne de ses aînées ?

— Je la trouve admirable, au contraire.

— J'ose croire alors la présomption acquise en ma faveur.

— Assurément vous avez jeté à la postérité plus d'un chef-d'œuvre; mais dans votre intérêt, mais pour votre honneur, je vous prie de restituer ce morceau de poésie à son véritable auteur.

— C'est ce que je fais en ce moment, répondit Voltaire, indigné du soupçon de Frédéric.

Et, d'un geste irrité, il replongea précipitamment la pièce de vers dans son portefeuille.

— Comment, vous, mon cher Voltaire, reprit Frédéric avec une implacable insistance, surchargé de gloire comme vous l'êtes, fêté, encensé, adulé, répandu dans toute l'Europe, universel de toute façon, le premier poëte épique du siècle, le premier poëte tragique, le premier poëte comique, le premier poëte lyrique, avez-vous pu oublier assez votre nom et descendre assez bas dans votre propre estime pour forcer à la dérobée la propriété du voisin, cueillir la fleur d'autrui, et par vanité, par cupidité de flagornerie, la porter à votre boutonnière. Car cette pièce de vers, je dois vous le déclarer, appartient à un poëte apprenti, à un pauvre diable inconnu, qui n'a eu peut-être dans sa vie que cette bonne fortune d'inspiration, cette chance de prendre rang au Parnasse, et voici que vous vous appropriez du droit du seigneur, du droit du plus fort, son travail, son talent, que vous soulevez contre lui une question de paternité jugée d'avance en votre faveur, car entre Voltaire et un poëte ignoré, lorsque le débat roule sur une œuvre de maître, le public naturellement donnera gain de cause à Voltaire. Vous l'aurez ainsi écrasé du poids de votre renommée. Je parle sérieusement. Qu'avez-vous à répondre?

— Sire, j'ai bien pu dans le temps faire une tragédie d'*OEdipe*, mais je ne possède pas le secret d'OEdipe : je ne sais pas deviner une énigme. Tout à l'heure vous paraissiez tenir à connaître quelque nouvelle poésie de ma façon ; j'obéis à votre désir : je vous sers la dernière couvée au sortir de la coquille; vous me demandez le nom de l'auteur. Mais le coq, c'est moi, parbleu ; me prendriez-vous pour un geai, par hasard?

— Avez-vous déjà montré votre pièce à quelqu'un?

— A personne : Votre Majesté, j'ai eu l'honneur de le dire, en a eu la virginité. J'en ai écrit la seconde moitié à l'heure même, et l'encre encore humide pourrait l'attester au besoin.

— Eh bien! avec votre permission, le coq est un jeune homme arrivé d'hier à Potsdam, un protégé de Césarion, un versificateur polyglotte comme lui, qui a récité précisément là, devant moi, à la place où vous êtes, vers par vers, hexamètre par hexamètre, votre prétendu poëme de la *Loi naturelle ;* je ne dirai pas avec autant de verve ni avec la même pureté athénienne de diction, car il a gardé de son origine ou attrapé je ne sais où certain fonds de ramage britannique, mais encore avec assez de précision et de justesse de débit pour mériter le suffrage de tout homme élevé à votre école, par conséquent sévère sur le chapitre de la déclamation.

— Où est ce drôle? cria Volaire, que je le regarde en face, que je le foudroie sur place, que je fasse rentrer son mensonge dans sa gorge et que je le force à demander pardon, la corde au cou, de l'impudence, de l'imprudence qu'il a eue de chercher à mystifier le plus grand monarque de l'Europe et à la barbe du plus beau corps d'infanterie qui ait jamais monté la garde à la porte d'un palais.

— Interrogez-vous d'abord, mon cher Voltaire; car jusqu'à présent l'apparence plaide contre vous, je dois vous le dire ici de bonne amitié en mon âme et conscience. Si l'épreuve, comme je le crains, doit tourner à votre confusion, je dois à votre nom, je me dois à moi-même d'éviter à tout prix de vous commettre avec votre victime, car le scandale de cette aventure vous couvrirait de confusion devant le monde entier, et rejaillirait, il faut bien l'avouer, sur le maître du logis.

La parole du roi, distillée avec une lenteur étudiée et une froide cruauté, tombait comme de l'eau forte sur le cœur du poëte, et à chaque goutte de poison il tressaillait d'indignation et il protestait de l'épaule.

XXXV

LA FORÊT DE BONDY.

— Qu'il vienne! cria Voltaire d'une voix concentrée ; envoyez-le chercher de suite, maintenant, à la minute, à la seconde, ou je vais le prendre moi-même au collet et l'amener à Votre Majesté. Seulement, le procès une fois jugé, je crois avoir droit à une réparation éclatante pour ma loyauté soumise à expertise et mise en balance avec un coureur d'aventure. J'espérais jusqu'à présent avoir mieux mérité de Votre Majesté.

— La chose, en effet, est de toute justice : quelle réparation exigez-vous? Je la signe en toute confiance.

— De couper l'oreille de ce drôle après le prononcé du jugement et de la clouer au poteau de l'avenue de Potsdam, pour décourager une autre fois les voleurs polyglottes d'entrer dans le champ du voisin.

— A merveille ! répondit Frédéric ; mais que ce drôle gagne son procès, lui reconnaissez-vous le droit du talion ?

— Volontiers ; si jamais un rimeur de rencontre ramassé sur le grand chemin parvient à prouver qu'il est Voltaire et que je suis un faussaire, je lui permets de tout cœur, pour la nouveauté du fait, de me couper autant d'oreilles qu'il voudra, et je lui promets même, pour lui tailler de la besogne, d'en porter ce jour-là de longueur à faire envie au roi Midas dans le paradis des baudets.

— Vous le voulez, soit ; je vais procéder à la confrontation. Mais je vous jure sur la mémoire de Salomon de juger en toute équité cette question de tien et de mien, et de rendre à qui de droit l'enfant en litige, dussiez-vous ensuite en mourir de douleur.

Frédéric prit une plume, écrivit une lettre, la saupoudra d'une prise de tabac, la plia lentement, la cacheta plus lentement, et la levant ensuite entre le pouce et l'index à hauteur de l'œil, il la tint ainsi un moment à l'étalage.

— Vous voyez cela, dit-il à Voltaire, c'est l'arrêt du destin. Faites vos réflexions ; vous avez encore le temps de retirer votre parole. Je vous promets, au nom de notre ancienne amitié, d'ensevelir cette malheureuse histoire entre les quatre murs de ce cabinet.

— Ce qui est dit est dit, Sire, et puisque Votre Majesté a cru devoir infliger à l'homme le plus sincère de son royaume l'injure de douter de sa franchise, elle devrait au moins lui épargner la douleur de tourner plus longtemps le couteau dans la blessure.

Frédéric appela un page et lui donna la lettre à porter.

Un instant après, un petit monsieur, coiffé d'une perruque couleur de filasse, entra dans le cabinet du roi de ce faux air modeste, passeport hypocrite de l'impertinence, fit une première révérence du seuil de la porte, une seconde révérence au milieu de la chambre, une troisième à proximité du roi, avec la grâce balourde et la fatuité novice d'un séminariste à son préambule d'abbé de cour et à son coup d'essai avec une marquise. Après cette courbette suprême, immobile, droit, la tête haute, les yeux fichés sur la corniche du plafond, il attendit le commandement de Sa Majesté, sans daigner jeter un coup d'œil à Voltaire. Mais Voltaire, de son côté, examinait attentivement cet homme blafard, et comme il avait la couleur équivoque en aversion :

— Voilà, pensait-il, un coquin fieffé, à raser de près et à essoriller sans commisération.

— Monsieur l'apprenti en Apollon, reprit Frédéric, vous m'avez déjà donné un véritable festin du Parnasse ; pourrez-vous encore nous offrir aujourd'hui un échantillon de votre talent ?

— J'ai vidé mon sac ce matin.

— Servez-nous la même farine.

— Je crains l'épreuve de la répétition.

— Voltaire désire entendre votre poésie.

A ce nom de Voltaire, le poëte ambulant tourna la tête du côté de son rival et fit une légère inclination.

— Je salue, dit-il, le flambeau de l'univers.

— Apportez les mouchettes! riposta Voltaire.

— Toutefois, répliqua l'inconnu, je veux bien donner au maître la satisfaction d'entendre le disciple, et quoique ce soit porter l'eau à la rivière...

— Pour vous noyer, reprit Voltaire.

— J'ose cependant, continua imperturbablement l'inconnu, compter sur son indulgence.

Et il attaqua d'une voix ferme de capitaine à la tête de sa compagnie, et il déclama sans broncher d'une ligne le commencement du poëme de la *Loi naturelle*.

Voltaire hochait la tête d'un air de pitié et lançait de temps à autre une bouffée pour écouler le trop-plein de son indignation.

— Va, mon garçon, grommelait-il en lui-même, va toujours... tu as volé sans doute sur ma table la première partie du brouillon. Je t'attends à la seconde partie.

Frédéric plaçait de temps à autre un cri d'approbation à chaque vers heureux ; mais, après un nombre d'hémistiches suffisant à son avis pour juger la querelle, il jeta du côté de Voltaire un coup d'œil narquois, et tirant sa propre oreille et la secouant avec une affectation marquée :

— Eh bien! lui dit-il à mi-voix, cela commence-t-il à pousser?

— Attendez, Sire, répliqua Voltaire, après le fossé la culbute.

Le moment critique approchait. Au quatre-vingt-dix-neuvième vers, le poëte de contrebande parut hésiter.

— Voulez-vous que je vous donne la rime? lui dit Voltaire.

— Je la connais, répliqua son rival.

— Vous avez alors le don de seconde vue, que vous lisez dans mon portefeuille.

— Je lis dans mon esprit.

L'usurpateur franchit résolûment le défilé, enleva le centième vers à la baïonnette et poursuivit le cours de sa victoire.

Voltaire couvait du regard son sosie, le tenait en arrêt, et rougissait et pâlissait tour à tour. Au cent-deuxième vers il frétilla sur sa chaise, au cent troisième il prit sa perruque, et la lançant à toute volée au visage de l'intrus.

— Vous êtes le diable! dit-il.

Et levant la séance d'un bond, il enfila la porte et courut à perte d'haleine:

Au feu! criait-il.

A ce cri de détresse, la domesticité du château accourut, et interpellant le donneur d'alarme:

— Où voyez-vous le feu? lui demanda un laquais.

— Partout, dit-il; cette maison est la maison de l'enfer. Je viens de voir le diable en personne, avec une perruque jaune-serin.

— Où donc?

— Dans la chambre de Sa Majesté.

— Et que fait-il en si bonne compagnie?

— Ce qu'il fait? Il vomit ma poésie à pleine bouche, le malheureux! Mais il en rendra l'âme du coup, j'espère, car cette poésie doit être pour lui une jatte de poison.

Voltaire rentra dans sa cellule, prit son bonnet de nuit, et une heure après il dormait. Il avait compté sans doute que la Providence lui enverrait un songe pour lui expliquer le miracle de ce je ne sais quoi, son second lui-même, écho de sa propre versification.

Le lendemain matin, à son réveil, il aperçut un fantôme debout à son chevet, qui tenait à la main un plat d'argent et dans le plat une paire de ciseaux. Il reconnut le marquis d'Argens et replongea la tête sous sa couverture.

— Encore le diable, dit-il : que vient-il faire ici?

— Je viens chercher le prix du vainqueur.

Voltaire reparut à la lumière.

— Marquis, dit-il, je devrais sans doute, à la rigueur de la loi, vous livrer une paire d'oreilles, mais comme je tiens encore à vous entendre, je vous demande la permission de les garder. Posez là votre plat d'argent et causons. Hier, le roi de Prusse a joué la comédie, mais il y a là-dessous, n'est-ce pas, quelque histoire de sortilége?

Le marquis sourit.

— Comment, mon ami reprit Voltaire, dans cette chambre même, à ce bureau même, je fais des vers, je les écris de ma main, je suis chez moi, je suis seul, pas un chat, pas un rat, ma porte est fermée à double tour; je vais porter ensuite l'enfant tout palpitant à Frédéric, et il le connaît déjà, et un escogriffe, tombé sans doute de la cheminée, vient répéter à ma face, comme tiré de sa besace, un morceau de poésie qui est mon bien et un secret entre moi et mon papier, et vous voulez que je prenne la chose au naturel et que je passe condamnation sur ce coup de sorcier?

D'Argens souriait toujours.

— Mais vous souriez éternellement, marquis! Eh bien! auriez-vous l'imagination mille fois plus provençale, que je vous défie d'expliquer ce tour de gobelet!

— Avec de l'esprit et une minute de réflexion, un homme ordinaire aurait bien vite éventé le secret; mais un homme extraordinaire dédaigne de croire qu'on peut le mystifier, et on le prend d'autant plus aisément au traquenard.

— Et vous faisiez partie du complot?

— Nullement.

— Mon ami, dit Voltaire avec attendrissement, donnez-moi la main, tirez-moi d'embarras. Nous vivons ici dans la forêt de Bondy, à moi aujourd'hui, à toi demain, faisons cause commune contre l'ennemi commun et signons de notre sang de nous prêter en toute occasion aide et assistance.

— Avez-vous remarqué dans le cabinet du roi ce paravent de contrebande?

— Peut-être! continuez.

— Eh bien! derrière cette embuscade chinoise, le roi tenait votre sosie caché pendant la lecture de votre poëme.

— Quand il l'aurait tenu caché pendant mille ans, est-ce que ce démon invisible aurait pu attraper une centaine de vers à la volée et les redire de mémoire?

— Pourquoi non? Le père de Sénèque allait bien jusqu'au double à simple audition, et il répétait même le travail du poëte en commençant par le dernier spondée et en remontant vers par vers le courant de la composition.

Voltaire sauta à bas de son lit et saisit son épée.

— Que voulez-vous faire? cria d'Argens.

— Tuer ce gredin pour ôter désormais à cette espèce-là la tentation de manquer de respect à la poésie.

— Quel gredin?

— Ce foudre de mémoire.

— C'est le roi qui a tendu le piége, mon ami; remettez votre flamberge au fourreau.

— Vous avez raison, mon ami, répliqua tristement Voltaire. Cet homme, né une couronne sur la tête comme Satan avec une corne, a besoin d'égorger le monde par manière de passe-temps, et, quand la matière manque, de le persifler à outrance. Il prend à tour de rôle chacun de nous pour plastron. Nous, faisons ici un lugubre métier. Pour peu que nous ayons du cœur, nous devons songer à vider le royaume. Quant à moi, dès aujourd'hui je prépare ma valise.

Il embrassa d'Argens avec effusion.

— Je vous plains, marquis, si vous laissez une minute de plus votre tête exposée au coup de patte royal dans cette ménagerie.

— Querelle d'allemand et querelle d'amant, reprit d'Argens, vous vous embrasserez à la première occasion.

— Jamais, mon ami. Voyez-vous cette table de marbre? cet homme est comme elle, dur et poli. Allons, venez, et partons.

D'Argens tourna le dos au poëte et lui montra de la main la clef de chambellan brodée au verso de sa personne.

— Vous voyez cette clef, dit-il, hélas! elle a fermé à jamais sur moi la porte de ma prison.

— Je connais ce geste pour l'avoir vu dans le temps pratiquer à Lamettrie. Quand le pauvre diable avait vidé le fond de sa bourse au cabaret et n'avait ni sou ni maille pour payer la dernière chopine, il mettait la main précisément, comment dirais-je? à la clef de chambellan, et, claquant de droite et de gauche la prima donna et la seconda donna, il criait d'une voix lamentable :

— *Miserere!* J'ai dépensé mon dernier liard!

— Il mourut à la chaîne, vous savez de quelle façon.

Je vous souhaite meilleure chance, marquis. Quant à moi, j'ai mis mon dernier liard à l'abri. Je vais aller le retrouver. Il vaut mieux être citoyen du monde que chambellan de Sa Majesté Arlequin.

XXXVI

A CORSAIRE CORSAIRE ET DEMI.

La philosophie soupait en bande à la salle de la confidence. Voltaire, encore sous le coup de sa mystification, boudait dans son assiette. La conversation, faute de boute-en-train, tombait en langueur. Maupertuis seul pétillait de gaieté. Il détestait abondamment Voltaire ; il jouissait de l'humiliation du poëte. Après le repas, il lui coula en douceur ce mot à l'oreille :

— Jamais souper n'a été plus spirituel.

— Dites plus stupide, répondit Voltaire.

Le géomètre avait jeté le cartel, le poëte releva le défi. Il tailla sa plume de campagne et écrivit d'un trait le pamphlet du docteur Akakia.

Maupertuis avait émis dans le temps trois ou quatre bouffonneries de première qualité, et, comme tous les algébristes de profession, il les avait solennellement appelées des idées.

Ces idées consistaient à dire et à prouver, par axiome et corollaire,

Premièrement :

Que si on disséquait avec précaution la tête d'un géant on pourrait peut-être voir au microscope la pensée pétiller au fond du cerveau ;

Secondement :

Que si on endormait l'homme à l'aide d'une dose d'opium, on arriverait sûrement, un jour ou l'autre, à surprendre l'âme en flagrant délit pendant le sommeil du gardien. Elle prendrait alors ses ébats au soleil et donnerait le spectacle de ses gentillesses ; le chat dort, la souris sort, c'est le proverbe ;

Troisièmement :

Que si on badigeonnait de haut en bas un homme de poix-résine, de manière à boucher hermétiquement chaque pore de l'épiderme, ce tamis ingénieux, inventé tout exprès par le Créateur pour laisser fuir la vie, on communiquerait à l'homme, par cet emplâtre, le don d'immortalité. On conserve bien une momie avec une couche de vernis, une teinte de goudron pourrait bien avoir la même puissance sur le corps vivant ;

Quatrièmement :

Que si on faisait un puits de profondeur, jusqu'au centre de la terre, par exemple, sans aller précisément jusqu'à l'antipode, on pourrait trouver en chemin le secret de l'attraction, un gnome, qui sait? ou peut-être bien un aimant.

Croyez ensuite aux mathématiques pour rectifier la raison, et aux mathématiciens pour penser. Voltaire châtia, au courant de la plume, les billevesées du savant. Les quolibets tombaient serrés comme grêlons sur le dos du malheureux académicien ; une épigramme n'attendait pas l'autre ; c'était comme la crépitation de la fusillade. Il avait ri de verve et, dans une journée, consommé sa vengeance.

Il mit une certaine coquetterie à recopier lui-même son pamphlet d'une belle écriture réglée et lisible, sur papier de Hollande, à la distribuer en trois cahiers pour multiplier les occasions de lecture, et à les attacher avec des rubans de toutes couleurs pour tenter les regards.

Le manuscrit ainsi habillé, ainsi attifé, soigné, orné, recommandé par sa bonne mine, passé de main en main, cajolé et caché sous le coussin, courut tous les salons, les boudoirs, les corps de garde et les alcôves de Berlin. Les seigneurs le lisaient, les duchesses le dévoraient, les officiers le feuilletaient, les académiciens eux-mêmes cédaient à la contagion.

Frédéric avait l'œil partout, l'oreille au même endroit, et, en qualité de protecteur de Maupertuis, il trouva que le docteur Akakia pouvait bien commettre une indiscrétion en promenant ainsi, de porte en porte et de ruelle en ruelle, au milieu des huées et des nasardes, le mannequin grotesque du vénérable académicien.

Il résolut donc de retirer le docteur Akakia de la circulation et de l'immoler à la paix du ménage.

— Ecoutez, mon ami, dit-il un jour à Voltaire, Maupertuis a fait feu le premier, j'en conviens ; vous avez riposté, vous en aviez le droit, j'en conviens encore. Mais il dîne à ma table comme vous, il couche comme vous sous ma tente, il mange comme vous mon pain et mon sel, et si je le laissais publiquement injurier et déchirer à mon foyer à côté de moi par les horions et les verges de votre ironie, je méconnaîtrais à coup sûr et je violerais en sa personne la première loi, la loi sacrée de l'hospitalité. Ainsi, au nom de l'amitié que je vous porte et que vous me portez aussi en retour, je l'espère du moins, je vous conjure de vouloir bien faire le sacrifice de ce pamphlet.

— Du moment où le Seigneur ordonne à Abraham d'immoler Isaac, Abraham charge immédiatement un fagot sur son âne pour accomplir le sacrifice. Je vais de ce pas jeter au feu le docteur Akakia, et puisse la fumée de l'holocauste réjouir le nez trois fois auguste de Jéhovah de Brandebourg !

Frédéric avait la science du cœur humain. Il suspecta la sincérité d'un feu qui devait flamber hors de sa présence et dévorer à huis clos un chef-d'œuvre d'ironie. Il mit familièrement la main sur l'épaule de Voltaire et lui dit avec un redoublement d'amitié :

— Non. Allez chercher votre docteur Akakia. Je veux l'entendre au moins une fois, recevoir son dernier soupir et l'ensevelir dans mon souvenir comme dans un mausolée.

— Un tombeau royal, Sire, c'est trop d'honneur, en vérité, pour ce maroufle.

Voltaire alla chercher l'œuvre expiatoire vouée au bûcher et en commença la lecture d'un ton tragique sous le manteau de la cheminée. Chaque coup portait; le roi éclatait en admiration, il prenait la main de Voltaire, il la baisait à outrance et criait dans son enthousiasme :

— Non, jamais roi du monde n'a baisé la main d'un pareil génie.

Voltaire venait de lire le premier cahier. Il le contempla un instant en silence de l'air mélancolique d'un éternel adieu ; puis, dénouant les faveurs qui attachaient les feuillets :

— Voilà, dit-il, les bandelettes funèbres.

Il passa le manuscrit à Frédéric, et, détournant la tête avec l'expression d'un père condamné à voir monter son fils à l'échafaud, il porta son mouchoir à son front comme pour essuyer une larme de regret.

— Je vous livre, dit-il, le juste qui doit périr pour le salut d'Israël, et je prie Votre Majesté de vouloir consommer elle-même le sacrifice.

Frédéric déposa respectueusement l'hostie sur le tison de la cheminée ; mais, au moment où le docteur en flammes montait par le chemin du ramoneur à l'apothéose, le roi, pris tout à coup d'un délire sacré et soulevé par le fluide du dieu inconnu, bondit de son siége, saisit Voltaire par le bras, l'entraîna au milieu de la chambre et entama avec lui une pyrrhique effrénée en criant à tue-tête :

— Vulcain, dieu cruel ! Vulcain, dieu jaloux !

Et le poëte et le roi tournaient et pirouettaient comme des Hurons autour de l'ennemi attaché au poteau. Le roi chantait ;

— Vulcain, dieu cruel ! Vulcain, dieu jaloux !

Et le poëte répétait d'une voix éteinte :

— Vulcain, dieu jaloux ! Vulcain, dieu cruel !

Après avoir ainsi tournoyé et gambadé un quart d'heure, ils reprirent l'un et l'autre tranquillement leur place à chaque bout de la cheminée. Voltaire, essoufflé, continua la lecture ; le roi, hors d'haleine, l'interrompait de temps à autre par un sanglot d'admiration. Peu à peu, la voix du lecteur baissa. Il touchait à la fin du cahier. Un morne silence succéda au second acte de cette trilogie.

— Courage !

Et arrachant de la main de Voltaire le docteur martyr, il le jeta au bûcher.

— *Ite in ignem æternum !* dit-il.

Et la danse héroïque recommença avec une nouvelle frénésie, et le roi et le poëte chantaient encore, l'un avec une voix de ténor, l'autre avec une voix de basse, l'hymne improvisé :

— Vulcain, dieu jaloux ! Vulcain, dieu cruel !

et leurs pieds, bouillonnants du frémissement sacré jusque dans la moelle et secoués par l'inspiration irrésistible du derviche, retombaient en cadence sur le parquet avec un rhythme précipité de battoirs en fureur à ébranler les murailles du palais.

Les pages de service, attirés par le vacarme, accoururent dans l'antichambre et regardèrent par le trou de la serrure, et, voyant les dieux de l'Olympe tournoyer à perte d'haleine, ils les crurent, du coup, tombés en mal caduc. Cette danse macabre, exécutée à deux d'un jarret endiablé, derrière le verrou, leur parut la fin du monde et la prédiction accomplie de l'Apocalypse.

Après ce deuxième pas de ballet, Voltaire passa au dernier cahier. Il le lut posément, lentement, de ce timbre sourd, glas funèbre de la pensée. A chaque instant il faisait une pause, comme suffoqué par un sanglot ; mais, au dernier feuillet, au moment où il envoie Maupertuis dans la lune sur une vessie, il frémit de tout son corps, et, succombant à la violence de l'émotion, il jeta précipitamment le cahier dans la cheminée :

— *De profundis*, dit-il.

— *Amen*, répondit Frédéric.

L'holocauste était consommé. Voltaire, debout et la tête penchée, regardait d'un œil sinistre la flamme bleuâtre jouer avec son esprit.

— C'était donc là, dit-il, le destin de Priam !

Frédéric, attendri, alla prendre la main du poëte et la tint longtemps serrée avec une muette et douloureuse expression de commisération ; puis, la laissant retomber, il recula du pas automatique d'un fantôme, il leva la main au ciel, sa figure resplendit, sa perruque frissonna comme si un coup de vent venait de passer.

— Silence ! dit-il d'une voix emphatique, je vois d'ici un homme là-bas, là-haut plutôt, dans l'enfer ou dans l'empyrée, je ne distingue pas bien encore, un homme, peut-être bien un demi-dieu, recueillir un petit docteur à cheval sur une vessie, le saluer poliment et le présenter à un autre immortel orné d'un nez camus et d'un corps rond comme une citrouille. C'est Lucien, c'est le dieu du rire qui amène le docteur Akakia à Rabelais et leur dit : Embrassez-vous, mes amis, vous vous connaissez de toute éternité.

Voltaire coula de côté un regard languissant à Frédéric, et dit avec un léger accent d'ironie :

— Oui, sûrement, s'il y a un ciel pour l'opprimé, le docteur Akakia doit y monter en ce moment. Adieu donc, mon pauvre docteur, sois plus heureux dans l'autre monde que sur ce globe terraqué. Attends-moi, j'irai bientôt te rejoindre.

Il salua Frédéric et sortit lentement; sur le seuil de la porte, il agita sa main au-dessus de sa tête comme pour invoquer le dieu vengeur, et, prenant ensuite sa volée, il grimpa l'escalier d'un bond et courut dans sa loge changer de costume.

Il avait joué son rôle en comédien consommé; il pouvait rire maintenant de la candeur de Frédéric.

Mais Frédéric l'avait suivi du regard au sortir de la

scène, et, croisant ensuite les bras sur sa poitrine, il avait murmuré à voix basse :

— Voltaire, mon ami, ta douleur sonne furieusement la hâblerie. Tu as livré trop couramment ton manuscrit au bras séculier pour l'avoir livré sans réticence; tu dois en avoir gardé une copie et peut-être même l'avoir déjà donnée sous main à l'impression.

XXXVII

ADIEU PANIERS, VENDANGES SONT FAITES.

Voltaire, effectivement, avait joué Frédéric. Le docteur Akakia, immolé de la main royale, ressuscitait quelque temps après en cachette dans une imprimerie de Berlin; mais Frédéric avait lâché sa police à la poursuite du revenant; à l'instant même où le docteur Akakia sortit du sépulcre, un recors saisit l'édition. Le roi signa l'ordre de la brûler, en place publique, de la main du bourreau.

C'était la première fois que Frédéric donnait à l'Europe le spectacle du supplice d'un livre, acte d'inquisiteur, acte d'enfant qui trébuche contre la pierre du chemin et la frappe du pied pour venger son offense, et ce châtiment tombait précisément sur la tête de Voltaire, l'ami, l'hôte, le philosophe, le Virgile du siècle, le précepteur de l'humanité, de tout temps choyé, fêté, adulé, cajolé, caressé, embrassé, canonisé et dressé vivant dans la première niche du Panthéon. Le poëte connut alors ce que pèse la parole d'un roi, sa préférence, sa flatterie, sa protection. Il avait pris le collier du maître, il en sentait enfin, Dieu merci, la meurtrissure. Il passa la main sous sa perruque.

— J'ai le cou pelé, dit-il, j'aime mieux revenir au métier de loup et reprendre le chemin de la forêt.

De ce moment, il songea au fond de son cœur à gagner du pied et à rentrer, coûte que coûte, dans sa liberté.

Il voulut, néanmoins, assister à l'auto-da-fé du docteur Akakia. Le jour de l'exécution, il loua une fenêtre sur la place de Potsdam. Lorsqu'il vit monter la flamme du fagot, il harangua la populace comme du haut d'une tribune :

— Voyez, criait-il, cette fumée, c'est l'âme de Maupertuis, pouah ! comme elle est noire, comme elle est empestée !

Et, prenant un air contrit, il ajouta, la main tendue au midi :

— Et les quatre petits déserteurs qui courent la poste et qui arrivent maintenant en Hollande.

Ces quatre petits déserteurs en rupture de ban étaient quatre exemplaires du docteur supplicié par ordre de Frédéric, que l'auteur avait sauvés sous main du fagot et envoyés par la poste à un libraire d'Amsterdam.

La victoire restait donc à Voltaire; mais Voltaire avait pratiqué Frédéric de trop près pour dormir en paix sur son brin de laurier. La gaieté royale piquée au vif a toujours à son service quelque chose de mieux qu'une épigramme. Lorsque le dey d'Alger circulait à travers sa capitale, il avait toujours le bourreau à son côté. Le passant saluait naturellement le pouvoir et inclinait jusqu'à terre son turban, et le bourreau rendait invariablement le salut pour le compte de Sa Majesté.

Voltaire redoutait ce genre de politesse par procuration; Frédéric l'avait appliqué au docteur Akakia; il pouvait bien, une fois en verve, l'appliquer à l'auteur. Comment conjurer le péril? Fuir? Il encourait la peine de déserteur. Demander grâce? Il humiliait la philosophie.

Il roula cette question dans sa tête toute la journée. La nuit tomba sur son incertitude, l'ombre envahit sa pensée. Il ouvrit un volume de Tacite. Après l'avoir suffisamment feuilleté pour sentir monter à son cerveau une pointe de Romain, il ferma le bréviaire du stoïcisme et il souffla sa bougie.

Le lendemain matin, à l'heure où Caton saisissait son épée pour échapper à César et où l'alouette chantait dans le ciel comme l'âme délivrée de sa prison, il donna l'ordre à son domestique d'apporter une baignoire et de la remplir de plus d'herbes de la Saint-Jean que Médée n'en jeta pêle-mêle dans sa chaudière pour retremper la fibre décrépite d'Eson.

Or, pendant que le bain parfumé de sauge et de romarin répandait dans sa chambre un nuage de fumée, le poëte, mélancoliquement enveloppé de sa douillette, la jambe nue, le pied nu dans sa pantoufle, le coude sur le genou et le menton sur sa main, repassait de mémoire l'histoire tragique de Sénèque et attendait dans une muette résignation la sentence de la destinée.

Il méditait ainsi depuis un instant, lorsque la porte de sa chambre, poussée d'autorité, exhala en tournant un funèbre gémissement.

C'était le centurion.

Le centurion était à la vérité un page de bonne mine, haut en couleur, le visage encore orné du duvet de l'adolescence.

Voltaire leva sur lui un regard mourant, et, relevant d'un geste dramatique chaque pan de sa douillette, montra au jeune homme son corps éprouvé par l'âge et ramené, de réduction en réduction, au minimum du squelette.

— Voyez, mon ami, dit-il, cet homme m'a tué : je ne suis plus qu'un cadavre. Mais l'archiduc me vengera, j'en prends le ciel à témoin.

Cet archiduc était Joseph d'Autriche, dont la renommée faisait déjà un héros par anticipation et le vainqueur de Frédéric en expectative.

Le page tira gravement un pli de son pourpoint.

—Voilà, dit-il, ce que le roi, mon maître...

— Le roi! interrompit vivement Voltaire ; dites plutôt le caporal !

Et arrachant le pli de la main du page, il regarda la suscription.

L'adresse portait : *A monsieur de Voltaire, au château.*

— Au château ! murmura le poëte. Allons donc ! au corps de garde !

Il déchira le cachet.

La lettre, écrite de la main du roi, contenait une simple antithèse :

« Vous avez un grand talent, mais le cœur encore plus petit. »

A cette insulte, Voltaire bondit de sa chaise et froissa la lettre, la roula, la pétrit dans sa main.

— Le misérable ! cria-t-il.

Il fit le tour de sa chambre avec précipitation. A chaque pas il jetait à l'écho une explosion de fureur :

— Le misérable !

Le page le suivait en cherchant à l'arrêter par la douillette :

— Monsieur...

— Le scélérat ! reprenait Voltaire.

— Monsieur....., répliquait le page d'une voix de fausset.

— Le Tibère !

— Monsieur...

— L'abbé Cottin !

— Monsieur...

— Le Pradon !

— Monsieur...

— Le Borgia !

— Monsieur...

— Le Machiavel !

— Monsieur...

— Il a réfuté le livre du *Prince* et l'a dépassé en tyrannie. Il a craché au plat, voilà tout, pour dégoûter les autres !

Et Voltaire poursuivait toujours d'un pas précipité son mouvement de circulation autour de la chambre ; le page le suivait toujours en le tirant par la douillette et en plaçant entre deux injures sa perpétuelle interjection.

Enfin le poëte, pirouettant brusquement sur lui-même, marcha le poing fermé sur le spectre acharné à sa poursuite.

— Monsieur ! répétait-il en imitant le fausset du page, crois-tu donc refouler la vérité avec ton : Monsieur ? Je te le répète, cet homme est un histrion, un fourbe sans foi ni loi, ni Dieu ni pudeur. Je l'ai appelé un jour Salomon. J'ai menti, il n'est tout au plus que Denys, entends-tu bien ? le tyran Denys de Syracuse.

Il jeta la lettre à terre et la foula du talon.

— Je foulerai ainsi sous mon pied sa réputation de sagesse et de grandeur. Je lui écraserai la tête avec sa couronne. Ah ! grand talent, cœur petit ! à nous deux, Sire, désormais. Tu as entendu ce que je t'ai dit, porte-lui ma réponse.

— Vous oubliez, répondit le page, que cet homme est roi et que je suis son serviteur.

— Est caporal, mon ami.

Il prit sur sa table un paquet de papiers.

— Voyez le linge sale de Sa Majesté. C'est moi qui blanchis cela.

Ce linge sale était le brouillon d'un poëme de Frédéric, intitulé : *le Palladium*.

— Vous oubliez, continua imperturbablement le page, que cet homme a sur vous droit de vie et de mort, et que d'un mot il peut faire tomber votre tête.

Cette parole jeta un seau d'eau froide sur la colère de Voltaire. Il pencha son front sur sa poitrine, et, immobile et recueilli en lui-même, il regarda douloureusement le page, et enfin, après une minute de silence, prenant un accent de tendresse :

— Mon ami, dit-il, je n'ai eu qu'un tort avec ton maître, je lui ai appris à faire les vers mieux que moi, hélas! et aujourd'hui je n'ai plus qu'à lui demander un passeport pour aller pleurer ma défaite dans le désert.

Le page sortit.

— Eh bien! répondit Frédéric, au retour de son messager, qu'a répondu ce coquin-là à mon épître!

— Sire, il a commencé par battre la campagne.

— Qu'entends-tu, reprit le roi, par battre la campagne ?

— Il vous a appelé...

Le page hésita.

— Il ma appelé, reprit Frédéric.

— Oserai-je le dire ?

— Dis, mon garçon.

— Brigand.

— Ensuite ?

— Tibère.

— Continue.

— L'abbé Pradon.

— La litanie dure longtemps ?

— Oui, Sire, un quart d'heure à peu près ; mais, après avoir jeté sa gourme, il a fini par tomber dans l'attendrissement et par avouer qu'il n'avait qu'un tort avec Votre Majesté.

— Voyons.

— Celui d'avoir fait du roi de Prusse le plus grand poëte de l'univers.

Frédéric sourit.

— C'est un fou, dit-il. Retire-toi, mon enfant, et garde le silence !

Il prit sa flûte pour chercher, sur un air de Hændel, un moyen honnête d'écouler en douceur Voltaire à la frontière sans faire crier trop haut le scandale de cette rupture entre la royauté et la philosophie.

Par moment il suspendait l'ariette et murmurait en marchant :

— Cet homme mériterait d'être fleurdelisé au Parnasse. Il a la gentillesse et la malice d'un singe. On admire son esprit en même temps qu'on méprise son caractère. Adieu paniers, vendanges sont faites. Décidément j'aime mieux les prêtres que les philosophes.

XXXVIII

LA POESCHIE DU ROI MON MAITRE.

Voltaire, de son côté, songeait aussi à soustraire sa personne à l'amitié terrible de ce roi goguenard, roi à outrance jusqu'e dans la plaisanterie. Il prit donc le parti de mourir encore une fois par ordonnance de médecin, pour avoir un prétexte satisfaisant d'aller chercher sa résurrection aux eaux de Plombières. Il renvoya à son amphitryon sa clef de chambellan, sa croix du mérite et accompagna ces reliques du mélancolique quatrain : *Je les reçus avec tendresse, je les rends avec douleur*, etc.

— Enfin, dit-il en les remettant à l'estafier de service, j'ai dépouillé les marques de la servitude.

— La querelle tourne au sentiment, reprit Frédéric à la lecture du quatrain, politesse pour politesse.

Il réexpédia au poëte sa clef de chambellan et son diplôme de pension. Il ajouta, à la vérité, au paquet, une dose ironique de quinquina avec ce billet :

— Guérissez-vous et restez.

— Puisque nous jouons en ce moment une partie de générosité, pensa Voltaire, jouons serré. J'ai gagné la première manche, le roi a gagné la seconde ; à la troisième maintenant.

Il entra dans le cabinet de Frédéric et, fléchissant à moitié le genou, il lui dit d'un ton pénétré de reconnaissance :

— Sire, je veux mourir au service de Votre Majesté.

Frédéric releva le poëte avec effusion.

— Tout est oublié, dit-il. Reprenons le cours de notre amitié, et soupons comme par le passé.

— Sous l'épée de Damoclès, pensa intérieurement Voltaire.

— Oui, comme par le passé, reprit Frédéric, et, pour sceller la réconciliation de la royauté et de la philosophie, dites-moi quelle grâce je pourrai vous accorder.

— Un passeport, répliqua vivement Voltaire.

— Un passeport ? vous voulez donc abandonner Potsdam ?

— Non, Sire, mais l'habiter plus longtemps.

— Comment plus lontemps ?

— En renouvelant mon bail avec l'existence.

— Je comprends ; vous voulez aller retremper votre

corps à la fontaine de Jouvence. Mais vous reviendrez, n'est-ce pas, vous le jurez ?

— Je le jure, répondit Voltaire.

— Par quelle divinité ? répliqua Frédéric.

— Par la magnanimité de Votre Majesté.

Après ce serment à fonds perdu, sur une divinité qu'il avait quelque droit de croire absente de l'olympe de Potsdam, Voltaire rentra dans son quartier et, appelant son valet de chambre :

— Mes paquets, dit-il.

— Quels paquets ? demanda le Frontin du poëte, d'un air étonné.

— Mes meubles, mes livres, mes bijoux, mes tableaux ; emballe tout cela, aujourd'hui même, à la minute.

— Monseigneur déménage ?

— Monseigneur ! drôle ; ménage tes expressions, monseigneur toi-même ! Je ne suis plus chambellan, je suis Voltaire.

— Que ferai-je des ballots ?

— Tu les mettras sur une voiture de roulage, et fouette, roulier !

— Pour les conduire ?

— A la fontaine de Jouvence, par la route de Genève.

Le lendemain Frédéric passait la revue de son régiment. Voltaire alla le trouver à la parade.

— Sire, dit-il, je viens prendre congé de Votre Majesté.

— Vous voulez donc absolument partir ? répondit le roi d'un air d'indifférence.

— Sire, ma santé... Vous comprenez, une fièvre continue...

— Bon voyage, riposta brusquement Frédéric.

Et il continua de commander la manœuvre.

Une heure après cet adieu sommaire, Voltaire montait en chaise de poste, et partait à fond de train pour Francfort. Il dévorait l'espace nuit et jour avec un redoublement de pourboire à chaque relai. De temps à autre il mettait la tête à la portière, comme s'il entendait sur sa trace le galop d'un escadron lâché à sa poursuite.

Enfin il toucha un soir le pavé indépendant de la ville impériale de Francfort. Sa nièce, veuve d'un capitaine Denis, l'attendait à l'auberge sur cette terre de Chanaan. Il soupa de bon appétit, en compagnie de Madame Denis, et, après le café, il ouvrit la fenêtre au dernier rayon de soleil pour sécher, disait-il, ses habits encore mouillés du naufrage.

— J'ai donc abordé la rive, murmurait-il délicieusement. Je respire l'air libre, je me retrouve, je m'appartiens; ce que je touche, ce que je tiens là, sous ma main, c'est bien moi Voltaire, moi, maître de l'espace, moi, mon moi, mon être, et non plus ce je ne sais quoi dénaturé, falsifié, contrefait par un titre, un ruban, une livrée, l'homme d'un autre homme, son plaisant, son plastron. Ah! Sire, vous êtes roi, *et ego in Arcadia*. A nous deux désormais.

Pendant qu'il lançait ce défi au vent, il entendit le son d'un tambour. Il dressa l'oreille avec inquiétude.

L'armée de la ville impériale de Francfort, composée de douze fusiliers et commandée par un apothicaire, marchait en ordre de bataille contre l'auberge. L'aile droite, formée de quatre hommes et un caporal, tourna la maison, par un mouvement oblique savamment combiné, pour fermer la retraite à l'ennemi. L'aile gauche, échelonnée en corps de réserve, garda la principale entrée, tandis que le centre envahissait l'hôtel au pas de charge et montait intrépidemment l'escalier la baïonnette au bout du fusil.

Voltaire referma la fenêtre.

— Est-ce que la ville de Francfort, pensa-t-il en lui-même, aurait déclaré la guerre à ma personne?

Un coup de crosse violemment frappé à la porte de sa chambre retentit comme le premier coup de fusil du combat. A cette sommation par voie de fait le poëte ouvrit à la force armée. Un major vêtu de l'uniforme prussien le refoula dans sa chambre de la pointe de son épée, et l'interpellant avec hauteur.

— Vous être, dit-il, un certain Voltire? Comment donc... Volteure?

— Et vous être un certain Mandrin, répliqua Voltaire indigné de cette violation de domicile compliquée d'irrévérence germanique envers le premier nom de l'Europe.

— Moi, être nullement Mandrin, mais le major

Freytag, résident de Sa Majesté prussienne auprès de la ville impériale de Francfort.

— Eh bien! Mandrin ou Freytag, peu importe, prenez garde, major, de friser en ce moment la potence : de quel droit, je vous prie, osez-vous envahir, sur territoire ami, la chambre d'un gentilhomme français ?

Le major remit l'épée au fourreau.

— Vous, avoir emporté, dit-il, les effets précieux de Sa Majesté.

— Quels effets précieux? seraient-ce par hasard les diamants de la couronne?

— C'ètre, Monsir, l'œuvre de poeschie du roi mon gracieux maître.

L'œuvre de poeschie du roi mon gracieux maître était le linge sale que Frédéric donnait à laver à Voltaire. Le poëte avait emballé, par mégarde, pêle-mêle avec sa bibliothèque un manuscrit au blanchissage.

— Le trésor de Sa Majesté Prussienne, reprit Voltaire, chemine en ce moment par le roulage à petite journée. Attendez encore une semaine, une quinzaine au plus, et vous pourrez rentrer dans la propriété de votre gracieux monarque.

— Et vous attendre aussi, reprit le major.

— C'est-à-dire que vous me retenez en nantissement jusqu'à la restitution du bijou.

— Oui, Monsir, vous avoir bien parlé.

— Vous allez, dans ce cas, me donner un reçu de ma personne.

Voltaire passa une feuille de papier au major, et le major rédigea le billet suivant :

« Monsir, sitôt le gros ballot de Leipsick sera ici, où est l'œuvre de poeschie du roi mon maître, que Sa Majesté demande, et l'œuvre de poeschie rendu à moi, vous pourrez partir où vous paraîtra bon d'aller. »

Et il signa.

Voltaire écrivit au bas du billet :

« Bon pour l'œuvre de poeschie. »

Et il signa à son tour.

Le major plaça quatre garnisaires dans la chambre du poëte, quatre autres dans la chambre de madame Denis. Les deux voyageurs gardés à vue nuit et jour comme des prisonniers d'Etat passèrent ainsi une quinzaine en fourrière. Enfin le linge sale de Frédéric arriva de Leipsick; Voltaire remit le manuscrit au major et reprit sa course dans l'espace. Où va-t-il ?

XXXIX

LE ROYAUME DU PHILOSOPHE.

Il va régner pour son propre compte et créer dans le monde un État nouveau, l'Etat de Ferney.

Il jette un coup d'œil sur la carte de l'Europe, et il découvre là-bas sur un versant du Jura un coin de terre évidemment réservé à son intention. Il y achète un royaume grand comme la main, à faire pitié au roi d'Yvetot lui-même; il y bâtit un château, un village, un colombier, un théâtre, une église. Il met sur la façade cette inscription : *Deo erexit Voltaire*, et il adopte pour chapelain un jésuite défroqué. Il donne sa cour à tenir et sa marmite à conduire à madame Denis, et après avoir ainsi réglé son compte avec Dieu et avec le pot au feu, il entreprend d'un cœur ferme une campagne autrement difficile que la conquête de la Silésie.

Jamais, peut-être, général d'armée, jamais tacticien consommé n'avait choisi son poste de combat avec plus d'habileté. C'est au carrefour de l'Europe lettrée qu'il plante sa tente, à la lisière de l'Italie déjà sourdement remuée par l'esprit nouveau, à la porte de Genève, ville cosmopolite, auberge fortifiée de la pensée, sur le passage de toutes les caravanes de voyageurs artistes ou savants qui descendent régulièrement au printemps du nord au midi. Un pied en Suisse, un pied en France, seigneur d'une seigneurie médiate, d'une enclave comme le comtat d'Avignon, pape sur son domaine, pouvoir spirituel et pouvoir temporel à la fois, il échappait dans la majestueuse inviolabilité de sa souveraineté d'un arpent à toute éventualité de monitoire, de réquisitoire, de décret, de prise de corps, de parlement, de prévôté ou de bailliage. Pour peu d'ailleurs que le gouvernement français à la sollicitation du nonce, ou du clergé, ou du parti dévot, ou du parti janséniste, eût violé la neutralité de Ferney et envahi le royaume du philosophe à main armée, il pouvait gagner au premier coup de sonnette la porte de son parc, et d'une enjambée franchir la frontière. Enfin, il écoulait par Genève sa correspondance avec l'Europe sans avoir jamais à craindre que dans cette république éminemment candide la police, de tout temps curieuse à l'excès, cherchât à lire sa pensée sous le cachet.

Ils ont osé blâmer Voltaire de sa prudence ; oubliez-vous donc que si le dix-huitième siècle était éclairé par sa philosophie il était encore barbare par sa législation. Nulle justice, nulle garantie. La torture encore en plein exercice, la Bastille pour unique réponse au talent. Sur un mot, sur un geste d'un lieutenant de police, d'un conseiller de Tournelle, d'un seigneur, d'un marquis, d'un traitant, d'une favorite, de moins encore, d'une dévote, l'écrivain, quel qu'il fût, obscur ou illustre, Mirabeau, Diderot, Marmontel, Rousseau, payaient chaque vérité tombée de sa plume d'une lettre de cachet. Il perdait dès lors sa parole dans un trou de muraille. Or Voltaire parlait à l'Europe et il voulait que le discours allât à son adresse,

Il eût mieux fait, dit-on, de marcher au martyre. Au martyre? et pourquoi donc, je vous le demande, au martyre? dans ce siècle de têtes éventées, de têtes poudrées, de railleries et de petits soupers! qui donc eût songé à le plaindre ou le venger? Il eût mêlé un grain de cendre de plus, voilà tout, à la cendre déjà oubliée de Jordano Bruno et de Vanini. Laissez-le vivre, je vous en conjure, il servira mieux l'humanité par sa vie que par sa mort sur la paille ou sur le fagot. Mais quelque précaution qu'il prît contre la persécution, il savait, il sentait qu'elle pouvait encore l'atteindre. Il entrevit la possibilité de la proscription, et pour assurer un dernier morceau de pain à sa vieillesse, il plaça la terre de Ferney sur la tête de madame Denis.

Après avoir mis ainsi la chance humaine de son côté et donné à la prudence la part qu'il pouvait lui donner il commença du bord de sa fosse et il consomma à l'âge de la retraite la révolution intellectuelle du dix-huitième siècle.

Il avait à précipiter son œuvre et à gagner son heure de vitesse. Vieux, maigre, cassé, infirme, ombre de corps, corps métaphysique, juste la quantité voulue pour recouvrir son esprit, mais toujours prompt, toujours prêt à l'attaque et à la riposte, apôtre enragé de l'humanité, il se prodigua et il se multiplia sous toutes les formes et à toute les minutes. Vers, couplets, contes, chansons, nouvelles à la main, épigrammes, histoires, tragédies, comédies, dialogues, facéties, il jeta sans cesse et sans cesse par-dessus les murs de son jardin les feuilles de la sibylle, et le vent les porta et les roula sur toutes les routes de l'Europe. Jupiter faisait servir les hommes à ses desseins sans les mettre dans la confidence. Le Jupiter de Ferney avait le talent de son prédécesseur. Rois, empereurs, impératrices, papes eux-mêmes, princes, seigneurs, ministres, reines de naissance ou reines de contrebande, puissances en jupons ou en camail, grands et petits, humbles et forts, il enrôle tous ses contemporains dans sa complicité, chacun pour sa part, chacun dans sa mesure. Il parle à chacun sa langue, il donne un gage à chacun. A celui-ci, il adresse un compliment, à celui-là un conseil, à celle-ci une plaisanterie, à celle-là une flagornerie; mais chaque mot, chaque sourire, conspire à une intention commune, à une fin cachée. Cherchez sous la contradiction apparente d'une lettre à une autre dans son héroïque correspondance, vous trouverez toujours le même homme, la même pensée.

Il n'est pas seul sans doute à combattre pour l'évangile moderne du droit et de la liberté. Il y a encore à côté de lui les héros de cette magnifique Iliade appelée l'Encyclopédie. Mais seul, il n'éprouve jamais un instant de lassitude ou de défaillance. Les autres ont leurs crises de découragement et d'abattement. Les soleils sont lourds, les esprits sont paresseux, les parlements sont irrités, les libraires éperdus. Mais Voltaire, toujours possédé de la fureur sacrée de la vérité ranime les troupes rompues, répand son âme dans leur âme, les ramène à l'action au cri de guerre : *Écrasons l'infâme,* non pas le christianisme, comme on l'a dit depuis, mais la superstition, mais la persécution ; l'infâme ! Loyola ou Torquemada, l'inquisition ou l'hypocrisie ; et à la voix de Voltaire l'encyclopédie reparaît, la philosophie retrouve la parole. Parfois cependant la discorde éclate entre les ouvriers de la même œuvre, fils du même esprit mais séparés de situation et de caractère. Rousseau prend un chemin à l'écart et va rêver dans la forêt. D'Alembert, effrayé de l'œuvre commune, rentre prudemment dans la géométrie. Diderot, toujours debout, la tête au vent, couvre encore la retraite de l'armée. A la nouvelle de cette dissension intestine, Voltaire écrit de Ferney :

« Aimez-vous, mes frères, les uns les autres, car si

» vous ne vous aimez pas, qui diable vous aimera? »

Il fonde le premier en France la souveraineté de l'opinion. Il force la puissance, quelle qu'elle soit, à tenir continuellement le regard fixé sur ce vallon perdu où un homme, un vieillard a fait de sa personne une institution nouvelle, la presse vivante. Que pensera-t-on à Ferney? que dira-t-on à Ferney? C'est là desormais la préoccupation incessante du ministre et de son commis, du prélat et de sa soubrette. Sans titre, sans droit, sans brevet, sans diplôme, ni seing, ni contreseing, ni huissier, ni gendarme, il pèse d'un poids irrésistible dans la balance de la politique et de la justice. Il juge les rois, il juge les peuples, il juge les évêques, il juge les juges eux-mêmes lorsque par ignorance, par habitude, ils traînent encore l'innocence à la boucherie et à la voirie. Il venge Calas, il venge Sirven, il venge Labarre, il déshonore la torture, la tenaille, la torche au poing, la chemise rouge, la lugubre défroque enfin de ce long carnaval sanguinaire du moyen âge. Il dénonce au siècle le dernier débris du servage réfugié dans le Jura, et il marque au front le moine de Saint-Claude pour ce crime contre l'humanité. Ses amis, les sages, les tièdes lui recommandent le silence ou du moins la modération. Pourquoi, lui disent-ils, faire votre querelle de la querelle d'un huguenot, d'un impie, prendre d'office la défense de celui-ci ou de celui-là, justement ou injustement condamné, peu importe? Vous ameutez ainsi contre vous tous les pouvoirs de la terre, et vous attirez sur votre tête leurs vengeances. Voltaire haussait l'épaule et poursuivait son œuvre de réparation. Il comprenait la solidarité religieuse de l'homme avec l'homme, et il disait avec une mélancolique sympathie :

— Depuis la mort de Calas, je n'ai plus osé sourire.

Qui donc a prononcé une plus belle parole dans l'histoire ?

Le jour où Voltaire eut pris la direction morale de l'Europe, Frédéric reconnut en lui un nouveau pouvoir à l'horizon et dit : Je crains *Sa Majesté le roi Voltaire*. Il chercha à renouer avec le philosophe; il lui écrivit le premier une lettre de tendresse, Voltaire lui répondit sur le ton de l'amitié; mais en rentrant dans sa liberté il avait retrouvé la fierté de son génie. Il traitait d'égal à égal son collègue de Potsdam. Une fois par hasard pour empêcher, sans doute, la prescription de son droit de maître à chambellan, Frédéric essaya encore de persiffer Voltaire. A cette brutalité royale par la poste, Voltaire répondit en homme décidé à remettre la monarchie à sa place et à la contraindre au respect de la pensée.

« Sire, lui écrit-il, un petit moine de Saint-Just
» disait à Charles-Quint : *Sacrée Majesté, n'êtes-vous*
» *point lasse d'avoir troublé le monde ? faut-il encore déso-*
» *ler un pauvre moine dans sa cellule ?* Je suis le moine,
» mais vous n'avez pas encore renoncé aux grandeurs et
» aux misères humaines comme Charles-Quint. Quelle
» cruauté avez-vous de me dire que je calomnie
» Maupertuis, quand je vous dis que le bruit a couru
» qu'après sa mort on avait trouvé les œuvres du

» philosophe de Sans-Souci dans sa cassette? Quel in-
» térêt ai-je à mal parler de lui? Que m'importent sa
» personne et sa mémoire? Je ne songe moi-même
» qu'à mourir et mon heure approche, mais ne la
» troublez pas par des reproches injustes et par des
» duretés qui sont d'autant plus sensibles que c'est
» de vous qu'elles viennent.

» Vous m'avez fait assez de mal, vous m'avez
» brouillé pour jamais avec le roi de France; vous
» m'avez fait perdre mes emplois et mes pensions;
» vous m'avez maltraité à Francfort, moi et une
» femme innocente, une femme considérée qui a
» été traînée dans la boue et mise en prison.

» Vous avez fait dire aux ennemis de la philoso-
» phie répandus dans toute l'Europe : Les philo-
» sophes ne peuvent vivre en paix et ne peuvent vivre
» ensemble : voici un roi qui ne croit point en Jésus-
» Christ; il appelle à sa cour un homme qui n'y croit
» point et il le maltraite ; il n'y a nulle humanité
» dans ces prétendus philosophes, et Dieu les punit
» les uns par les autres.

« Voilà ce que l'on dit, voilà ce qu'on imprime de
» tous côtés; et pendant que les fanatiques sont unis,
» les philosophes sont dispersés et malheureux. Et
» tandis qu'à la cour de Versailles et ailleurs on m'ac-
» cuse de vous avoir encouragé à écrire contre la
» religion chrétienne, c'est vous qui me faites des
» reproches et qui ajoutez ce triomphe aux insultes des
» fanatiques! Cela me fait prendre le monde en hor-

» reur avec justice. Je bénirai le jour où je cesserai
» en mourant d'avoir à souffrir et surtout à souffrir
» par vous; mais ce sera en vous souhaitant un bon-
» heur dont votre position n'est peut-être pas sus-
» ceptible et que la philosophie seule pourrait vous
» procurer dans les orages de votre vie, si la for-
» tune vous permet de vous borner à cultiver long-
» temps ce fonds de sagesse que vous avez en vous,
» fonds admirable, mais altéré par les passions in-
» séparables d'une grande imagination, un peu par
» l'humeur et par le malheureux plaisir que vous
» vous êtes toujours fait de vouloir humilier les autres
» hommes, de leur dire, de leur écrire des choses
» piquantes, plaisir indigne de vous, d'autant plus
» que vous êtes plus élevé au-dessus d'eux par votre
» rang et vos talents. Vous sentez sans doute ces
» vérités. »

On comprend à la lecture de cette lettre que la révolution approche; on l'entend déjà parler. Frédéric fit amende honorable de son incartade et la correspondance continua sur le pied de l'amitié.

Lorsque Voltaire sentit l'heure venir et l'ombre descendre sur sa tête, il désira voir encore une fois Paris avant de mourir, et jouir de sa victoire. Sa rentrée dans la capitale de l'idée révolutionnée par son génie fut une longue ovation. Le peuple détela sa voiture. Chacun voulait saluer, contempler, bénir, applaudir le patriarche de la philosophie. A son hôtel, à l'Académie, au théâtre, partout il entrait et sortait aux cris de vive Voltaire et sous des pluies de bouquets.

La philosophie commencait à régner sous le nom de Turgot, et Franklin apportait d'Amérique la recette de la révolution. Voltaire bénit de sa main mourante les deux disciples en action de la liberté. Il avait entrevu enfin du bord de sa fosse, à travers les brumes de son crépuscule les premiers horizons de la terre promise. Il pouvait remercier Dieu d'avoir vécu. Chargé d'œuvres et de gloires, il expira au bruit des applaudissements sur des monceaux de fleurs comme le vieillard des îles de la Sonde disparaît de la terre dans un délicieux évanouissement au milieu des parfums et des chants de sa tribu.

Et maintenant, jeunes gens, les seuls hommes bientôt de notre temps, lorsque vous passerez devant la statue de Voltaire, ôtez votre chapeau. Regardez le héros assis dans l'immortalité du marbre et surpris en quelque sorte par le génie du sculpteur dans le secret de sa pensée. Lisez sur ce masque vibrant où l'étincelle électrique jaillit de chaque pore à la fois l'histoire dramatique et magnifique de cette âme tumultueuse, gémissante dans le rire et apostolique dans l'épigramme. Cet homme a tenu près d'un siècle le miroir devant la face de l'humanité, il lui a dit regarde-toi dans ta barbarie et prends-toi gaiement en horreur; l'humanité a ri et pleuré sur elle-même et du repentir a passé à l'action.

Qu'a-t-il fait? a dit souvent, je ne sais plus quelle école radicale qui le juge au point de vue exclusivement politique et lui demande plus que son temps ne pouvait porter. Il a caressé l'aristocratie, il a cajolé la royauté, il a nié le peuple et l'a condamné à une perpétuelle minorité. Ce qu'il a fait? je vais vous le dire. Il a affranchi la pensée, et la pensée rachetée a racheté à son tour le peuple français. Il a commencé par le commencement, il a renouvelé l'homme intérieur. L'âme d'une nation donne toujours la mesure de sa destinée. Donnez la liberté à l'âme, et l'âme la rendra toujours à la société. L'âme libre, voilà la première constitution, la constitution vivante, universelle et perpétuelle, écrite de proche en proche de la ville à la chaumière, de l'atelier au sillon, partout où l'homme digne du nom d'homme lève au soleil un front marqué au signe du Dieu vivant.

XL

TU AS VAINCU, NAZARÉEN.

Frédéric traîna encore quelque temps son règne après la mort de son rival. Vieux et blasé, il avait pris la vie et la gloire en dégoût. Qu'est-ce que l'homme, disait-il souvent? Un peu de boue et de crachat. Enveloppé d'une robe de chambre petit vert et or déchirée, déguenillée, grasse de sueur et de tabac d'Espagne, il passait pendant l'été une partie de la journée à fondre et à fumer comme un étang au soleil pour rappeler un dernier rayon de vie dans un corps enflé, engourdi par l'hydropisie.

Voltaire avait écrit le récit de son séjour à Potsdam sous le coup de l'injure de Francfort. C'était un acte de vengeance, un pamphlet foudroyant de gaieté. Il y accusait couramment Frédéric de certain vice classique dans l'antiquité. L'ouvrage, bien entendu, resta prudemment sous le cadenas pendant la vie de l'auteur ; mais à sa mort, Beaumarchais l'acheta et l'envoya à Frédéric pour en tirer rançon.

— Je n'ai pas voulu, dit-il, publier cet écrit sans la permission de Votre Majesté.

— Publiez, répondit Frédéric.

Un libraire de Berlin connut sans doute cette réponse. Il demanda au roi une audience.

— Puis-je vendre, dit-il, ce pamphlet?

— Vendez, répondit le monarque.

Frédéric laissa vendre ainsi à la porte de son palais la flétrissure éternelle de sa mémoire. Il avait décidément plus de philosophie que l'empereur Julien.

Il avait fait son œuvre lui aussi : il avait brûlé, saccagé, pillé, tué, fabriqué de la fausse monnaie pour acquitter la dépense du métier, pris la Silésie à l'Autriche, le duché de Posen à la Pologne, arrondi la Prusse et donné, comme il disait, un tour à la roue des événements. Il pouvait mettre maintenant le sinet à son ambition. Il languissait d'ailleurs, il mourait lentement en détail, et mangeait extraordinairement pour entretenir encore une passion, et dans sa fureur à réveiller l'appétit éteint, il incendiait son corps de girofle et de gingembre. Déjà l'estomac commençait à refuser l'obéissance. Frédéric appela le docteur Zimmermann du fond du Hanovre. Il avait douté toute sa vie de la médecine, mais il espérait pouvoir encore ressusciter l'intestin royal et dérober à la destinée une dernière digestion.

Zimmermann trouva l'état du malade désespéré, et à tout hasard lui ordonna une potion de taxaracon dans une cuillerée d'eau de fenouil.

— De taxaracon, dit le roi, où diantre avez-vous pris ce mot de Grimoire?

— C'est le titre d'honneur du pissenlit, remède parfaitement connu des Grecs et des Romains.

— Depuis les Grecs et les Romains, le remède a eu le temps de perdre sa vertu. A vous parler franchement, docteur, votre taxaracon exhale une odeur hypocrite de poison.

— Si Votre Majesté, reprit Zimmermann, doute de l'efficacité du remède, je la prie de renouveler sur ma personne l'épreuve d'Alexandre sur son médecin.

Frédéric sourit.

— Mais l'épreuve consommée, pourrai-je manger?

— Une heure après.

— Docteur, je prendrai votre remède.

Et en effet, le jour suivant, Frédéric attaqua une première fiole de pissenlit. Le remède, ou son compère le hasard, opéra un léger soulagement dans la machine de Sa Majesté.

— Docteur, dit le roi, votre vulnéraire est un vrai courrier. Au premier ordre il arrive à destination. Il a de l'esprit, votre pissenlit. Il a remis ma pensée en mouvement. Causons. Où êtes-vous né, docteur?

— En Suisse.

— J'aime beaucoup la Suisse, reprit Frédéric, et j'estime suffisamment le gouvernement républicain, bien que je tienne la république pour une page plus ou moins curieuse d'histoire ancienne dans l'état actuel de l'Europe.

— Cependant, Sire, la Hollande a fait longtemps assez bonne figure.

— Et aujourd'hui le roi de France gouverne la Hollande du fond de son cabinet de Trianon, comme la Champagne.

Le docteur Zimmermann, sentant le terrain brûler, avait laissé tomber la conversation.

Le roi regarda fixement son interlocuteur, et prenant tout à coup un air de bonhomie :

— Docteur, dit-il, je lis dans votre pensée. Vous vouliez peut-être encore citer la Pologne.

— Sire, vous avez le don de Jupiter, vous pénétrez au fond de la conscience.

— Ou le don du sorcier. La Pologne était l'anarchie à cheval, et pour le repos du monde, j'ai dû la mettre à la raison. Mais parlons à cœur ouvert : quelle est à votre avis la meilleure forme de gouvernement ?

— Sire, si j'avais eu le bonheur de naître en Prusse, je dirais la monarchie.

— Vous êtes un courtisan, monsieur Zimmermann.

— J'ai toujours pensé, Sire, sans vouloir flatter Votre Majesté, qu'une monarchie tempérée par un roi philosophe avait l'avantage d'une république sans en avoir l'inconvénient.

— Que dites-vous là, docteur? ce n'est pas une monarchie philosophique que j'ai voulu fonder en Prusse, mais une monarchie militaire... militaire, entendez-vous bien... militaire, exclusivement militaire, militaire de la tête à la cheville. C'est par cette raison que j'ai toujours porté l'uniforme, toujours absorbé la noblesse dans mon armée, toujours réservé l'épaulette à la naissance, toujours accordé la préséance au dernier lieutenant sur le premier ministre d'Etat. Si j'avais eu assez de marge pour appliquer mon système de la première à la dernière virgule, j'aurais organisé la Prusse comme un régiment. J'aurais fait de mon quartier-maître mon ministre des finances, du prévôt mon ministre de la justice, de l'aumônier un patriarche, et du colonel un gouverneur. La Prusse aurait vécu, mangé, travaillé, dormi au bruit du tambour. Une monarchie philosophique!... y avez-vous songé une minute? La royauté doit proscrire la philosophie, ou la philosophie doit dévorer la royauté. Une royauté philosophique!... le mot hurle avec l'épithète; j'ai fait autrefois cette confusion d'idée, mais l'expérience m'a corrigé de cette erreur. Aussi, lorsque la papauté a commis l'imprudence de licencier l'armée spirituelle de Loyola, j'ai recueilli les jésuites à bras ouverts. Ils comprennent l'obéissance, ceux-là, et ils savent l'enseigner à une nation. Vous verrez qu'un jour les rois de l'Europe viendront chercher les jésuites en Prusse à prix d'argent. Le moindre révérend père vaudra un millier d'écus. J'aurai fait un bon marché.

Mais, docteur, vous gardez le silence. Donnez à votre tour votre avis.

— Sire, la question dépasse ma compétence. J'ai plutôt étudié Hippocrate que Montesquieu ; toutefois, avec votre permission, la monarchie militaire, sous un autre souverain que Votre Majesté, pourrait dégénérer en tyrannie.

— Que parlez-vous de tyrannie? le tyran pour un peuple, ce n'est pas le souverain. A qui celui-là peut-il faire du mal en réalité ? tout au plus au seigneur de cour que l'ambition jette sous sa griffe. Le tyran, le véritable tyran, c'est le père vis-à-vis de son fils, le mari vis-à-vis de sa femme, le seigneur vis-à-vis du paysan, le maître vis-à-vis du domestique, l'amant vis-à-vis de la maîtresse ou la maîtresse vis-à-vis de l'amant. Vous voyez toujours le crime sortir de la porte d'un palais, gardé par une sentinelle. Ce n'est pas de là qu'il sort le plus souvent : c'est de l'antichambre, c'est du salon de bonne compagnie, c'est du sourire d'une charmante femme, amorcé d'une calomnie ou d'une vengeance, ou d'une trahison, ou d'une perfidie. Voilà la tyrannie ; contre cette tyrannie-là, je ne connais que la justice sommaire de l'épée. Le gouverneur visiterait sa province, comme un major visite sa caserne, écouterait chaque plainte et y ferait droit à la minute. Prenez garde, docteur, le siècle tourne à l'orage. L'Amérique a donné un mauvais exemple, la Hollande l'a suivi. Vous verrez qu'avant peu de temps, grâce aux billevesées des philosophes, des gens qui ne peuvent pas payer leurs blanchisseuses prétendront payer les dettes de leur patrie, et qui ne peuvent pas régler leurs affaires, voudront diriger les affaires du monde entier. Enfin, à la grâce de Dieu, après moi le déluge. Mais si jamais de mon vivant mes sujets avaient la fantaisie de me demander ce qu'ils appellent leurs droits, comme messieurs les planteurs de Boston, je leur répondrai par des coups de canon à poudre, et ils mourront tous de frayeur. Adieu, docteur. J'ai trop parlé. Je vais dormir.

Frédéric dormit jusqu'au milieu de la soirée. A son réveil, il prit encore une potion de pissenlit. Mais le remède opéra cette fois à rebours, et la secousse le jeta dans une profonde prostration.

— Je suis un drôle usé, dit-il au docteur Zimmermann. Allons, un trou à côté de mes chiens, et faisons place à une nouvelle génération.

Et pour réparer les désastres de la médecine, il dévora un pâté d'anguilles. A la dernière bouchée, sa tête tomba sur l'épaule, sa prunelle rentra sous l'orbite, sa face bleuit, une rosée froide suinta de l'épiderme, sa bouche exhala un flot d'écume. Le pâté lui avait donné une indigestion, et l'indigestion une attaque de paralysie. Le bruit de sa mort courut même un instant au palais. C'était au mois de juillet, à l'heure du souper. Une seule bougie agonisait lentement sur un guéridon, à côté d'une assiette vidée. Zimmermann avait ouvert la fenêtre pour aérer la chambre du roi mourant. Frédéric resta ainsi longtemps englouti dans sa léthargie. Minuit sonna à l'horloge du château. Au dernier coup de marteau, il sortit de son long assoupissement, et ouvrant son grand œil souverain, il mit le doigt sur sa lèvre d'un air terrible :

— Taisez-vous ! dit-il au docteur Zimmermann.

Il regarda la nuit étoilée et limpide déroulée à l'infini, et prêta attentivement l'oreille, comme s'il entendait une voix dans l'espace.

— Entendez-vous, dit-il, le bruit de la canonnade ?

Le docteur approcha de la fenêtre.

— Sire, dit-il, je n'entends que la cascade de la fontaine de votre terrasse.

Frédéric fit un geste de la main comme pour écarter quelqu'un.

— Renvoyez cette femme ! dit-il vivement.

— Quelle femme ? demanda le docteur étonné.

— La femme blanche : ne la connaissez-vous pas ? la femme qui vient dire à chaque roi de Prusse : Va-t'en, ton heure est venue.

Frédéric retomba sur lui-même, et le corps affaissé, la tête penchée dans sa poitrine, la prunelle fixe, la main posée sur le bras du fauteuil, il murmura lentement, comme dans la vision d'un accès de somnambulisme :

— La dame blanche a parlé ; elle a dit : Tu as vaincu l'Europe, tu as tenu haute l'épée de l'Allemagne, eh bien ! écoute et sache ce que pèsent désormais ces mots trompeurs d'armée et de victoire. Dans dix ans, dans vingt ans, peut-être viendra une race d'hommes nouvelle, née de l'esprit de Voltaire, comme cette race de héros née de la dent du dragon. Ce seront ces Français que tu chassais devant toi à Rosbach comme des troupeaux de femmes, mais retrempés dans la fournaise d'une révolution. Ils porteront l'arc-en-ciel sur leur drapeau et ils effaceront de la carte en passant, d'un revers de sabre, la moitié de la monarchie prussienne, et leur général prendra sur ta tombe ta propre épée. Voilà ce qu'a dit la dame blanche ; elle a bien ajouté encore : Que la Prusse alors fasse appel à l'idée, qu'elle crie à son tour : vive la liberté. Je n'ai plus rien compris. Eh quoi donc, l'esprit de Voltaire flottant dans un drapeau battra un jour l'armée de Brunswick ! O Nazaréen, tu as vaincu !

Frédéric languit encore une semaine, et une nuit, pendant que la sentinelle de faction à sa porte croyait qu'il dormait tranquillement, il mourait à la dérobée, et le lendemain la Prusse jetait un cri de délivrance.

XLI

ÉPILOGUE.

..... Après le dîner, nous allâmes nous asseoir sur la terrasse pour prendre le café. C'était au mois de mai, en pleine explosion de l'aubépine. L'âme errante du printemps passait dans l'atmosphère. La discussion continuait toujours.

— Oui, Monsieur, me disait une vieille moustache grise flambée de près à la bataille, j'ai servi l'autre parce qu'il faut bien servir quelqu'un; j'ai servi Louis XVIII, j'ai servi Charles X, et pour peu que Dieu me prête vie, je servirai encore.

Il souleva vivement sa tasse et renvoya la fin de la phrase à fond de cale, sous un flot de moka.

Pendant ce temps sa jeune femme, renversée dans sa chaise et largement répandue autour d'elle-même par l'immensité de sa robe de moire antique, dessinait mélancoliquement une figure sur le sable du bout de son ombrelle.

— Laisse monsieur à son inspiration, dit-elle d'une voix languissante; tu vois bien qu'il aimerait mieux regarder le soleil couchant.

— Pardon, Madame, répondis-je, votre mari a raison, cette soirée est trop poétique en conscience, pour ne pas parler de politique.

— Je disais donc, reprit-il en essuyant sa moustache, que je servirai encore le premier venu, pourvu qu'il porte une couronne, car la royauté est la première condition d'existence d'une nation; pas de royauté, pas de société; la monarchie a toujours existé, elle existera toujours, à moins d'un nouveau cataclysme, et lorsqu'elle partira, si elle doit jamais partir, elle emmènera avec elle la civilisation.

— Je partage complétement votre théorie.

— Je vous félicite de votre conversion.

— C'est chez moi une vieille idée.

— Je vous croyais médiocrement royaliste.

— Je suis royaliste, au contraire, royaliste à mort, seulement d'une autre façon que vous et votre parti : il y a royauté et royauté.

— Comme il y a fagot et fagot. Mais comment, je vous prie, établissez-vous la différence?

— L'explication pourrait durer longtemps, et madame, je crois, voudrait admirer le soleil couchant en commun.

— Madame écoutera, répliqua-t-il du ton brusque d'un officier habitué à donner la consigne.

Madame leva un regard humide au ciel, comme pour le prendre à témoin, et poursuivit en silence sur le sable l'exécution de sa figure.

— Voulez-vous me permettre, dis-je à la moustache grise, de vous poser une question?

— Posez.

— Qu'entendez-vous par un roi, dans le for de votre conscience?

— J'entends un roi, parbleu. A-t-on jamais vu faire pareille demande? Savez-vous qu'avec un autre homme que vous, je la prendrais pour une raillerie?

— Je parle sérieusement, et je vous prie de répondre sérieusement aussi, car enfin un mot, fût-ce même le mot de roi, n'a de sens que par l'idée.

— Eh bien! j'appelle un roi, un homme qui.... comment dirais-je? un homme qui règne enfin.

— A merveille! mais qu'appelez-vous régner?

Il mordit sa moustache.

— Allez.... où vous voudrez avec votre perpétuel point d'interrogation! J'ai appris dans ma jeunesse à faire le coup de sabre et nullement à épiloguer sur une pointe d'aiguille.

— Désirez-vous que je vienne en aide à votre esprit?

— Volontiers.

— Régner, dis-je, consiste à diriger la destinée d'une nation.

— C'est précisément la définition que je voulais donner.

— Par conséquent, celui-là règne le plus qui influe le plus sur la destinée du royaume.

— Où voulez-vous en venir?

— A découvrir le véritable roi pour justifier mon royalisme. Ainsi, dans l'état sauvage, pour ne pas remonter plus haut, le chasseur qui connaît mieux l'allure du gibier, qui sait mieux le traquer, est de plein droit et d'acclamation le roi de la tribu; il la commande, il la dirige, il la nourrit, il agit souverainement en un mot sur le reste de la bande, parce qu'il sait mieux agir qu'aucun autre chasseur pour trouver et capturer le dîner en train de bondir à travers la prairie.

— Passez, nous ne sommes plus un peuple sauvage.

— En êtes-vous bien certain? Il y a des moments où je croirais au contraire... mais revenons à la question. Ainsi encore, dans la vie pastorale, destinée surtout à piller et à tuer en gardant son troupeau au son de la musette, le Bédouin qui sait le mieux organiser une expédition, surprendre une caravane, rançonner une cité, diriger une surprise, est encore, de gré ou de force, le roi de la tribu. Il veut pour elle en toute occasion, parce qu'il sait mieux vouloir.

— Mais, Monsieur, vous battez la campagne.

— J'ai besoin de la battre pour trouver l'explication de la royauté. Un roi est donc à l'origine un instrument perfectionné d'action investi de la puissance d'une voix unanime pour la plus grande utilité et à la plus grande satisfaction de la communauté. Aussi le premier roi a toujours été plus ou moins un inventeur. Cécrops était roi pour avoir trouvé l'olivier, Jason pour avoir trouvé la toison d'or, Triptolème pour avoir trouvé la charrue, et Minos pour avoir trouvé le code civil.

— Est-ce que par hasard vous voudriez aujourd'hui forcer chaque roi à inventer quelque chose?

— Dieu me préserve d'un pareil acte de rébellion à l'autorité. Je définis simplement le caractère de la royauté; or, ce caractère ainsi défini, vous pouvez appeler roi cet homme, quel qu'il soit, jeune ou vieux, aîné ou puîné, qui porte de père en fils un couvercle d'or sur la tête, qui habite un palais, passe de temps à autre une revue, met sa figure sur la monnaie, qui marche, qui parle, qui mange, qui boit d'après la liturgie d'une impitoyable étiquette, qui épouse un matin une princesse et dit le soir en se couchant : Je vais donner au monde un nouvel exemplaire de droit divin, qui souffle sa lampe et dort là-dessus. Celui-là peut bien prendre le nom de roi, et passer pour roi, roi en effigie, roi sur un écu, roi sur le papier, roi par ses palais, par ses gardes, ses chambellans, ses palefreniers, ses heiduques, ses carrosses, ses tintamarres et ses carillonnages de canons et de cloches, pour des bulletins de campagne et pour des victoires; et cependant le roi authentique a toujours été et sera toujours celui qui règne véritablement, ou, pour répéter notre formule, qui influe sur notre destinée, c'est-à-dire l'homme de génie, car celui-là seul a puissance de transformer et de perfectionner l'humanité.

— Dites-moi, Monsieur, comprenez-vous bien ce que vous dites là en ce moment?

— J'ai cette fatuité.

— Dans ce cas je donne ma démission, je renonce à suivre votre raisonnement.

— Je vais l'expliquer par un exemple : l'histoire dit quelque part qu'un Louis quelconque, qui porte je ne sais plus quel numéro, onze, douze, treize ou quatorze, a détruit les tyrannies éparses de la féodalité, rasé les donjons, émancipé les communes, désarmé les provinces, soumis, discipliné les grands et petits brigands titrés, ducs, comtes, barons, évêques, vidames, qui couraient les chemins, qui dévalisaient les voyageurs, qui divisaient la France en mille petites Frances ornées de créneaux, de machicoulis, de poternes et de potences.

— L'histoire a dit la vérité.

— L'histoire a menti. Un homme, d'autres disent un moine, découvre un jour en rêvant une nouvelle espèce de poussière. Il met dans un pilon du soufre, du charbon et du salpêtre, et avec un grain de tout cela réuni, trouve le moyen de lancer en l'air des blocs de rochers. Depuis ce moment, cet inconnu, cet anonyme, commande toutes les armées, gagne toutes les batailles, frappe à toutes les hauteurs, atteint à travers tous les précipices les repaires de la noblesse, et donne aux nations européennes la suprématie sur toutes les autres civilisations ; il est le roi de son temps, il est le roi des rois, le roi régnant partout où l'homme tire le canon.

— Je comprends encore moins l'argument depuis que vous l'avez éclairé par un exemple. Plus vous parlez, je vous demande pardon de ma franchise, plus vous faites la nuit dans ma cervelle.

— Allumons une seconde bougie. L'histoire nous dit qu'un Charles premier, second, deuxième, troisième ou quatrième du nom, a été un grand conquéran, parce qu'il est entré par la brèche dans cinq ou six villes, et qu'il a ajouté cinq ou six vallées à son royaume. Je ne veux médire d'aucun Charles, en France ou en Allemagne ; mais je dois déclarer que quiconque a pris n'importe quelle province, sous ce nom-là, est un bien médiocre conquérant, à côté de certain aventurier qui n'avait pour toute puissance au monde qu'une planche et une idée. Cet aventurier passa la mer sur cette planche, sur la foi de son idée, et il conquit en un seul jour à peu près la moitié de notre planète. Il nous donna d'un coup le coton, la cochenille, le sucre, le tabac, l'acajou, la vanille, le campêche, le cacao, des populations, des trésors, des industries, des ports nouveaux, des flottes innombrables, qui naviguent sans cesse depuis ce temps-là, plus nombreuses que les hirondelles, d'une rive à l'autre de l'Atlantique. Et après une pareille conquête, on peut encore appeler Charles-Quint un grand roi, parce que ses généraux ont pris sur la carte deux points imperceptibles qui se nomment Rome et Milan. Mais le grand roi, voulez-vous que je vous le dise? C'est Christophe, et seulement Christophe Colomb. Il a fondé sur ses vieux jours la moitié de la monarchie universelle avec une pensée, et il en est perpétuellement le monarque, de génération en génération. Il revit toujours, et toujours il règne à Boston, à Rio-Janeiro, à Marseille, à Londres, à Hambourg, à Barcelone. Il n'est pas un vaisseau parti de nos côtes qui ne parte en son nom, en vertu d'un permis daté de quatre cents ans; il n'est pas un ballot d'Amérique qui débarque sur notre terre, qui ne porte mystérieusement écrit quelque part le sceau royal de Colomb.

Car le signe de la véritable royauté est de trôner sur le temps et l'espace; elle n'a pas de durée, pas de frontière, elle ne craint ni invasion, ni défaite. L'autre roi, le petit roi de convention meurt, et souvent tout entier; qui pourrait, par exemple, conter la vie du dernier Christiern? Le roi est mort, vive le roi! et on est obligé de crier ainsi à chaque renouvellement de règne pour recoudre tant bien que mal une dynastie continuellement déchirée par une maladie. Mais qui donc pourrait jamais crier : Colomb est mort, vive Colomb! Colomb vivra éternellement sans avoir besoin de ces vivats; il constitue à lui seul une dynastie.

Le roi imaginaire peut bien faire une promenade armée de Madrid à Inspruck, et de Pavie à Tunis, mais il passe au galop, et sous le pied de son cheval il ne retient aucune parcelle de territoire; le vent a autant de talent; il a toujours conquis ainsi, mais le génie garde sa conquête. Tournez la tête du côté du couchant, vous verrez continuellement là-bas, à l'horizon, sur cette voile de foc ou de misaine, passer et repasser l'ombre de Christophe Colomb.

L'homme à la moustache grise tourna la tête en effet, mais pour appeler son domestique.

— François, dit-il, apporte-moi ma pipe d'écume.

— Comment, mon ami, lui dit sa femme en dégageant de sa capeline une figure angélique devinée autrefois par Raphaël, vous pourriez fumer en société?

— La fumée éclaircira peut-être ma pensée.

— Éclaircira, reprit-elle avec un léger sourire, elle aura donc changé de métier.

— Je crois, Dieu me pardonne, que vous vous mêlez, vous aussi, de politique, Madame, vous parlez par logogriphe.

— J'avais supposé, ajouta-t-elle avec une intention marquée, que la fumée obscurcissait au contraire le cerveau.

— Est-ce une allusion?

Elle baissa la tête et continua son esquisse sur le sable de la terrasse.

XLII

SUITE DE L'ÉPILOGUE.

Il alluma sa pipe, et je repris le cours de ma démonstration avec un parfait désintéressement pour l'acquit de ma conscience.

— L'histoire nous dit encore que tel roi quelque peu lettré, Charles, Jean, Louis ou François, a fondé l'Université, créé l'Académie, encouragé l'art, protégé la science, soldé l'instruction, donné enfin à la nation cette unité de pensée qui constitue exclusivement la notion de la patrie. La patrie est la société des esprits, la société des corps forme tout au plus un troupeau. Mais ce n'est ni Charles, ni François, ni Louis qui a réalisé cette unité de l'intelligence, c'est un autre roi qui a trouvé le moyen de rendre la parole humaine présente à la fois partout. Jusqu'alors un homme, fût-il l'inspiration même, la science même, parlait ici ou là, à un auditoire restreint, et sa voix reportée lentement, à la main du copiste, sur la feuille de papier, circulait plus lentement encore dans l'humanité. Le peuple n'avait pas le temps de penser au même instant partout de la même façon. Une idée était à peine parvenue à la frontière, qu'elle était déjà remplacée au point de départ par une autre idée.

Je regardai mon interlocuteur. Il avait renoncé à donner la réplique, il aspirait l'ivresse du tabac avec la gravité d'un musulman.

— Mais un homme, repris-je, par là quelque part, à Strasbourg, sentit le sang royal bouillonner dans ses veines. Il découpa la parole par petits morceaux qui portaient chacun une lettre en relief. Il créa l'imprimerie, c'est-à-dire la communion universelle de l'esprit. Il mit dans la main de l'homme une puissance d'explosion mille fois plus terrible que le tonnerre. Un mot tombé d'une plume au fond d'une cellule retentit à la fois sur tous les continents. L'humanité put tenir la conversation à travers l'espace. La vérité ondula dans l'immensité. De cette causerie instantanée, à cent lieues, à mille lieues de distance jaillit la puissance nouvelle de l'opinion. L'opinion n'est que l'unité de pensée par le contact de l'âme de chacun avec l'âme de tous, que l'imprimerie tient désormais réunis comme dans une seule assemblée.

Eh bien! vous qui cherchez la monarchie où elle n'est pas, je vous le dis sur ma tête, il n'y a plus qu'un roi régnant, c'est Guttemberg. Il a détrôné successivement les autres rois, depuis le pape jusqu'à l'empereur; il exerce seul en ce monde la souveraineté. En voulez-vous la preuve? la voici : le jour où vos petites monarchies sont vaincues, où vos petites dynasties sont proscrites, à quel allié, à quel roi des rois allez-vous demander secours? à Guttemberg. Vous fondez un journal, vous proclamez donc ainsi la souveraineté imprescriptible de ce fondeur d'étain. Attaquez maintenant sa majesté Guttemberg, insultez sa puissance. Je vous connais, vous êtes des émeutiers. Vous maudissez, je le sais, ce gigantesque accroissement de l'esprit humain. Vous déplorez, par le moyen de l'imprimerie, l'invention de l'imprimerie. Vous imitez l'exemple de Platon. Le sublime rêveur écrivit un jour contre l'écriture. Il trouvait que la parole visible détruisait en nous la mémoire. Il préférait une faculté telle quelle à une découverte destinée précisément à grandir cette faculté. Savez-vous ce qu'a fait l'écriture pour punir Platon de son blasphème? elle nous a précieusement apporté son paradoxe.

L'homme à la moustache grise retira la pipe de sa lèvre avec une nonchalance affectée.

— Continuez, dit-il, je commence à comprendre la poésie du soleil couchant.

— Autrement dit, vous m'invitez à tirer au mur; ce n'est pas un mauvais exercice, on trouve plus tard à placer son talent. Je continue donc. Voilà Frédéric un grand homme, n'est-ce pas? Cela est dit, écrit sur le marbre et sur l'airain. Voyons comment il a mérité sa niche au panthéon de l'histoire. Il a gagné la bataille de Molwitz, perdu la bataille de Collin; gagné la bataille de Rosbach, perdu la bataille de Hochkirken, perdu ou gagné enfin la bataille de Jœgerndorff, la bataille de Kimersdorff, la bataille de Landshutt, la bataille de Reichenbach, noms illustres à écorcher l'oreille; dépensé deux cent millions en feux d'artifices meurtriers, dépeuplé les campagnes au point que les femmes poussaient les charrues, et qu'un voyageur un jour trouva dans cinq villages un seul homme, un prêtre occupé à lire son bréviaire. Et que m'importe qu'il ait battu plus ou moins souvent Daun ou Landon par une marche de flanc ou un quart de conversion, qu'il ait assiégé, bombardé, pris, abandonné, repris Spandau! Spandau, Dieu du ciel! pourrait être encore attaqué, canonné, évacué, réoccupé pendant vingt années, que je ne tournerais pas la page d'un livre pour le savoir. Frédéric traitait admirablement la guerre, j'en conviens, mais combien a-t-il tué d'hommes, en définitive? Cinq cent mille peut-être! le beau mérite, le choléra en fera toujours autant. Comment! le roi de Prusse, un homme d'esprit assurément, sort de sa capitale à la tête de quarante mille soldats et de cent médecins, il fait casser des bras et des jambes pendant une journée par ses soldats, à coups de fusil, et quand il trouve les bras et les jambes suffisamment cassés, il les fait raccommoder à grands frais par ses médecins pendant une semaine, et vous appelez cela un héros?

— Vous oubliez, Monsieur, que vous parlez à un militaire, qui place le métier de l'épée au-dessus de tout autre métier.

— Aussi, je vous réponds en philosophe, qui met à son tour le génie au-dessus du feu de peloton. Où donc est le héros de la Prusse en ce temps-là? Il est sous la veste d'un simple potier, oui, d'un simple potier, d'un homme appelé, je crois, Bottcher. Ce Bottcher, gloire à son nom! trouva un jour le secret de la porcelaine; le roi Guillaume céda Bottcher et son secret au roi de Saxe, pour un régiment de dragons de magnifique venue. Il croyait faire un excellent marché; mais après l'échange, Bottcher fonda en Saxe une royauté plus durable que la dynastie de Brandebourg, la royauté de la tasse à café, de la soucoupe, de l'aiguière, de la fontaine, du biscuit, de la statuette, du berger et de la bergère, et tandis que Frédéric repose sous une dalle de six pieds, dans un caveau de Potsdam, Bottcher fait encore aujourd'hui le tour du monde sous forme de pot à l'eau ou de salière, et règne encore sur le guéridon, sur la cheminée, partout où la rose mourante exhale dans la coupe un dernier parfum, et où le berger de Watteau embrasse délicatement sa bergère.

— Prenez garde, Monsieur, vous réveillez un souvenir de jeunesse, car j'ai fait, moi aussi, la campagne de Saxe, et sans être précisément de porcelaine. Mais aujourd'hui j'ai mis ordre à tout cela et je prêche la religion et la famille. Mais continuez, j'entends la gaieté comme un autre, et je prends à votre thèse un certain amusement.

— J'aime à vous voir faire provision de bonne humeur, c'est une philosophie courante à la portée de chacun ; tout à l'heure vous pourrez en avoir besoin. Je poursuis. Assurément Louis XVI a été roi dans le sens de l'Almanach royal ; il a épousé une archiduchesse, porté un cordon sur la poitrine, entendu la messe en musique, reçu une fiole d'huile sur la tête, distribué son profil sur cuivre à millions d'exemplaires, écouté en bâillant des ambassadeurs. Il a été en un mot un roi complet, dans toutes les conditions requises, moins les maîtresses cependant, moins les bâtards, moins les fêtes, moins les proscriptions, moins les folies de bâtisse. Eh bien! franchement, était-il à la fin du siècle dernier quelqu'un moins prédestiné à gouverner, c'est-à-dire à travailler un peuple, à le façonner, à le transformer, que ce bonhomme, je le dis sans ironie, brusque et rond, honnête et troublé par son confesseur; bon chrétien, père vertueux, et, qui sait, peut-être excellent serrurier, si un préjugé de famille n'eût pas contrarié sa vocation ? Il eût mangé paisiblement son morceau de pain, comme le jour de sa chute dans la loge du sténographe, sans porter devant l'Europe le poids d'une horrible tragédie, sans faire en tombereau le chemin du Temple à la place de la Révolution, et sans payer d'un coup de couteau en grand appareil le funeste malentendu de sa destinée.

Le malheureux n'a été roi que pour mourir; mais, sous son règne, Parmentier a mille fois plus régné que lui, avec un coup de pioche dans la plaine de Grenelle. Il a donné la pomme de terre à notre pays; il a dressé la table du pauvre jusque dans la dernière campagne; il a chassé en partie la famine d'un sol souvent affamé par la disette. Le règne de Parmentier est écrit de sillon en sillon d'un bout à l'autre du territoire. Chaque jour la figure de Louis XVI disparaît au creuset de la Monnaie; la pomme de terre refleurit chaque année, et chaque année avec elle la gloire de Parmentier. Parmentier règne encore, il régnera toujours. Il ne craint ni révolution ni prescription pour sa dynastie, entrelacée au sol par d'impérissables racines.

— Voici maintenant que vous mettez la pomme de terre sur le trône, vous nous prenez sans doute pour un peuple cuisinier.

— Pour un peuple cuisinier, non; mais pour un peuple convive, et, à ce titre, je fais plus de cas de la pomme de terre que de la mitraille. Nous appelons à chaque instant le règne de Napoléon un grand règne, et à coup sûr aucun homme destiné à porter un ruban en sautoir n'a plus cumulé que lui sur sa tête toutes les idées de royauté. Il a été empereur et roi à la fois, pour épuiser en quelque sorte le vocabulaire de la puissance. S'il suffit pour régner de tirer des coups de canon, il a certes amplement régné, car personne, que je sache, ne peut se vanter d'avoir fait dans le monde autant de fumée.

A force de calculs, il a trouvé le moyen d'aller, avec cinq cent mille hommes, faire à Moscou une visite que l'empereur de Russie lui a rendue à Paris avec le même cortége. Mais il lui a fallu, pour faire ces quelques centaines de lieues, quinze ans de marches et de contre-marches; encore a-t-il laissé derrière lui quatre millions d'hommes en chemin. Cette promenade militaire à coûté pour le moins à la France vingt milliards; mais que reste-t-il aujourd'hui de tout cela? Des champs engraissés en Allemagne par le plus coûteux de tous les engrais, des villages brûlés en Champagne, des mots magnifiques : Wagram, Austerlitz, Marengo, Friedland, apostillés par un dernier mot : Waterloo; des invalides, des jambes de bois, des croix d'honneur et des chansons.

Aucun roi, sans doute, n'a commandé plus d'armées que Napoléon, tué plus glorieusement et par des procédés plus abréviatifs plus de milliers d'hommes à la fois, n'a donné aux prêtres plus de *Te Deum* à chanter, et aux poëtes plus de victoires à mettre en dithyrambes.

Et cependant il a pu rêver la souveraineté universelle, mais il ne l'a pas connue, et après avoir traversé l'Europe, il a fini douloureusement sur un rocher. Le souverain universel du dix-neuvième siècle était ailleurs; c'était un pauvre Américain sans nom, sans titre, sans argent, que l'Institut de France, pardessus le marché, déclarait dûment atteint de folie. Tandis que la France admirait un voyageur à cheval qui avait le talent de faire partout des cimetières en un jour, à grand renfort de millions, le fou passait son temps à chauffer une marmite pour étudier l'effet de la vapeur sur le couvercle.

Il prétendait changer la face de la terre avec une goutte de vapeur. Jamais le monde depuis qu'il est monde n'avait entendu une pareille absurdité. Le fou laissa les savants écrire et développer à leur aise les arguments les plus compétents et les plus décisifs contre sa découverte; quand ils eurent fini leurs démonstrations et pompé avec leur mouchoir la sueur de leur visage, il mit sa chaudière à bord d'un bateau, et le bateau marcha. Un autre fou mit la chaudière sur une voiture, et la voiture, animée comme par un esprit, haleta, souffla, partit et roula dans l'espace. La distance ce jour-là fut vaincue, et l'humanité fut renouvelée.

Fulton a refait les conditions de géographie. Il a tiré la Russie sur le bord du Rhin à portée de notre influence. Avant un siècle la Russie sera française. Il a révolutionné les anciennes traditions de la diplomatie. Il a imposé sa loi à tous les états de l'Europe, que dis-je de l'Europe? de l'Asie, de l'Amérique, du monde entier : il règne maintenant partout. Napoléon conduisait à peine une armée, Fulton a trouvé le moyen de transporter une population. Aujourd'hui une nation va facilement rendre visite en train de plaisir à la nation voisine. Rappelez-vous l'exposition de Londres ou l'exposition de Paris, et vous pouvez parler après cela du règne de ce monarque botté qui a fait quatre pas sur la planète et quelques ratures de sang à la carte de l'Allemagne ! Je vous plains, vous n'avez pas encore idée de la souveraineté.

Il posa violemment sa pipe sur la table, et avec une expression de colère concentrée :

— Napoléon était un Dieu, dit il, et Fulton un imbécile.

Il entr'ouvrit sa veste, et découvrant sa poitrine,

— J'ai reçu là, dit-il, une balle pour l'homme du destin.

Il releva le bas de son pantalon à la hauteur du mollet, et montrant sous le bas une fondrière,

— J'ai reçu là, ajouta-t-il, un éclat d'obus.

Et remontant de la main jusqu'au genou et du genou jusqu'à l'épaule, il poursuivit imperturbablement l'énumération.

— J'ai reçu encore là un coup de pointe, et ici une balafre ; vous comprenez, Monsieur, que lorsqu'on a eu comme moi le corps troué partout pour le service d'un homme, on tient cet homme en profond respect. Brisons là, si vous le voulez bien, et rentrons, d'autant mieux que je crains pour ma dernière blessure la fraîcheur de la soirée.

J'allai offrir le bras à sa femme pour la reconduire au salon, et en passant je jetai un regard à son esquisse.

Son dessin représentait une tête exagérée de militaire; je reconnus la moustache du mari, mais poussée jusqu'à l'extravagance.

Était-ce distraction de sa part, ou bien intention? Qui pourrait jamais pénétrer la pensée secrète d'une jeune femme mariée à un vétéran de l'empire encore endolori de la campagne de Russie?

POST-SCRIPTUM.

Soyons sans pitié pour la gloire, disait Lamartine en parlant de César. Aurais-je appliqué le précepte avec trop de rigueur au César prussien? Je ne le crois pas, et en tout cas, j'ai pour couvrir mon opinion l'adhésion d'un témoin. Ce témoin c'est Diderot.

Diderot regardait régner Frédéric du haut de sa cellule de la rue Taranne. Il relevait attentivement les actes de ce règne et il les formula en maximes sous cette rubrique : *Notes écrites de la main d'un souverain à la marge de Tacite.*

Ces notes au courant de la plume sont les pensées secrètes du despote dénoncées par un philosophe. Comme elles sont aujourd'hui à peu près oubliées, pour ne pas dire inconnues, je crois devoir les reproduire pour la décharge de ma conscience.

Les voici :

* * *

Regardez comme vos ennemis nés tous les ambitieux. Entre les hommes turbulents, les uns sont las ou dégoûtés de l'état actuel des choses, les autres mécontents du rôle qu'ils font. Les plus dangereux sont des grands, pauvres et obérés, qui ont tout à gagner et rien à perdre à une révolution. *Sylla inops undè præcipua audacia.* Sylla n'avait rien, et ce fut surtout son indigence qui le rendit audacieux.

* * *

Apprendre la langue de Tibère avec le peuple, *mots obscurs, perplexes*, c'est ainsi qu'il faut en user lorsqu'on craint et qu'on s'avoue qu'on est haï et qu'on le mérite.

* * *

Toujours demander l'approbation dont on peut se passer, c'est un moyen très-sûr de dérober au peuple sa servitude.

* * *

Lorsque le peuple crie : Donnons donc l'empire à César, sans quoi l'armée reste sans chef, le peuple ment. C'est un adulateur dangereux qui cède à la nécessité. Cet homme, si essentiel à son salut, il le tuera demain.

⁕

Convenir que les lois sont faites pour tous, pour le gouvernement et pour le peuple, mais n'en rien croire. Ils parlent tous comme Servius Tullius, et en usent tous avec la loi comme Tarquin avec Lucrèce. Mais il faudrait, quand on oublie la justice, se rappeler de temps en temps le sort de Tarquin.

⁕

J'aime le scrupule de ce pape qui ne permit point qu'on ordonnât prêtres ses enfants avant l'âge, mais qui les fit évêques.

⁕

Attacher le salut de l'État à une personne; préjugé populaire qui renferme tous les autres. Attaquer ce préjugé, crime de lèse-majesté au premier chef.

⁕

Tout ce qui n'honore que dans la monarchie n'est qu'une patente d'esclavage.

⁕

Méfiez-vous d'un souverain qui sait par cœur Aristote, Tacite et Montesquieu.

*
* *

Sous quelque gouvernement que ce fût, le seul moyen d'être libre, ce serait d'être tous soldats. Il faudrait que dans chaque condition le citoyen eût deux habits, l'habit de son état et l'habit militaire.

*
* *

Il faut que le peuple vive, mais il faut que sa vie soit pauvre et frugale; plus il est occupé, moins il est factieux, et il est d'autant plus occupé qu'il a plus de peine à pourvoir à ses besoins.

*
* *

Pour l'appauvrir, il faut créer des gens qui le dépouillent et dépouiller ceux-ci; c'est un moyen d'avoir l'honneur de venger le peuple et le profit de la spoliation.

*
* *

Il faut lui permettre la satire et la plainte : la haine renfermée est plus dangereuse que la haine ouverte.

*
* *

Il faut être loué, cela est facile; on corrompt les gens de lettres à si peu de frais! beaucoup d'affabilité et de caresses et un peu d'argent.

*
* *

Il faut établir la proportion et la dépendance dans tous les états, c'est-à-dire une servitude et une misère égales.

*
* *

Tout sacrifier à l'état militaire. Il faut du pain aux sujets, il me faut des troupes et de l'argent.

*
* *

Tous les ordres de l'État se réduisent à deux : des soldats et leurs pourvoyeurs.

*
* *

Ne former des alliances que pour semer des haines.

*
* *

Allumer et faire durer la guerre entre mes voisins.

*
* *

Toujours promettre des secours et n'en point envoyer.

*
* *

Profiter des troubles pour exécuter ses desseins, stipendier l'ennemi de son allié.

*
* *

Point de ministres au loin, mais des espions.

*
* *

Point de ministres chez soi, mais des commis.

*
* *

Il n'y a qu'une personne dans l'empire, c'est moi.

*
* *

Dévaster dans la guerre, emporter tout ce qu'on peut, briser tout ce qu'on ne peut emporter.

*
* *

Être le premier soldat de son armée.

*
* *

Je me soucie fort peu qu'il y ait des lumières, des poëtes, des orateurs, des peintres, des philosophes; je ne veux que de bons généraux; la science de la guerre est la seule utile.

*
* *

Je me soucie encore moins des mœurs, mais bien de la discipline militaire.

Le seul bon gouvernement ancien est à mon avis celui de Lacédémone ; il aurait fini par subjuguer la Grèce entière.

Mes sujets ne seront que des ilotes, sous un nom plus honnête.

Mes idées suivies par cinq ou six successeurs conduiraient infailliblement à la monarchie universelle.

Tenir constamment pour ennemi celui qu'on ne peut compter pour ami, et ne compter pour ami que celui qui a intérêt à l'être.

Être neutre ou profiter de l'embarras des autres pour arranger ses affaires, c'est la même chose.

Demander la neutralité entre soi et les autres, mais ne la point souffrir entre les autres et soi.

⁎⁎⁎

Marier ses soldats ou les occuper pendant la paix à en faire d'autres.

⁎⁎⁎

Faire soldat qui l'on veut.

⁎⁎⁎

Point de justice du soldat à son pourvoyeur, le peuple.

⁎⁎⁎

Point de discipline du soldat à l'ennemi, sa proie.

⁎⁎⁎

Secourir ou subsister aux dépens d'autrui, c'est comme je l'entends.

⁎⁎⁎

Punir le malheur dans la guerre c'est prêcher énergiquement la maxime : vaincre ou mourir.

⁎⁎⁎

L'impunité pendant la paix, la certitude de la proie

après la victoire, voilà le véritable honneur du soldat, c'est le seul que je lui veuille. Je n'en veux d'aucune sorte aux autres ordres de l'État.

⁂

Mal tenir les postes dans un pays où l'on ne voyage que par nécessité.

⁂

Le besoin satisfait, le reste appartient au fisc.

⁂

La discipline militaire, la plus parfaite de toutes, est bonne partout et possible partout.

⁂

Entre une société de fer et une société de porcelaine il n'y a pas à choisir.

⁂

Alexandre dira qu'Antipater a vaincu, mais à condition qu'Antipater n'en conviendra pas.

⁂

Quand on sert les grands, toujours avoir moins d'esprit qu'eux, témoin la disgrâce de Pimentel.

*
* *

Un roi n'est ni père, ni fils, ni frère, ni parent, ni ami. Qu'est-il donc? roi, même quand il dort.

*
* *

Les courtisans ne jurent que par le roi et son éternité.

*
* *

Le soldat est notre défenseur pendant la guerre, notre ennemi dans la paix; il est toujours dans un un camp, il ne fait qu'en changer.

*
* *

La terreur est une sentinelle qui manque un jour à son poste.

*
* *

Puisse Agrippine n'aller jamais à Tibur sans son fils, puisse son fils n'en jamais revenir sans elle !

*
* *

Les ordres de la souveraineté qui s'exécutent la nuit marquent injustice ou faiblesse, n'importe. Que les peuples n'apprennent la chose que lorsqu'elle est faite.

※
※ ※

Que le peuple ne voie jamais couler le sang royal pour quelque cause que ce soit. Le supplice public d'un roi change l'esprit d'une nation pour jamais.

※
※ ※

Qu'est-ce que le roi? si le prêtre osait répondre il dirait : C'est mon licteur.

※
※ ※

Lorsqu'il s'agit du salut du souverain, il n'y a plus de lois; l'inquiétude, même innocente, qu'on lui cause est un crime digne de mort. Lorsqu'il s'agit de l'avantage de l'empire, c'est la force qui parle; il faut dormir tranquillement chez soi. Tous les auteurs ont dit : Cette subtilité scrupuleuse que nous portons dans les affaires particulières ne peut avoir lieu dans les affaires publiques.

※
※ ※

Machiavel a dit : *Le secret de l'empire;* Tacite, beaucoup plus sage, et nommant les choses par leur vrai nom, a dit : *Le forfait de l'empire.*

※
※ ※

Le véritable athéisme, l'athéisme pratique, n'est

guère que sur le trône ; il n'y a rien de sacré, il n'y a ni lois divines, ni lois humaines pour la plupart des souverains ; presque tous pensent que celui qui craindrait Dieu ne serait pas longtemps craint de ses sujets, et que celui qui respecterait la justice serait bientôt méprisé de ses voisins.

* * *

Dans un État il n'y a qu'un asile pour les malfaiteurs, le palais de César.

* * *

Il ne faut de la morale et de la vertu qu'à ceux qui obéissent. Hélas ! je sais qu'ils n'en pourraient manquer impunément, et que c'est là le malheureux privilége de ceux qui commandent.

* * *

Persuader à ses sujets que le mal qu'on leur fait est pour leur bien.

* * *

César fit couper les mains à ceux qui avaient porté les armes contre lui et les laissa vivre. Ils promenaient la terreur.

⁂

Les victoires en imposent autant au dedans qu'au dehors; on se soumet plus volontiers à un héros qu'à un homme ordinaire, peut-être aussi s'y mêle-t-il un peu de reconnaissance et de vanité.

⁂

Je voudrais bien savoir ce qui se passait au fond de l'âme de Tibère écoutant gravement en silence les sénateurs disputant si le préteur avait droit de verge sur les histrions; cela devait lui paraître bien plaisant.

⁂

La liberté d'écrire ou de parler impunément marque ou l'extrême bonté du prince ou l'extrême esclavage du peuple. On ne permet de dire qu'à celui qui ne peut rien.

Frédéric avait le nez long; flaira-t-il de loin l'opinion de Diderot? je le croirais volontiers, car il écrivait du chef de file de l'*Encyclopédie* :

« On dit qu'à Pétersbourg on trouve Diderot rai-
» sonneur ennuyeux. Il rabâche sans cesse. Ce que je
» sais, c'est que je ne peux soutenir la lecture de ses
» livres, tout intrépide lecteur que je suis. Il y règne

» un ton suffisant et arrogant qui révolte l'instinct
» de ma liberté. »

Cependant comme je fais profession d'impartialité, je dois déclarer en mon âme et conscience, que lorsque Diderot écrivait que le palais de César, traduisez de Frédéric, était l'asile des malfaiteurs, il oubliait que le roi de Prusse avait donné l'hospitalité à d'Etallonde.

Il disait encore, qu'en temps de paix le soldat était l'ennemi à l'intérieur. Je proteste contre cette expression. Évidemment Diderot transporte ici Rome à Potsdam ; de temps à autre peut-être le soldat pouvait rosser le bourgeois de Berlin, mais jamais, que je sache, il ne l'a traité en peuple conquis.

FIN.

CATALOGUE GÉNÉRAL

DE

PAGNERRE

LIBRAIRE-ÉDITEUR

MAI 1858

SOMMAIRE

	Pages.
Almanachs.	15
Bibliothèque d'élite.	12
Collection d'Auteurs contemporains.	3
Collection de volumes in-32 jésus.	15
OEuvres de F. Cooper.	7
OEuvres de Victor Cousin.	13
OEuvres de A. de Lamartine	8
OEuvres d'Eugène Pelletan	4, 16 et 14
OEuvres de Edgar Quinet.	16
OEuvres de Walter Scott.	6
Ouvrages divers	10
Table alphabétique des auteurs.	2

PARIS

18 — RUE DE SEINE — 18

Ce Catalogue annule les précédents

TABLE DES NOMS D'AUTEURS

	Pages.		Pages.
Altaroche...	15	A. De Lamartine...	8, 9 et 12
Pierre Arétin...	14	P. Lanfrey...	12
Georges Bell.	10	A. de La Salle...	14
Béranger...	13	Lasteyrie...	13
A. Billiard...	5	Armand Lefèvre...	10
A. Blaize...	10	Charles Lemaire...	5
Charles Blanc...	14	Hippolyte Lucas (*du Siècle*).	12
Louis Blanc...	3 et 10	Auguste Luchet...	15
Ludwig Bœrne...	15	Miss Martineau...	11
Pierre-Napoléon Bonaparte.	11	Moléri (*du Siècle*)...	12
Camoens...	14	A. Moreau de Jonnès...	4
Chapuys de Montlaville...	15	Napoléon Ier...	11
F.-T.-B. Clavel...	10	Paul Nibelle...	12
Oscar Comettant (*du Siècle*).	13	Eugène Noël...	15
Fenimore Cooper...	7	Eugène Pelletan...	4, 10 et 14
J. Cordier...	5	G. Pépé...	5
Cormenin-Timon...	11 et 14	A. Perdiguier...	15
Victor Cousin...	13	Oscar Pinard...	4
Defauconpret...	6 et 7	Mme Plocq de Berthier...	11
Desaules...	14	Edgar Quinet...	12 et 16
Eugène Duclerc...	7 et 15	Elias Regnault...	3
Théophile Dufour...	11	C. Richard...	14
Abbé Dugoujon...	11	F. Rittiez...	10
Alexandre Dumas...	14	Roche...	14
Mathieu Dumas...	5	Charles Rolland...	4
A. Dumesnil...	11	Rossignol...	10
Paul de Flotte...	5	J.-B. Rouvellat de Cussac...	5
Ortaire Fournier...	14	Eusèbe de Salles...	5 et 13
Garnier-Pagès...	11	Victor Schœlcher...	15
Goldsmith...	13 et 14	Walter Scott...	8
Guizot...	14	Segretain...	15
B. Hauréau...	4	W. Shakespeare...	4
Victor Hugo...	4 et 10	Roman Soltyk...	3
François-Victor Hugo...	4	Sterne...	13 et 14
Jules Janin...	15	Joseph Sue...	14
P. Lachambeaudie...	13	Tasse...	13
Frédéric Lacroix...	14	Edmond Texier...	10
H. Lalouel...	5	De Tocqueville...	13
H. Lamarche (*du Siècle*)...	13	Louis Viardot...	4 et 14

COLLECTION
D'AUTEURS CONTEMPORAINS

Format in-8° carré et cavalier

PUBLIÉE PAR PAGNERRE, ÉDITEUR

3 fr. 50 c. le volume. — 4 fr. les volumes ornés de gravures.

Cette Collection réalise un très-grand progrès en librairie. L'éditeur donne à 3 fr. 50 c. et 4 fr. des volumes in-8° parfaitement fabriqués, qui n'ont jamais été vendus moins de 5 fr., 6 fr. et 7 fr. 50 c.

PREMIÈRE SÉRIE. — VOLUMES A 4 FR. AVEC GRAVURES

HISTOIRE DE DIX ANS — 1830 A 1840, par M. Louis Blanc. 9° édition, illustrée de 25 magnifiques gravures sur acier, 12 sujets des principaux événements, d'après Jeanron, et 13 portraits. 5 volumes sur carré vélin . . . . 20 fr.

COLLECTION DE 25 BELLES GRAVURES

Pour les éditions précédentes de l'HISTOIRE DE DIX ANS. 12 sujets et 13 portraits . . . . 8 fr.

HISTOIRE DE HUIT ANS — 1840 A 1848, par Elias Regnault. Belle édition illustrée de 14 gravures et portraits. 3 volumes sur carré vélin. . . . . 12 fr.

Ces deux ouvrages réunis comprennent l'HISTOIRE DE LA RÉVOLUTION DE 1830 et du règne de LOUIS-PHILIPPE jusqu'à la RÉVOLUTION DE 1848. 8 vol. . . . 32 fr.

LE TAILLEUR DE PIERRES DE SAINT-POINT, par M. A. DE LAMARTINE. Récit villageois. 1 vol. sur cavalier vélin. . . . . . . 4 fr.

LA POLOGNE, *Précis historique, politique et militaire de sa révolution de 1830*, par le général ROMAN SOLTYK. 2 vol. in-8°, ornés de portraits. Prix. . . . . 8 fr.

DEUXIÈME SÉRIE. — VOLUMES A 3 FR. 50 C.

PROFESSION DE FOI DU XIXe SIÈCLE, par M. EUGÈNE PELLETAN. 4e édit. 1 vol. . . . . 3 fr. 50 c.

HEURES DE TRAVAIL, par LE MÊME. 2 vol. . . . . . 7 fr. »

LES DROITS DE L'HOMME, par LE MÊME. 1 vol. . . . 3 fr. 50 c.

LES ROIS PHILOSOPHES, par LE MÊME. 1 vol. . . . . 3 fr. 50 c.

LA NORMANDIE INCONNUE, par M. FRANÇOIS-VICTOR HUGO. 1 vol. . . . . 3 fr. 50 c.

ŒUVRES COMPLÈTES DE W. SHAKESPEARE, traduction nouvelle, par LE MÊME, avec une Introduction par M. VICTOR HUGO. 15 vol.

   En vente :

LES DEUX HAMLET. 1 vol. . . . . 3 fr. 50 c.

FÉERIES. 1 vol. . . . . 3 fr. 50 c.

AVENTURES DE GUERRE au temps de la République et du Consulat, par M. A. MOREAU DE JONNÈS, membre de l'Institut. 2 forts vol. 7 fr.

LA TURQUIE CONTEMPORAINE, Hommes et Choses. Études sur l'Orient, par CHARLES ROLLAND, anc. représentant. 1 vol. 3 fr. 50 c.

HISTOIRE DES ARABES ET DES MORES D'ESPAGNE, par M. Louis VIARDOT, membre de l'Académie espagnole. 2 vol. . . . . . 7 fr.

LA PHILOSOPHIE SCOLASTIQUE, par M. Barthélemy HAURÉAU, ancien conservateur à la Bibliothèque nationale, ouvrage couronné par l'Institut. 2 vol. . . . . 7 fr.

LE BARREAU, Etudes et Portraits, par M. Oscar PINARD, conseiller à la cour impériale de Paris. 1 beau vol. . . . . . 3 fr. 50 c.

L'HISTOIRE A L'AUDIENCE, Esquisses contemporaines, procès Teste, Praslin et Beauvallon, par LE MÊME. 1 fort vol. . . . 3 fr. 50 c.

LA SOUVERAINETÉ DU PEUPLE, *Essai sur l'Esprit de la Révolution*, par M. PAUL DE FLOTTE, ancien représentant du peuple. 1 volume. . . . . 3 fr. 50 c.

HISTOIRE DES RÉVOLUTIONS ET DES GUERRES D'ITALIE en 1847, 1848 et 1849, par le général G. PÉPÉ, commandant en chef l'armée napolitaine et les forces de la république de Venise. 1 vol. 3 fr. 50 c.

INITIATION A LA PHILOSOPHIE DE LA LIBERTÉ, par Charles LEMAIRE, ancien préfet. 2 vol. . . . . 7 fr.

LES ORATEURS DE LA GRANDE-BRETAGNE, depuis Charles Ier jusqu'à nos jours, par H. LALOUEL, avec une lettre de M. de Cormenin. 2 tomes en un fort vol. . . . . . . 3 fr. 50 c.

PÉRÉGRINATIONS EN ORIENT ou Voyage en Égypte, Syrie, Palestine, Turquie, Grèce, etc., par M. EUSÈBE DE SALLES, ancien interprète de l'armée d'Afrique. 2 tomes en un fort vol. . . . 3 fr. 50 c.

DE L'ORGANISATION DE LA RÉPUBLIQUE depuis Moïse jusqu'à nos jours, par Auguste BILLIARD, ancien conseiller d'Etat. 1 v. 3 fr. 50 c.

OUVRAGES DU MÊME FORMAT ET DU MÊME PRIX.

Œuvres de Walter Scott, traduction de DEFAUCONPRET, 30 vol. avec 90 gravures . . . . 120 fr.
Il ne reste plus d'exemplaires complets.

Œuvres de F. Cooper, traduction de DEFAUCONPRET, 30 vol. avec 90 gravures. . . . . 120 fr.
Chaque volume de ces ouvrages se vend séparément, voir pages 6 et 7.

La France et l'Angleterre, par J. CORDIER, ancien député du Jura. 1 vol. . . . . 3 fr. 50 c.

Souvenirs du lieutenant général comte Mathieu Dumas, 1770-1836, publiés par son fils. 3 vol. in-8. . . . . 10 fr. 50 c.

Situation des esclaves dans les colonies françaises, urgence de l'émancipation, par J.-B. ROUVELLAT DE CUSSAC, 1 vol. 3 fr. 50 c.

ŒUVRES
DE WALTER SCOTT

Traduites par Defauconpret, sous les yeux et avec les conseils de l'auteur

Très-belle édition revue, corrigée avec le plus grand soin

Illustrée de 50 magnifiques gravures et portraits d'après **Raffet**.

25 forts volumes in-8° grand cavalier vélin

4 fr. 50 c. le volume.

C'est la plus belle, la plus splendide édition qui ait encore été publiée en France des OEuvres du grand romancier anglais.

Les 25 volumes sont en vente. — Chaque volume se vend séparément.

TITRE DES OUVRAGES :

Waverley.	1 v.	Le Monastère.	1 v.	Le Connétable de	
Guy Mannering.	1 v.	L'Abbé, suite du		Chester.	1 v.
L'Antiquaire.	1 v.	Monastère.	1 v.	Richard en Palestine.	1 v.
Rob Roy.	1 v.	Kenilworth.	1 v.	Woodstock.	1 v.
Le Nain noir, les Pu-		Le Pirate.	1 v.	Les Chroniques de la	
ritains.	1 v.	Aventures de Nigel.	1 v.	Canongate.	1 v.
Prison d'Edimbourg.	1 v.	Peveril du Pic.	1 v.	Jolie Fille de Perth.	1 v.
La Fiancée de		Quentin Durward.	1 v.	Charles le Téméraire.	1 v.
Lammermoor.	1 v.	Les eaux de Saint-		Robert de Paris.	1 v.
L'Officier de fortune.		Ronan.	1 v.	Château périlleux.	
Ivanhoé.	1 v.	Redgauntlet.	1 v.	La Démonologie.	1 v.

Cette édition est aussi publiée en livraisons à 25 cent. — 18 livraisons forment un roman complet, que le souscripteur peut faire immédiatement relier ou brocher.

NOUVELLE ÉDITION ILLUSTRÉE

25 volumes in-8° carré. Chaque volume 2 fr. 50 c.

ÉDITION PRÉCÉDENTE

30 vol. in-8° ornés de 90 grav. par Alfred et Tony Johannot.

Chaque volume se vend séparément . . . . 4 fr.
— Sans gravures. . . . . 3 fr.

ŒUVRES
DE FENIMORE COOPER

Traduites par DEFAUCONPRET

NOUVELLE ÉDITION, ORNÉE DE 90 BELLES GRAVURES.

Chaque volume se vend séparément 4 fr.

Précaution.	1 vol.	L'Écumeur de Mer.	1 vol.	Les deux Amiraux.	1 vol.
L'Espion.	1 vol.	Le Bravo.	1 vol.	Le Feu follet.	1 vol.
Le Pilote, histoire maritime.	1 vol.	L'Heidenmauer.	1 vol.	A Bord et à Terre.	1 vol.
		Le Bourreau de Berne.	1 vol.	Lucie Hardinge.	1 vol.
Lionel Lincoln.	1 vol.	Les Monikins.	1 vol.	Satanstoé.	1 vol.
Dernier des Mohicans.	1 vol.	Le Paquebot américain.	1 vol.	Wyandotté.	1 vol.
Les Pionniers.	1 vol.			Le Porte-Chaîne.	1 vol.
La Prairie.	1 vol.	Ève Effingham.	1 vol.	Ravensnest.	1 vol.
Le Corsaire rouge.	1 vol.	Le Lac Ontario.	1 vol.	Les Lions de Mer.	1 vol.
Les Puritains d'Amérique.	1 vol.	Mercédès de Castille.	1 vol.	Le Cratère.	1 vol.
		Le Tueur de daims.	1 vol.	Les Mœurs du jour.	1 vol.

DICTIONNAIRE POLITIQUE

ENCYCLOPÉDIE DE LA SCIENCE ET DU LANGAGE POLITIQUES

PAR LES NOTABILITÉS DE LA PRESSE ET DU PARLEMENT

PRÉCÉDÉ

D'UNE INTRODUCTION PAR GARNIER-PAGÈS AÎNÉ,

Publié par Eug. DUCLERC et PAGNERRE. 1 fort vol. in-8º grand jésus, de près de 1,000 pages à deux colonnes 5ᵉ édition. **15 fr.**

Le *Dictionnaire politique* est tout à la fois le *manuel* et le *guide* du citoyen, du fonctionnaire public, du diplomate, du publiciste, de l'électeur, de l'homme du peuple aussi bien que des premiers magistrats de l'Etat. Cet ouvrage est pour la science politique ce que fut, pour les sciences exactes et philosophiques, la grande Encyclopédie du dix-huitième siècle.

ŒUVRES DE M. A. DE LAMARTINE

6 volumes grand in-8 cavalier vélin, illustrés de 22 gravures sur acier par nos premiers artistes.

DIVISION DE L'OUVRAGE :

MÉDITATIONS, NOUVELLES MÉDITATIONS, CHANT DU SACRE, MORT DE SOCRATE, PÈLERINAGE DE CHILD-HAROLD, avec notes et commentaires. 1 vol . . . . 7 fr.
HARMONIES POÉTIQUES, RECUEILLEMENTS, avec notes et commentaires. 1 vol. . . . . 7 fr.
JOCELYN, avec notes et commentaires. 1 vol. . . . . . 6 fr.
CHUTE D'UN ANGE, avec notes. 1 vol. . . . . 6 fr.
VOYAGE EN Orient. 2 vol. . . . . 12 fr.

Collection des 22 gravures, pouvant servir à illustrer les anciennes éditions. Prix . . . . 8 fr.

Édition in-18 format anglais, à 3 fr. 50 c. le volume.

Chaque volume se vend séparément.

Méditations poétiques. 1 v.   **Recueillements poétiques** 1 v.
Nouvelles Méditations. 1 v.   **Jocelyn.** 1 v.
Harmonies poétiques. 1 v.   **Chute d'un Ange.** 1 v.

Voyage en Orient. 2 vol.

Cette édition, qui est charmante, a déjà été réimprimée plusieurs fois; il en a été tiré plus de 250,000 volumes.

Édition publiée par M. de Lamartine.

Mort de Socrate. 1 vol. in-8º. . . . . 4 fr.

RAPHAEL

PAGES DE LA VINGTIÈME ANNÉE

1 volume in-8º cavalier vélin. Prix : 4 fr.

LE TAILLEUR DE PIERRES DE SAINT-POINT

— RÉCIT VILLAGEOIS —

1 volume in-8º, cavalier vélin . . . . 4 fr.

HISTOIRE

DE LA RÉVOLUTION DE 1848

2 volumes in-8º cavalier. 8 fr.

HISTOIRE DE LA RESTAURATION

**CHUTE DE L'EMPIRE — PREMIÈRE RESTAURATION — CENT-JOURS
DEUXIÈME RESTAURATION**

8 vol. in-8° grand cavalier vélin, ornés de 32 magnifiques portraits-vignettes sur acier. — 5 fr. le vol. — L'ouvrage complet : 40 fr.

LISTE DES 32 PORTRAITS-VIGNETTES

Louis XVIII.	Murat.	Manuel.
Charles X.	Ney.	Royer-Collard.
Duc d'Angoulême.	L'empereur Alexandre.	De Villèle.
Duc de Berry.	Wellington.	Madame du Cayla.
Duc de Bordeaux.	Talleyrand.	Lainé.
Duchesse de Berry.	Fouché.	Martignac.
Duchesse d'Angoulême.	Duc de Richelieu.	Peyronnet.
Duc d'Orléans.	Duc Decazes.	Polignac.
L'empereur Napoléon.	L. de la Rochejaquelein.	Duc de Raguse.
Marie-Louise et le roi de Rome.	Chateaubriand.	Benjamin Constant.
	Foy.	Bourmont.

COLLECTION DES 32 PORTRAITS-VIGNETTES : 10 FR.

LE MÊME OUVRAGE

8 vol. in-18 jésus vélin . . . . 28 fr. »
Chaque volume se vend séparément. . . . . . . 3 fr. 50 c.

HISTOIRE DES CONSTITUANTS

4 vol. in-8, grand cavalier vélin. — Prix : 5 fr. le volume.
L'ouvrage complet : 20 fr.

HISTOIRE DES GIRONDINS

6ᵉ édit. (FURNE). — 4 beaux vol. in-8° cavalier vélin, ILLUSTRÉS de 40 magnifiques portraits-vignettes d'après Raffet. — Prix : 24 fr.

Chaque volume se vend séparément. 6 fr.
Chaque 1/2 volume. . . . . 3 fr.

HISTOIRE DE LA TURQUIE

8 volumes in 8°, grand cavalier. — Prix : 5 fr. le vol.

OUVRAGES DIVERS

LES CONTEMPLATIONS
Par Victor Hugo. 2 beaux vol. in-8° cavalier vélin. . . . . . . 12 fr.

DES MONTS-DE-PIÉTÉ
Et des Banques de prêt sur gage en France et dans les divers États de l'Europe, par A. Blaize, ancien directeur du Mont-de-Piété de Paris. 2 forts vol. grand in-8°. . . . . 15 fr.

HISTOIRE PITTORESQUE DE LA FRANC-MAÇONNERIE
Par M. F.-T.-B. Clavel, maître à tous grades. 3e édition. 1 beau vol. in-8 grand jésus, illustré de 25 jolies gravures sur acier. 12 fr. 50 c.

HISTOIRE DE LA RÉVOLUTION FRANÇAISE
Par Louis Blanc. Les 9 premiers volumes sont en vente. Chaque volume format in-8° . . . . 5 fr.

HISTOIRE DES CABINETS DE L'EUROPE
Pendant le Consulat et l'Empire, écrite avec les documents réunis aux archives des affaires étrangères, 1800-1815, par M. Armand Lefèvre, ambassadeur de France à Berlin. 3 vol. in-8. Les tomes 1 et 2 sont épuisés. Le tome 3 se vend séparément. . . . . . . 7 fr. 50 c.

HISTOIRE DE LA BOURGOGNE
Pendant la période monarchique. Conquête de la Bourgogne, 1476-1483, par M. Rossignol. 1 fort vol. grand in-8. . . . . . . 7 fr. 50 c.

HISTOIRE DU RÈGNE DE LOUIS-PHILIPPE Ier
Par F. Rittiez. 3 vol. in-8. Chaque volume. . . . . 5 fr.

HISTOIRE DES TROIS JOURNÉES DE 1848
Par Eugène Pelletan. 1 vol. in-8. . . . . 1 fr. 50 c.

GÉRARD DE NERVAL
Par Georges Bell, in-8 . . . . 1 fr.

BIOGRAPHIE DES JOURNALISTES
Histoire des Journaux. Contenant l'histoire politique, littéraire, industrielle, pittoresque et anecdotique de chaque journal publié à Paris, et la biographie de ses rédacteurs, par Edmond Texier. 1 vol. in-18. 2 fr.

ÉPISODE DE LA RÉVOLUTION DE 1848
L'IMPOT DES 45 CENTIMES

Par M. Garnier-Pagès, ancien membre et ministre des finances du gouvernement provisoire. 1 vol. in-18. . . . . 1 fr. 50 c.

BIOGRAPHIE DES 750 REPRÉSENTANTS

A l'Assemblée législative. 1 vol. grand in-32. . . . . 2 fr.

ENTRETIENS D'UN VIEILLARD

Par Th. Dufour, ancien constituant. 1 joli vol. in-18. . . . . . 1 fr.

VOYAGE AUX ÉTATS-UNIS

Par miss Martineau. 2 volumes in-8 . . . . 5 fr.

LETTRES SUR L'ESCLAVAGE
DANS LES COLONIES FRANÇAISES

Par M. l'abbé Dugoujon. 1 vol. in-8. . . . . 2 fr.

PRÉCIS DES CAMPAGNES DE JULES CÉSAR

Par l'Empereur **Napoléon I****er**, écrit sous sa dictée par M. Marchand. 1 vol. in-8. . . . . 2 fr.

HISTOIRE DE L'ESPRIT PUBLIC EN FRANCE

Par M. Alexis Dumesnil. 2e édition. 1 vol. in-8. . . . . . . 5 fr.

LE SIÈCLE MAUDIT

Par le même. 1 vol. in-8. . . . . 4 fr.

UN MOIS EN AFRIQUE

Par Pierre-Napoléon Bonaparte. . . . . 1 fr. 50 c.

LES VILLES DE FRANCE ET LEURS GLOIRES

Poëmes par Mme Plocq de Berthier.

2 vol. in-8. 10 fr. — Chaque ville séparément. 50 c.

EN PRÉPARATION :

HISTOIRE DE LA RÉVOLUTION DE 1848
PAR GARNIER-PAGÈS.

CORMENIN-TIMON
LIVRE DES ORATEURS
18e édition.

BIBLIOTHÈQUE D'ÉLITE

FORMAT ANGLAIS GRAND IN-18 JÉSUS VÉLIN

PREMIÈRE CATÉGORIE

A **3** FR. **50** CENT. LE VOLUME.

A. DE LAMARTINE. OEuvres, nouvelle et très-jolie édition revue et augmentée de notes et commentaires. . . . . . . 9 vol.

MÉDITATIONS POÉTIQUES. . . . 1 v.	RECUEILLEMENTS POÉTIQUES. 1 v.
NOUVELLES MÉDITATIONS. . 1 v.	JOCELYN. . . . . 1 v.
HARMONIES POÉTIQUES. . . . 1 v.	CHUTE D'UN ANGE. . . . . 1 v.

VOYAGE EN ORIENT. . . . . 2 vol.
HISTOIRE DE LA RESTAURATION . . . 8 vol.

EDGAR QUINET. OEuvres complètes. . . . . . . 10 vol.

P. LANFREY. L'Église et les Philosophes au dix-huitième siècle. 2ᵉ édition. . . . . 1 vol.

PAUL NIBELLE. Les Crépuscules. . . . . 1 vol.

A. DE TOCQUEVILLE. De la Démocratie en Amérique. 13ᵉ édition. revue, corrigée et augmentée. . . . . 2 vol.

PETITS DRAMES BOURGEOIS. Étude de mœurs, par MOLÉRI. . . . . 2 vol.

FIÈVRES DU JOUR. — La famille Guillaume. — L'Institutrice. — Un vieux lion, par MOLÉRI. . . . . 1 vol.

LE PORTEFEUILLE D'UN JOURNALISTE, Romans et Nouvelles, par Hippolyte LUCAS. . . . . 1 vol.

V. COUSIN. (DE l'ACADÉMIE FRANÇAISE). OEuvres . . . 15 vol.

INSTRUCTION PUBLIQUE EN FRANCE, (1830-1848)	3 v.	ŒUVRES LITTÉRAIRES.	3 v.
		BLAISE PASCAL.	1 v.
INSTRUCTION PRIMAIRE ET SECONDAIRE.	2 v.	JACQUELINE PASCAL.	1 v.
ENSEIGNEMENT DE LA MÉDECINE. .	1 v.	MÉLANGES LITTÉRAIRES. — *Fourier, Donnat, M*^{me} *de Longueville, Kant, Santa-Rosa*.	1 v.
COURS D'HISTOIRE DE LA PHILOSOPHIE (1828 à 1830), ...	3 v.	DU VRAI, DU BEAU ET DU BIEN. .	1 v.
FRAGMENTS PHILOSOPHIQUES. . .	4 v.	DISCOURS POLITIQUES.	1 v.

HISTOIRE DES RACES HUMAINES, par M. EUSÈBE
DE SALLES. . . . . 1 vol.

TROIS ANS AUX ÉTATS-UNIS. Étude des mœurs et coutumes
américaines, par Oscar COMETTANT. 2e édition. . . . 1 vol.

LASTEYRIE. *Sentences de Sextius*, philosophe pythagoricien. 1 vol.

— *Des Droits naturels de tout individu vivant en Société* . . 1 vol.

BÉRANGER. *OEuvres complètes*, avec les 10 chansons nouvelles. 2 v.

DEUXIÈME CATÉGORIE

A 2 FR. 50 CENT. LE VOLUME.

L'EUROPE ET LA RUSSIE. *Remarques sur le siége de Sébastopol
et sur la paix de Paris.* Conséquences probables, par M. H. LAMARCHE
(du *Siècle*). . . . . 1 vol.

FABLES DE PIERRE LACHAMBEAUDIE. Nouvelle édition,
revue, corrigée et augmentée. . . . . 1 vol.

GOLDSMITH. Le *Vicaire de Wakefield*, traduction par
Charles NODIER. . . . . } 1 vol.
STERNE. *Voyage sentimental*, traduction nouvelle . . .

TASSE. *Jérusalem délivrée*, traduction par le prince LE BRUN. 1 vol.

TROISIÈME CATÉGORIE

A 2 FRANCS LE VOLUME.

LES LOIS DE DIEU ET L'ESPRIT MODERNE. Issue aux contradictions humaines, par M. Charles RICHARD, ancien élève de l'école polytechnique. . . . . 1 vol.

LES JÉSUITES, jugés par les Rois, les Évêques et le Pape. Nouvelle histoire de l'extinction de l'ordre, écrite sur des documents originaux . . . . 1 vol.

HISTOIRE DE DMITRI. — Étude sur la situation des serfs en Russie, par M. LOUIS VIARDOT. . . . .

HENRI LE CHANCELIER. Étude sur l'Amérique centrale, par M. JOSEPH SUE. . . . . 1 vol.

CAMOENS. *Lusiades* et *Poésies diverses*, trad. par Ortaire FOURNIER et DESAULES, avec une Notice biographique. . . . . 1 vol.

DUMAS (Alexandre). *Fernande.* . . . . 1 vol.

A. DE LAMARTINE. Raphaël. . . . . 1 vol.

LES TRÉSORS DE L'ART A MANCHESTER, par Charles BLANC. 1 vol.

LES ESPÉRANCES, poésies. . . . . 1 vol.

QUATRIÈME CATÉGORIE

A 1 FR. 50 CENT. LE VOLUME.

EUGÈNE PELLETAN. Les *Morts inconnus* — le *Pasteur du Désert.* . . . . 1 vol.

— Le *Monde marche.* (Lettres à Lamartine). . . . . . 1 vol.

CORMENIN. *Entretiens de village.* 9e édition, illustrée de 40 jolies gravures; ouvrage couronné par l'Académie française. . . 1 vol.

GUIZOT. *Washington.* . . . . 1 vol.

FR. LACROIX. Les *Mystères de la Russie*, 2e édition. . . 1 vol.

ARÉTIN (Pierre). *OEuvres,* avec notice par le bibliophile JACOB. 1 vol.

ROCHE (J.-G.-André-Gabriel). *Des Subsistances et des Moyens de remédier à leur insuffisance,* avec une préface de M. de Cormenin. . 1 vol.

GOLDSMITH. Le *Vicaire de Wakefield,* trad. par Ch. NODIER. 1 vol.

LA SALLE (Ant. de). *Chroniques du petit Jehan de Saintré et de la Dame des Belles Cousines,* publiées par GUICHARD. . . . 1 vol.

STERNE. *Voyage sentimental,* traduction nouvelle. . . . 1 vol.

COLLECTION DE VOLUMES

IN-32 JÉSUS.

EUGÈNE NOEL. *Souvenirs de Béranger.* 1 vol. . . . 75 c.

A. PERDIGUIER. *Le livre du compagnonnage.* 2ᵉ édition. 2 vol. . . . . 2 fr. 50

ALTAROCHE. *Contes démocratiques.* 1 vol. . . . . . 1 fr.

— *Chansons politiques.* 1 vol. . . . . 1 fr.

— La *Réforme et la Révolution. Paraboles historiques.* 1 vol. . . 1 fr.

EUG. DUCLERC. *Droit public.* — *De la Régence.* 1 vol. . 1 fr.

SCHŒLCHER. *Abolition de l'esclavage.* 1 vol. . . . . 1 fr.

A. LUCHET. *Récit de l'Inauguration de la statue de Gutenberg.* 1 vol. 1 fr.

— *Justes Frayeurs* d'un habitant de la banlieue à propos des fortifications de Paris. 1 vol . . . . 50 c.

GÉNÉRAL PÉPÉ. *L'Italie politique.* . . . . 2 fr.

LUDWIG BŒRNE. *Fragments politiques et littéraires*, avec une note par M. de Cormenin, et une notice sur la vie et les écrits de Bœrne. 1 vol. orné du portrait de l'auteur. . . 1 fr. 50

SEGRETAIN. *Exposition raisonnée de la doctrine philosophique de M. F. de Lamennais.* 1 vol. . . . . 1 fr. 25

LES TRAITÉS DE 1815. 1 vol. . . . . 50 c.

CHAPUIS DE MONTLAVILLE. *Réforme électorale.— Principe et application.* 1 vol. . . . . 1 fr.

— *Mazagran* (Récit des journées de). . . . . 50 c.

ALMANACH DE LA LITTÉRATURE, DU THÉATRE ET DES BEAUX-ARTS, contenant une revue littéraire et dramatique de l'année, par M. JULES JANIN. 1 joli vol. in-8º. 75 c.

ALMANACHS VARIÉS à . . . . . . 25, 50 et 75 c.

Tous les Almanachs sont publiés chaque année en octobre.

OEUVRES COMPLÈTES

DE M. EDGAR QUINET

10 vol. in-8° 60 fr. — Par souscription 50 fr.
10 vol. in-18 jésus 35 fr. — Par souscription 25 fr.

Chaque volume se vend séparément.

In-8°. . . . . 6 fr. ‖ In-18. . . . . . 3 fr. 50 c.

PHILOSOPHIE RELIGIEUSE ET PHILOSOPHIE SOCIALE

Ier VOLUME. . . Génie des Religions.
IIe VOLUME. . . Jésuites. — Ultramontanisme. — Introduction à la Philosophie de l'histoire de l'Humanité.
IIIe VOLUME. . . Le Christianisme et la Révolution française. — Examen de la *Vie de Jésus-Christ*, par Strauss. — Philosophie de l'histoire de France.

HISTOIRE — LES NATIONALITÉS

IVe VOLUME. . . Les Révolutions d'Italie.
Ve VOLUME. . . La Grèce moderne. — Fondation de la République de Hollande.
VIe VOLUME. . . Les Roumains. — Allemagne et Italie. — Mélanges.

POËMES

VIIe VOLUME. . . Ahasvérus.
VIIIe VOLUME. . . Prométhée. — Napoléon. — Les Esclaves.

VOYAGES — CRITIQUE LITTÉRAIRE — ŒUVRES DIVERSES

IXe VOLUME. . . Mes vacances en Espagne. — Des Épopées françaises. — Histoire critique des traditions nationales.
Xe VOLUME. . . Mélanges.

SOUSCRIPTION PERMANENTE.

Saint-Denis. — Typographie de Drouard.

www.ingramcontent.com/pod-product-compliance
Lightning Source LLC
Chambersburg PA
CBHW070930230426
43666CB00011B/2377